# 萧红 人鸟低飞

王小妮 著

北京联合出版公司

我看见

她坐在一把红椅子上。

那是无背无腿的椅子。

我看见她坐在

北中国最大块的云彩上。

疼的火，烧着云彩

她红得透明。

那红是不是还在？

那椅子是不是还在？

一根针

在知觉里，每天每年尖走。

万物活着

那是鲜艳的颜色。

——王小妮

我算什么呢?屈辱算什么呢?灾难算什么呢?甚至死算什么呢?

我不明白,我究竟是一个人还是两个,是这样想的是呢,还是那样想的是。

不错,我要飞,但同时觉得……我会掉下来。

——萧红

# 目 录
Contents

第一章 | 童年 我永远的呼兰河 001

第二章 | 逃婚 错就错在是个女人 067

第三章 | 相遇 萧军,萧军,萧军! 107

第四章 | 逃亡 服了毒的一生 177

第五章 | 离乱 还妄想飞吗 241

第六章 | 夭逝 掉下来了,我不甘心 269

附录 萧红年表及其他史实 321

后记 我为什么写萧红 325

再版后记 她的写作和生活就在我们中间 327

# 第一章 童年 我永远的呼兰河

这就是呼兰河……

荣子第一次看见这么大的水。静静地,不分汊,不分支地向西流。水上,闪着波光。整个一条大河就是一条波光粼粼的宽带子,没有边儿。

她刚一看见水就停下来,不敢往前走。

# 一

换季节的风,吹过了东北大平原。

鸡鸭鹅们在风里舒展着,乱着羽毛。麦田像最薄最绿的丝锦,嫩亮地抖着。房上的青瓦一片响动。烟囱里的炊烟贴着地皮儿弥漫。

农民在口袋里摸索出火石,从腰间掏出烟荷包。他们顺着嘴儿说:哎哟,夏天啦!

一年又一年,万人万物都在风里走着。人弯了,草黄了,自自然然。

在风里,有一个四五岁的孩子,站着。

那个四五岁的孩子就是我。萧红是我后来的笔名。我的小名叫荣子。

我正站在我家前院那棵老榆树下面,用我的全部心瓣儿在想:这风是从哪儿来的呢?

风,被老榆树聚集在头顶,荣子用她的小手试着风。母亲说:风是老风婆子装在袋子里的宝物。

这么大的风,要有多么大的袋子!

风是不让人看的。太阳更不让人看。太阳烧烤着人。

她的小手心儿里,全是汗。朝着太阳看。手心儿里亮亮的,都是细碎的金子末儿。

"荣子——荣子,你死到哪疙瘩去了……"屋子里传出母亲的喊声。这喊声传到很远,传过老榆树,传向呼兰河。一辈辈的人,所有的母亲,都是这样干苦、恶毒地唤着他们的孩子。

天热了,她动手脱下了棉衣裳。她知道母亲一定要骂。

母亲肯定还围在棉被里,棉被鼓得像小柴火垛。坐月子,是那么怕风吗?

荣子把棉衣挂在老榆树枝上。她还想脱棉裤,可是没解开那两颗亮晶晶的大扣子。

风立刻鼓满了她的单衫。

她张开两只手跑。风在耳翅上呜呜地叫。脱了棉衣跑,比家雀还快,比蜻蜓还快,比一切飞虫都快,比风那没边儿的腿还快。风在手指尖上一下子就刮过去。她想,风是圆的,没有刺儿的,我碰着了风的手指头。我跑得这么快,我是一团小旋风儿。

最后,天旋地转。她"砰"地撞在门板上。

"荣子,叫你没听见!小死鬼儿,挨千刀的,疯什么?你屋来,把扫炕笤帚递给我!"母亲的脸正好朦胧在窗玻璃中间,头上包了一块头巾,一直包没了眉毛。

母亲骂人那时候可真丑。她想,母亲这回生了弟弟,捂在屋里不出门,让母亲骂吧,骂反正不疼。笤帚再长,也打不着。

"荣子,屋来!你扒了棉衣裳,要单片儿吗?"

母亲生了个弟弟,不是虚得下不了炕吗,喊出来的声儿这么大?

弟弟开始哭了。母亲立刻从玻璃上没了。弟弟哭得像邻院的黑猫。那天,她对母亲就这么说了,挨了一巴掌。

**母亲是什么?母亲是一根针。**

虽然母亲会给她编麦穗一样的辫子。母亲的手里,有叮当响的铜钱。买得到糖人儿和麻花儿。母亲给她的棉裤兜上钉了两颗大红玻璃扣。母亲咳嗽，软白的手捏着笸箩里的烟叶儿。母亲一打人就要笤帚疙瘩，衣襟上闪闪地别着针。不听话，母亲就扎她的手指头。母亲的眼里只瞅着弟弟，抱着搂着，像个小枕头。有了弟弟，母亲更厉害了。

后园子的门响了一声。

谁也听不见那门声，但是，荣子永远听得见。她扔下手里的小木棍，趔趄着，跑起来。穿过厨房，跳过后门槛。她知道，祖父给祖母擦完了红躺柜的盖儿，就到后园子去了。

"爷爷！"没有目标，她向满眼睛的绿色喊。喊声还没来得及遍布后园子，荣子就定住了：她看见了漫天斑斓的晚霞。"火烧云！火烧云！"她现在已经忘了祖父，她在向着火烧云喊。

农民的眼珠，瞅着他们的青苗。铁匠的眼珠，望着他们的火钳。商人的眼珠，盯着他们的算盘。但是，这么大片壮观的红云演出在他们的头顶上，哪一个人不放下活儿，松弛了嘴巴，望着天。

祖父手里的瓢倾斜着。祖父和瓢，和瓢里面颠着的白菜籽，都一片火红。荣子仰着的眼睛不够用了。她惊得抻长了祖父的衣衫。

一老一小，满身满面都是辉煌。

"别看了，一会儿天黑啦，来和爷爷把这点白菜籽种完。爷爷点籽、培土，你踩格子。"

祖父的手，也发出一层紫红。

舍不得天上的火烧云，荣子跑来跑去，鞋里很快灌进了土。

"小死鬼儿！"这话，顺着嘴就出来了。从自己的嘴到自己的耳朵里。她好像突然听到了母亲的声音！她有点儿冷。她问祖父："你说，骂人好不好？"

"不好。骂人嘴上生疔疮。"

"那我妈怎么骂我？"

"你妈骂你，是为你好。"

"那奶奶骂你，也是为你好？"

祖父不说话。他的手在瓢里空抓着。

这时候，荣子听见弟弟在母亲的房子里又像黑猫一样哭。

祖父说，一个家里有小孩子哭就好啊。

"有什么好？像个小喇叭子。"

"小喇叭好啊，一吹喇叭就娶媳妇啦。"祖父用手指节当当地磕着瓢，嘴里念着孩子们都会唱的儿歌：

呜哇铛，

呜哇铛，

娶个媳妇尿裤裆。

荣子的鼻子里灌满了夜来香的花味。她用力地闻着，想：这会儿连肚子里也香了。

"为啥说'尿裤裆'？"

"小呗。团圆媳妇呗。"

"那她妈不打她？"

"哪有妈了。是婆婆。"

"婆婆比妈好吗？"

"婆婆怎么能有妈好。"

荣子的心里忽地一暗，暗得比天色快多了。

她说："我要吃根黄瓜。"说着，她脚下故意踢绊着瓜的藤蔓，向园子的最深最黑处走。

祖父说："凉了，蚊子来了。家去吧。"

荣子的心里像研了墨。她不想回家，继续走。

祖父说："你要是不走，我就揪你的小辫啦。"

小手被祖父的手握出了汗。越往家走，弟弟的哭声越大。

**祖父是什么？祖父是一张会笑的老树叶儿。**

祖父的手又粗又麻。给荣子擦眼泪的时候，祖父不用手，而用他贴身的褂子边儿。祖父的褂子是下雨天的伞。祖父的草帽是带汗味儿的天。荣子想：一个小孩光有祖父就足够了，还要妈干啥。

满身上飘扬着苦药味儿，祖母从她的房里走出来。她说外面很风凉。祖母一坐到院子里，满院子里就都是苦味了。

几个老太婆围着祖母。老人的笑声哆哆嗦嗦，跟刚盛进蓝花盘子里的嫩豆腐一样。她们说张家添了个少爷，这回可心了。

张家就是荣子的家。

祖母喊："荣子，拿火绳来。我要拢一把蒿草熏蚊子。"

荣子不知道从哪儿跑出来，刘海儿上挂着尘土。荣子想：祖母把药吃进嘴巴里，连她说话的声儿都苦，连她眼睛的光都苦。走近了，祖母才看见荣子，看见了她小肩膀上、小头顶上的大榆树钱儿。

"拍打拍打这些榆树钱子，抖落净了再进我的屋！"祖母对荣子用手比画着。

炕上有一只火盆，火盆上煮着一只沙泥的药壶。祖母的药吱吱地响着，炭火把棚顶照得红堂堂。现在，药味更加大了。

一推开门，荣子就把火绳的事忘了。荣子去看祖母墙上的挂钟。那挂钟上有一个蓝眼睛黄头发的小人。钟响一声，小人的眼珠就转一下。她用手去摸那小人的眼珠，又去摸那小人的头发。祖父对她说过，那是一个外国"毛子人"。毛子人的眼珠不是水做的，头发不是毛的，那是一个小铁人。站在祖母的房子里，不是铁人，怎么受得了这么大的药味？

看得久了，小人跟活了一样。她想，哪天祖母再坐洋车上街去，她就用锯条把小人锯下来，揣在自己的口袋里，让他陪着自己玩儿。

看完了小人，她又去看胆瓶上插着的孔雀翎。光溜溜的，像猫的背。她是经常要来摸一摸的。

祖母的房子，除了药味，什么都好。炕上也有小人，在祖母的炕上，在躺箱上的一个个凸凹不平着。那些小人都有很好的表情。欢乐的，愁闷的，四处张望的，还有一个拱着长袖子作揖的人。作揖人脸上的表情，荣子想不清，好像是戏里的悲角。

"荣子！"

猛地这么一声，把在炕上看小人的荣子吓得跳起来。两只小手像是碰到了火苗，马上缩到了背后。

祖母出现在门口："你那么埋汰的手，又上树又爬墙的。快下来，别摸我的躺箱。"荣子向后退着，想溜下地，慌张忙乱的手撞到了火盆。上面坐着的药壶噗的一声翻了。火盆闪着金花，泛出了白烟。

"小要账的！"祖母伸出两只苍老的手，在空中扫荡。不知道祖母是去抓药壶，还是要抓住荣子。荣子趁着乱，向外面跑。

这顿打并没有降临。满胸前抱着柴火的老厨子挡住了祖母，说："小少爷病了，吃了火奶，闹肚子。"

祖母听了，就向着母亲的屋里小跑。

荣子跑到大榆树下，看见母亲的屋里亮起了高灯。祖母和母亲的影子都在窗前晃。他们是给弟弟在灌药吗？一团人都拉弓射箭般地说着叫着。

荣子想，那躺箱上的小人弓着手，可能是求大人不要打他吧。那些小人太可怜了。如果摆在月亮地里，还挺好看。祖母的屋里太暗太苦，跟着祖母不太好。

**祖母是什么？祖母是一件黑斗篷。**

每年有很多时候，祖母都对荣子说，去给我拿黑斗篷去。这时候，祖母就是要上街，要串门子，要走亲戚。荣子拖来了巨大的斗篷，祖母就披上它，去门口呼叫洋车。荣子在门的里边想，祖母多像天上飞的老鹰，老鹰专门抓小鸡。

弟弟病了，大人们就全围着弟弟。没有人骂她，也没有人管她了。

那个晚上,她一直坐在柴火垛底下。她看见夜露水上了她的脚面。她一会儿坐,一会儿站,一会儿爬,踩得柴火垛边上的高粱秸嘎嘎地响。那些上好的高粱秸,都被她的小脚一根根地踩断了。她想等祖母屋里黑灯了,再跑回去。可房里的灯总是亮着。母亲想整夜都倚在墙角,腿上颠着弟弟吗?

土院墙上生长的茅草,像马脖子上的鬃毛。土院墙是一匹野马。那鬃毛从没人刷过,乱蓬蓬的,在风里摇晃。她怎么也等不到灯黑。

荣子想,她是不是应该大叫一声,让母亲听见,母亲就派人来叫她上炕去睡,她的头已经沉了。可是,没有人来叫她,她跟那些茅草没什么两样。

她想:我非要等着人来叫!等人抱我到炕上去!

就说刚才在祖母的炕上摔疼了,不能动了。荣子刚刚想完,小腿就开始麻疼。眼泪快流出来了。

这时候大门响了。门,打开又关上。有一个黑影,清了一下嗓音,走到月亮银白的院当心。

这就是父亲。

荣子眼睛里的水一下子干了,头也不累了。眼泪对祖父、祖母、母亲都有用,对父亲是没有用的。

父亲的影子走得很长,又缩到很短。他上台阶的时候,头部、两肩和上身都纹丝不动。

"锁大门吧。"父亲对着黑夜里的五间房子说。

荣子想,不管怎么热的天,只要父亲讲话,肯定汗能收回去。父亲就是雪,就是雹子。父亲走过的院子凄白冷清。所有的禽类都不再扑腾,所有的树叶都不再抖落。荣子开始害怕。

她快速跑过院子。在正房的门缝儿里,她看见桌前有那盏父亲专用的大号油灯。桌上的菜,腾着热气。父亲眼睛上戴了两片玻璃眼镜。他一边吃饭一边看一本书,书是卷着看的,一边看一边缠绕。为什么要有"父亲"这种东西呢？父亲好像后院那个满面尘土死沉死沉的磨盘。

荣子贴着墙钻进了屋，把衣服脱得飞快，蛇一样钻进被窝儿里去。

睡到蒙蒙亮，窗上像一片灰白的霜。她被弟弟哭醒了。她看见父亲站在屋子的正中间。灯芯儿扑地亮了。

灯，亮在炕沿上，正照着父亲两只又黄又干的手。他抱起弟弟，他高耸的鼻梁正贴着弟弟那憋得通红的哭脸。父亲好像从来没抱过荣子。

她把脸钻进被窝里去。

**父亲是什么？我这一生也没想明白……**

他不骂，不打，但是他是雪和雹子。荣子不需要父亲。

在棉被那不洁不畅的空气里，她不分头尾地睡去。

洋车拉着祖父，从大门外踢踢踏踏地跑进来。祖父手里提着一个方方正正的纸包下了车。荣子从最亮的花丛中冲出来。

"是什么好吃的？是点心匣子吗？"

"就知道吃！是给弟弟开的药。"祖父哄着她，一步没停地向正房走。

"我闻闻有没有药味？我知道药是苦的。"她跳起来去闻，也没有闻到什么味，却给门槛绊倒了。

正房里和每天都不一样。一张方桌摆在中央。母亲下地了，头还是包裹着。荣子一直盯着祖父手里的那个黄纸包，它被打开了，里面还是纸。

"家里是有墨的。荣子爹写大字的墨呢？"母亲摇摇晃晃地向里屋走。

祖母对厨子说："你去叫荣子爹了吗？"

老厨子频频地点着头:"叫了,叫了。"

祖母又说:"写好了,你就去贴。天一擦黑就去。哪个路口白天人多,就贴在哪个路口。"

吃过午饭,父亲笔挺着回来了,说不想写。他说这是迷信。但其余的人都坚持让他写。

祖母半骂着:"我就是不会写。不然,我早就写了。供你念书,都快供到京城了。白供了!"

父亲叹了一口气。那口气,叹得像母亲的长烟袋管那么长。父亲说,只写十张。城东城西几个大路口,贴一贴,小胡同子,贴了也没人念。

父亲就摆了架势,端坐在桌前。把那支笔在墨盒里蘸了又蘸。笔在父亲的手里一环一绕地转着,那动作跟母亲使唤锥子差不多。

"爷爷,爹写的是什么?"

祖父说:"小点声,看你爹写错了。写字给你弟弟治病。"

"什么字?能治病。"她还是想问。

母亲在一旁白了她一眼。可是祖父已经念出来了,声音很小,像是用嗓子眼儿念的:

天荒荒,

地荒荒,

我家有个夜哭郎,

过路君子念三遍,

一觉睡到大天亮。

"噢,弟弟是个夜哭狼啊。"她小声尖叫了一下,用很重的鼻音,说那个"狼"字。

父亲突然转过头:"你,不会说话?!舌头短了一截吗?"

父亲转过来的脸完全是黑的,下午的太阳从他后面照过来,只有他后脑上一绺翘起来的头发亮着。父亲的形象可怕极了。黑的脸上好像有更黑的目光。

"去爷爷屋里玩吧。"祖父的手捂到她的脸上,她什么也看不见了。

弟弟真是个狼吗?

她趴在祖父的凉炕上。大榆树使这个房子黑蒙蒙的。荣子没有盖被子,眼皮不停地上下打着架。

西面的房里,父亲精心地洗完了他的手和笔。荣子听见父亲走出门向院子里泼水的声音,听见母亲哄着号哭的弟弟,听见祖父让老厨子去哪条路口贴,听见祖母出门倒壶里的药渣儿……

荣子在凉炕上睡着了。

这就是我的一家人。爹正在教书。妈刚生了弟弟。爷爷和奶奶,一个是笑,一个是骂。

自古以来,人就是这样活着。从唐到宋,从明到清……

已经过去了大半个世纪,我怎么闭眼,也想象不出他们的全貌。事情走得太远了。

# 二

"去,荣子!去把斗篷给我拿来。"

祖母要上街了。她不断地自言自语,说要到"李永春"去,要买点朱砂定定神。

"奶奶,我要一个皮球!"荣子望着祖母的额头。那宽幅的额头上,有给小火罐儿拔过的三个暗红的圆圈儿。

祖母用手掌扳着荣子的头,催她快点去取斗篷。荣子不动,仍旧想着皮球,突然张开手,像鹰。她几乎把双臂扬到了背后:"我要这么大的皮球!"

祖母笑了,站在门口看天色的祖父也笑了。

"快去拿斗篷吧,给你买个那么大的皮球。"祖父的手也在空中画一个巨大的圈儿。

荣子把两扇门板用力地推开。它们像木头鸟的两只大翅,吱吱嘎嘎地自己扇着、响着。荣子爬到祖母的炕上去,拉下那件黑大的斗篷。抱着斗篷,连鼻子都给蒙住了。只能看见上面的天。天,是一条细长的翠蓝瓦片儿。

祖母抱过了斗篷。

祖母是去"李永春"抓朱砂。朱砂是什么?荣子不知道。她只知道"杀猪"。

祖母要的马车挂着铃铛,停在药铺门口。在一条暗灰的小枕头上,祖母放上了她那枯瘦的手。药铺的李掌柜半眯着眼,号祖母孱弱的脉。他望着天说:要下雪了。

李掌柜回过身,拉开许多古铜色的小匣子,去抓药。不止抓了朱砂,乱腾腾地抓了三大包。

下雪的天,庄稼的气脉就断了。

而人的气脉如果断掉,是绝不能在下一个春天再接续上的。庄稼可以再绿,人却不能。

荣子知道,祖母不可能带着大皮球回来,马车怎么能装得了那么大的皮球。她坐在门口的一只木板凳上发呆。荣子疯的时候能疯翻了天,像这么安详的时候极少。她端着小肩膀坐着,等待着第一片雪飘下来。她想用手接住一个雪片,看它怎么在手心里化成水珠。

祖父一大早就说,要飘清雪了,等不了一个时辰。

荣子已经坐了大半个时辰。

雪飘飘摇摇,像一群轻巧扭捏的小姐,弯着,转着,落下地来。开始是小清雪,后来,天越来越阴沉,碎雪花很快变成了大雪片。现在小姐们都成了强悍的武艺人。

母亲在屋里面说：荣子哪儿去啦？刚学说话的小弟弟也跟着喊：荣子，荣子！像一只鸭子叫。

整个院子都雪白了，白得已经不再是荣子家那个灰暗的院子。这是神仙的家。

荣子不想进屋里去。她把冰凉的手揣到棉衣里面去，贴着暖肚子。她一直看着雪。雪不断地从天上落下来，沿着一条条弯弯曲曲的路径。云彩上装着的，都是一马车一马车的雪吗？

大门开了。马的嘴里吐着热气。祖母的黑斗篷出现在一片雪白里。祖母的脚要破坏这满院子的白了。

"奶奶，你别过来，别踩这些雪！你飞过来吧。"

祖母根本没听她的，用斗篷蒙了花白的头，一直走进门。神仙的家里，全是祖母的脚印。祖母根本没看见屋檐下的荣子。


这以后，就是大雪封了门的日子。

雪挡不住大人们。母亲等弟弟睡了，就到前街串门子去。荣子一直等到门上的大门环不再摇晃，就钻进了厨房后面的一扇小门。

眼睛进了这个门儿，就不是眼睛了。

那里面出奇地黑。在黑里，不出声地坐一会儿，终于可以看见大概的轮廓。看见了早已经给荣子掏空的抽屉和一只柳条筐、一只红箱子。那箱子里的丝线们，都趁着母亲找东西的时候看过了，早就不新鲜。荣子向深处走，脚下碰到什么清脆的东西。

把那东西拿到门口去看。那东西方方正正，还有一个长把儿。用手擦了擦灰尘，露出了漂亮的红玻璃。荣子连小门都忘了关，跑着去喊祖父。祖父正拿着火剪子拨火盆里的炭。

"连这个都不认识，这不是灯笼吗？"祖父脸上被火映得红红的。

"灯笼是什么？"

"人儿小，真是不记事儿。"祖父说着，把红玻璃上的灰擦了，又点上了洋蜡烛,插到灯笼心儿里面。

荣子提了灯笼满屋里跑。东屋西屋都打开了门,五间房放直了跑。

祖母躺在炕上说:"荣子!你闹腾什么?到你妈屋里去吧。"

荣子把灯笼给祖母看。

祖母说:"你过来,这不是你二姑给你买的吗?从哪儿翻出来的?你二姑有几年没回家了。"

祖母的手摩挲着红玻璃,干眼睛里有了泪水。

荣子不知道祖母为什么会这样。她想提着灯笼走。可是祖母的手还在摸着红灯笼:"那个红箱子里还有一包洋蜡。让你爷爷给你找出来。"

祖母躺在炕上的时间越来越长。有时候她喊荣子过去问,你的小灯笼呢?荣子就把灯笼拎过来。炕沿上就有了一小团红亮的光。

红灯笼把整个冷白的冬天跑得全热乎了。可是还没等到春天,玻璃就撞到了水缸上,破成了无数的红碎片。


五月初五,是驱鬼赶邪的日子。

端午,那些原始的意思,在荒凉寒冷的北方,很少有人知道。北方人只是想把鬼拒绝在大门之外。

早上,呼兰县小城的街上,很多女人走。香气一阵阵过了东边的桥。桥外就是荒甸子。甸子上有成片的蒿草,绿茸茸的,铺满了高坡低岗。

虽然起个大早,女人们的头发却都油亮的,一丝不乱。有钱的人抹了香喷喷的头油。没钱的,也用木梳沾了清水梳过了头。

荣子母亲拿了一只篮子,急急地采了几把艾蒿,转了头回城里。在城东的桥上,有人问:"荣子奶奶呢,没出来溜达?"

"唉,下不了炕啦。"荣子母亲说。

"这么快,前几天还硬实,一开春,还在集上看见她了呢。"

"是快,说着话,就一天不如一天。"

"唉，人哪。"

两个女人一个桥东一个桥西地分开走。桥底下看不见水，只看见雾。

荣子半醒了。她感觉有人抓她的手腕，要拉她到树根里面去。她用力挣也挣不脱。她知道是梦，用小手打开眼皮。她看见母亲站在炕沿边儿。母亲的袖子是湿的。荣子闻到了一阵青蒿子的香味。

把手伸出被子，她一眼就看见两只手腕上都拴了一圈五彩线搓成的彩绳。转着细小的腕子，那些彩绳越转越好看。

"哪儿来的？"她问母亲。

母亲走开了，去抱弟弟："荣子，快起来，洗洗脸，今儿是五月节。你去你奶奶屋里，问她要不要艾蒿，挂不挂小荷包。"

荣子听得乱七八糟的。但是，这突然降临的彩色线绳让她的小心里缤纷着。她还是想，它们是从哪儿来的？昨晚睡觉时还没有呢。

房子里弥漫着蒿子味。荣子想起了西瓜和香瓜。夏天，沾在瓜上面的草，就是这个味儿。

"我要吃瓜。"借着心里的快活，荣子大声喊。

"我看你像个瓜！"母亲打击了荣子。母亲怎么能知道孩子的心思，它早已经飞到了夏天的瓜车上。

"荣子，来！"祖父在外屋叫她了。

祖父的衣襟里兜着什么，他让荣子猜。荣子摸了摸，是热的。

"是小狗。"

"什么小狗，小狗能这么热，再摸！"

再一摸，荣子就没有了兴趣，是几个煮鸡蛋。

祖父说："去把它们拿到炕上滚一滚。"

"不滚，现在我就吃一个。"

"你今天过生日，滚一滚运气。"

"什么是运气？"

"运气就是好。"祖父不耐烦了。

荣子进了祖母的门。她说:"奶奶,我妈问你戴不戴什么小荷包?"说完了,她就想跑出去。突然,她看见祖母的眼睛迷迷蒙蒙的,是一双失了神的眼睛,是疾病很重的眼睛。

荣子长这么大第一次想到了死。

她对自己说:祖母是一定要死了。这么一想,把荣子吓了一跳。她把五个蛋全放在祖母的炕上。五个蛋向着五个方向滚出去。荣子扭头出了祖母的门,一直向后园子跑。

祖父不在后园子。

祖母爱吃韭菜馅儿饺子。种下的一畦韭菜都老了、黄了,四仰八叉地倒伏在地上。

死,是睡着了吗?可能不是,睡着了是不疼的。看祖母的眼睛,肯定死非常疼。

这时候,老厨子进了后园子,掐了几根葱叶儿。

荣子说:"你掐我的绿葱叶儿干什么?"

"肉都割了,包饺子啊,你不想吃肉?你早上起来没听见前街的猪在叫唤?"

"那猪现在死了吗?"

"死了。一刀下去就死。这阵儿,早就煺了毛,卸成了几大块。"

过生日的这一长天,荣子虽然戴了五彩线绳,可是玩得也不乐,喊得也不亮。荣子的心里蒙上了一片苦菜叶儿。她到前院去找祖父。

祖父拿着一根筷子,在望那棵老榆树。荣子想:他拿着一根筷子,偷吃什么呢?祖父的脚下有吱吱响的药壶。荣子不说话了,也学着祖父去看老榆树。她心里的苦菜叶儿,拉出越来越扁长的影子来。

家里忽然热闹起来。

许多荣子过去不认识的人,川流不息地到家里来。他们都去祖母的屋里。荣子记不住大姑、二姑、三姑,都是差不多的脸。每个人都擦着眼泪,盘着腿,坐在祖母的炕里,动也不动地小着声说话。

早上,荣子睁开眼睛,听见"剌啦剌啦"那么豁亮的响声。

她跳下地,蹚过厨房的碎柴火。把头伸到祖母的外屋,她看见两个人,大力地撕着崭新的白布。非常响,非常果断!

布,被撕成一条条。有人坐在炕里,紧摇着针,缝那些布。针,在顶针上发出脆的响动。缝布的人好像很急,嫌针不够尖不够快。缝了几下,就在头发里顺那根针,好像给针加了油。

扯布的,缝布的,都不抬头地忙,给人追得不行了似的。

荣子还想看下去,但是后园子的门响了。

她拨着藤蔓、瓜秧和老韭菜。她跑遍了没有人影儿的后园子,也没看见祖父。回过身她才看见,后园子的门后,架起了火,有人流着油汗,在烙着面饼。

"这是什么?"荣子问。

那人说:"这是打狗饽饽。"

"饽饽不是人吃的吗?"

"阴间有十八关,到了狗那一关,狗就上来咬人。拿这些饽饽打狗,狗光顾了吃饽饽,就把人放过了。"

"谁要到阴间去?"

那人把脸低下来,小声说:"你奶奶呀。"

阴间,这两个字,发生声音来,低哑冰冷。荣子不想看这些饽饽了,她有些害怕。可是,又没有地方去玩。

大人们全都围着祖母。荣子又回到前院去,两只手叩那两只大门环。炸饽饽人说的话,像乱头发绕住了她。阴天就是打雷下雨。那阴间是什么呢?祖母真要死了吗?死是一架板儿车,一直要把祖母送到阴间里去吗?

雨点掉得飞快。荣子刚摘了四朵倭瓜花,往扣眼儿里插。五个扣眼儿还没有插全，雨就来了。荣子向屋子跑，跑到酱缸边儿。看见酱缸戴的帽子够大的，足够遮雨。荣子家的酱缸是放在后园子的。

荣子费了一些力气才把酱缸帽子翻下来。没想到那帽子那么沉，跟大石头差不多。帽子坐在地上，跟荣子一般高。她抬起酱缸帽子的一个角儿，好不容易才钻进去。噗的一声，帽子扣住她了，里面天昏地暗。荣子坐下来，坐在一间小顶大底的"房子"里，雨声风声都隔绝了。荣子摸了摸地上，是瘫软的细叶子，不用说是那片老韭菜。

荣子想，她要连人带房子走过去，送给祖父看看，祖父肯定笑得淌眼泪。母亲肯定笑得露出白齐的牙。祖母更会笑，笑成摇摇晃晃的一棵老核桃树。荣子站起来，帽子的四周刚刚露出一条小缝儿。她顶着酱缸帽子，向前走，听见头顶上的雨点稀少了。

摸索到了后门口，费了千辛万苦，仿佛走了千里万里。荣子顶着"房子"回家了。

后门的门槛太高。她的小手摸到了门槛，却迈不过去。小"房子"里头太窄，她没办法抬起腿来。又费了好大的劲，酱缸帽子终于和荣子一起，落在屋里的青砖地上。

"爷爷，爷爷！"她兴奋地大喊。两手两腿顶得酱缸帽子四处都响。

轰的一声，天和地翻滚了！

荣子连着她的"房子"一起倒了。酱缸帽子滚到了柴火垛里。荣子跌到燎着火的灶坑口。

最先看到的是父亲又踢过来的脚。

不知道是谁把她抱起来，她的腿很疼。那超大的脚，又朝她来了。

荣子身上一阵疼。

她本来是预备大哭的，但是看见满屋子的人都穿了白衣裳，白衣人都围着祖母。那些白衣裳吓住了哭。

祖母躺在一条长木板上。

祖母已经死了。

这是我第一次看见死，还不知道怕。死，多好，多热闹。

呜呜咽咽的哭声，从每个人的嘴里传出来。时断时续，时高时低。

喇叭吹着悲曲。院子里搭了灵棚。灵棚下，站着哭成垂柳的姑姑们。灵棚里还坐了黑帽黑袍的道士，打着响器，念诵着经文，送着灵魂。

家里住下了一些人，有四五个是孩子。

荣子因为这些孩子又高兴了。他们四处串着，不仅走出了自家的小院，而且走出了胡同，走到大街上，走出了呼兰河这小城。

"我们去南河沿儿吧。"表哥说。

荣子有点儿怕。

这几天荣子自由了。她虽然已经偷偷看过了井，看过了后碾坊，看过了街上的车马行人。可是，去看一条河，却不太敢。那不是要走很远！

这就是呼兰河……

荣子第一次看见这么大的水。静静地，不分汊，不分支地向西流。水上，闪着波光。整个一条大河就是一条波光粼粼的宽带子，没有边儿。

她刚一看见水就停下来，不敢往前走。

"荣子！走哇！你怕了？我还敢下河洗脚呢。"表哥说着，脱了鞋向着光闪闪的大河跑。

荣子也把小鞋脱了，提在手上。走近了，她抓起一把沙子，扔给了河。河照样流，理都没理她。河上行着船，河对岸是柳树丛，一撮一撮的，望不到边。那柳树丛背后还有什么呢？天下还有这么了不起的大河！走上了一袋烟的工夫，就有了河，再走上一天，后面又是什么呢？

呼兰河，松花江的分支，在二十几年后，它和它身边的农人，被萧红描画到了书上。就是这条呼兰河。

荣子一个人是不敢出大门的。她坐在后园子里，后院子的土墙已经给孩子们爬出了口子。从口子看见的是一只高大的黄泥烟囱。

傍晚的时候，孩子们、大人们一起回来了。表哥说他们如何如何到庙上去。

表弟说："我们看见一个小死孩，就在土坡底下。还露着一只小手呢，小手像新掏出来的灰，不是人色儿。"

孩子们争着形容着一个死掉的弃婴。有一个孩子还躺在黄瓜架下面示范着死婴的姿势。

"人老了才能死，那么小的小孩能死吗？"荣子不信。

"我妈说饿上三天，什么人也得死。"表哥这么说。

**奶奶死的那一年，我六岁。**

**爷爷变得又高又瘦。爹的脸色黑得吓人。死，空空荡荡的。死是个坏事儿。**

太阳又哑又蔫地照着空旷的院子。祖母的死带来的热闹、带来的怕，都走了。祖父又抓着荣子的手到后园子去。他把那畦老韭菜铲了。

祖父说："种点儿花吧。"

"我想吃樱桃。"

祖父说："哎，吃樱桃要等好几年呢。"

## 三

再大了一点，我看见了人生。

人生就是罪。

**我爷爷说过，眼下的人，都坏呀，都是饿死鬼托生的。**

荣子坐在树杈上。母亲向着满院子的蒿草稞里在叫她。

她不应声。

母亲叫她去买年糕，还说要多撒点白糖的。荣子真想吃年糕，但是，她在心里与母亲她们生着气。听着母亲的声音，反而把荡来荡去的两只脚收到树杈的上面去。

她不想让别人看见她。

"有这样的孩子吗？一大天就没见着影儿。跑哪儿去了！"

母亲把上身从窗口探出来。荣子像老树叶上刚生的一片嫩树叶，一动也不动。

母亲抱着弟弟，一拧一拧地自己买年糕去了。

当妈的心，分了无数根枝。荣子只是细短偏远的一枝儿。还没有母亲拿黑色绒布卷出来的云子卷和纽襻儿们，离着她的心近。

从树上跳下来，荣子想，这会儿，给她切一块滚热的年糕，她也不乐呵。

早上，荣子钻进厨房后面的小黑屋。这回，她又翻出了一盒白粉。在手心上抹一下，雪白雪白的。又翻出了一盒金粉，闪闪发亮。她捏了一些白粉，扑在脸上。又捏了一些金粉，点在嘴唇上。她美着，推开母亲的房门找镜子。她想，涂了这些粉肯定很漂亮，像个小媳妇儿。

这白粉轻易扑不得，不香，又四处飞扬。荣子的眼睫毛像挂了霜，眨一下眼，白霜就落在鼻尖儿上。

不看见镜子还好，一拿起镜子，里面出现一个白脸绿嘴的小鬼儿。那金粉是能变绿的！

荣子刚放下镜子，母亲就进了门。母亲愣了一下，震天动地大笑，笑得腰腿都软了。不只是笑，还叫着祖父："爹，你快来看，你看荣子像唱野台子戏的！"

两只袖子都使用上，荣子又擦又抹。祖父和住在下屋的远亲有二伯都来了。绿和白混淆着，涂满了脸。祖父和有二伯笑得失了声，前仰后歪的。笑够了，祖父说："快洗脸去吧，没见一个姑娘家淘成这样的。"

一整天，他们的笑，都像针尖扎着荣子。值得那么笑吗？那么笑不好听也不好看，比白脸绿嘴还要丑。祖父也不该笑，被全家人都看不上的有二伯更不该笑。

天在傍晚的时候，长出了鱼鳞。西边天的鳞片金红，到了头顶上就变灰白了。天是一条变色的鱼肚子。

母亲领着弟弟，用葵花叶包了两条油炸麻花进了门。母亲的紫缎子夹袍上闪着一层红蒙蒙的晚光。麻花再酥，再脆，再冒油珠儿，荣子也不想吃。她要对抗母亲的笑。

荣子向屋里走，故意不看母亲的手。这时候大门开了。

父亲穿长衫的一只脚踏进门里。门外面，摇鼓敲梆子一样的，全是响声。

一挂两匹马拉着的大车，轰轰隆隆地晃着进了门。父亲吆喝着马，拍打马的背，马车上带着车厢板，是住在前院厢房那家赶车人的马车。

马车还在向院子里走。人的哭喊声也紧随着进了门。十来个人，哭声不齐。是那家赶车的人！有嗓音呜呜的白头发老人，也有护在怀里被惊吓的孩子。父亲一出声，哭声就低下去，半听着。

父亲说："房租欠了两个月了。再欠，情理不容……"父亲加大了声音，"契书上是怎么写的！"

话音一停，哭声就一下子张开了。悲苦得不用细听他们说的什么，就肯定要掉眼泪。

这种哭声是用刀尖儿绞人的心。荣子睁大了眼睛，她看见母亲躲回了屋，有二伯吓得快站进了土墙根里。

这时候，祖父拿着手杖从房里出来。

"老太爷！老太爷！"

全部老小的手，都搭在那可怜的马车上。哭喊声断绝了，人群转向祖父。扑通一声都跪在地上："老太爷！"只有哀叫。哀叫以下，就光秃着，一句话也没有。

院子里平时荒凉着，自发地生出了许多蒿草。白天晚上只有虫子在蒿草里闹。现在，草给这些弯曲的膝头和哭喊弄得倒伏着，抖动着。灰土从上面腾起来，天色暗黄。

祖父走近马车，叫着："有二！先卸马。"

听了声音，有二伯才凑近来。把两匹马卸下了套，把马缰绳递给那跪在青蒿子上的人。

祖父对着那些跪着的人大声说："行了，先把马牵回去，交了房租来领车！"

男人抓住绳头的手，又扑倒了地下的草。他们给祖父磕着响头，两匹马都闪着哀愁的大眼睛。

住在前院的那一大家子人牵了马，四散了。只有那架空车，斜楞着，带着啰啰唆唆的绳套、马鞍支在院子里。

荣子大了。她看见，那些平时老老实实的房客匍匐在草稞里，躬身屈膝，头捣着土，嘴呛着灰尘，像演一出苦戏一样惊人。

**人，是能忍受着屈辱的。**

**我从小就不想受屈。可是我这一生……总在别人的屋檐下。**

祖父外屋的灯一直拨得白亮。这个夜里，父亲向祖父大吵。父亲的声音尖利，祖父的声音低沉。

天再亮的时候，荣子在后园子看见祖父和有二伯向筐头里摘辣椒。祖父说："穷人，两匹马是命根子啊。不能扣了车还牵马。"

有二伯不说话。自个儿唱"唱儿"。

白天，有二伯一个人在大门口走，绊到一块砖头。他脱了鞋，揉着脚指头。回头看那块砖头长得什么形，是胖子还是瘦子。看过了就说："你小子，我看你也是没眼睛，和我一样，瞎猫虎眼的。你要有能耐，就绊那耀武扬威的，穿鞋穿袜子的，绊我还不是白绊，绊不出个一大二小来。"

荣子在大门缝里看着他乐。

有二伯走了，那被扣押了马车的人家，关着门扇，静静的，没有声儿。烟囱里照样有烟，烟照样缠绵着。卖豆腐的在前院叫，那家的孩子，照样围着豆腐挑子看。孩子和弟弟差不多，刚刚摇摆着学走路。

荣子经过前院，到街上玩儿，脚步突然滞下来。想到父亲的凶，她还是怕。前院的厢房里，另外住着两户人家，也是要向父亲交房租的。

蹲在西面粉房门口的孩子，叫铁子。哑巴一样，从来不说话。他整天往一条长木槽子里切土豆。前院里，搭满了木头架，光着膀子的粉匠们挑着湿淋淋的粉条，往架上晾。粉匠们住的房子，连毛毛雨也挡不住。

有一回，一个上房顶采蘑菇的人，竟然把一只沾满了黄泥的鞋，漏进了粉锅里。那一锅粉，立刻就黄黄的。

粉匠们怕打雷，怕下雨，怕荣子父亲，但是最怕荣子的祖父。因为祖父要拆了那几间似乎马上就要坍塌的草房。粉匠们集体央求祖父。留下这草房。

他们想租的，就是这要倒的房子。风雨不透的好房子，他们租不起。

漏粉的过程是神奇的。

荣子很喜欢这几个会漏粉的人。她不想看见那一个晚上,他们齐齐地跪在父亲面前。他们要是交不起房租,走了,这院子里该多冷清,再不热闹。

"有二伯,爹能撵走漏粉的吗?"荣子问。

"人心隔肚皮。"有二伯说话真是古怪。他的鞋已经没了后跟,只能装住他的脚指头和脚掌,他的脚后跟一直接触着土地。

"这个物不是物。"过了半天,有二伯又冒出了这么一句。

斜楞在院子里的车,有一天没了。

母亲说,那一家人家,退了房子回乡下老屯去了。从此家里一点故事也没有。蒿草们重新茂盛。

老榆树是个糊涂东西。

一年前,荣子拿了小锯条,刻出来的那道缝儿,被老榆树给长歪、长裂了。荣子这一年到底长了多少,量不出个准数。老榆树的伤口,现在齐着荣子的眉毛了。

"高了一个脑瓜盖儿。"荣子对祖父说。

"快点长吧,长大就好了。"

长大好什么呢?冬天也能吃瓜吗?雪会更甜吗?祖父不答,只是不停地说长大了好。

院子里铲了蒿草,泥水四流地盖起了三间厢房。有二伯这个游神,把绸着死棉花片的行李,扔到厢房的火炕上。

老厨子风凉地说:"有二爷,家来了?"

有二伯嘴里哼哼着,发出轻蔑的风。

他一睡醒起来,就用麻绳把行李捆成一束,像一块豆面卷子。好像他时刻准备着流浪。

荣子拿了两穗苞米,想撩着有二伯讲跑毛子的事儿。有二伯嫌苞米嫩,又嫌不多掰两穗来,拖了很久才讲到老毛子的事。

"老毛子的车在街上跑,那大马蹄子跑得呱呱山响。"

"你怕吗?"荣子问他。

"怕什么!"有二伯很神气。

"那老毛子兵进来拿刀杀你呀。"

"杀又怎么样,不就是一条命吗。"

烤苞米的香味出来了。有二伯的手伸进火里去,脸上很快有了几抹炭灰。

吃了苞米,有二伯就变了:"人是肉长的呀!这苞米香,苞米也是一条命啊。不怕?怎么能不怕,也是吓得人乱颤呀。眼看着大马刀下来,一条命就完了。"

"你不是说,你不怕吗?"

有二伯带着满嘴的苞米颗粒,翻了脸:"远点儿去吧,全是没心肝的。谁要是说不怕,就把冰凉的刀架到他的后脖子上!"

葵花子熟了,葵花的脖子再也支持不了它的大脸盘。祖父剪下了葵花头。荣子抱着去给母亲看。

母亲不说葵花子的事,却向着怀里咳嗽,又向院心说:"你多早想收拾他了,贱骨头!骄毛越长越长。你的后半辈子吃谁的了,睡不着觉寻思寻思。"母亲自己也说乱了。

荣子知道她是在骂有二伯。有二伯把家里的洗澡盆偷了出去。

当年的谷子下来了,没地方"炕"。母亲说:"就送到有二那个炕上去吧!"

新谷子,在有二伯半温的炕上散发着潮气。

半夜里,荣子醒了。

在特静的夜里,屋外里有人在扑腾:

"王八蛋,黑了心!"

"他妈的,都是闲人。享着清福,吃得溜溜胖溜溜肥。"

"狼心狗肺!这年头,人都狼心狗肺。吃香的喝辣的,没安好心,好人在这年头也成了王八蛋!"

荣子看见自己是睡在祖父的炕上。祖父还没躺下,旱烟袋的火头还在窗前闪。祖父在听着外面的话。

话是从厢房里传出来的。

荣子向着祖父那一闪一闪的火头问:"有二伯骂谁呢?"

她坐起来,想掀开窗帘向外面望。祖父说睡吧,明天早点起来,烧苞米吃去。

有二伯把狗惊醒了,四野的狗也跟着叫起来。


父亲打了有二伯。

那是天空自然而然地由黑转白,太阳照在院当心的时候。父亲的鼻子上,还架着眼镜,身上哆嗦着白绸的衣衫。

窗户和帘子,隔开了那些最可怕的声响。荣子走到屋门口,以为院子里有人拿大棒槌捣衣裳。她出了门儿,看见有二伯像得了绞肠子病的瘦毛驴,滚缩在院心儿里。明晃晃的太阳照着他。

父亲叉开着腿,威严高耸地站着。

荣子听到自己的心接连地跳出了一个个大窟窿。她害怕,但是她还想再看。现在,母亲站在台阶上,一声也不咳嗽。老厨子站在台阶下,拄着大扫帚,不说话。墙头上有邻人看热闹的一串脑袋。

有二伯挣扎着,想爬起来。

人们的眼睛都转过去看父亲。父亲的白绸衫一抡,有二伯又倒在地上,抽搐着干细的腿。

荣子更加害怕。她想看又想躲。

那天夜里,扣马车的那个凶狠的父亲又出现了:"有二,你一天到晚骂什么?有吃有喝,你还挣的什么命?"

有二伯还想站起来。

并没看见父亲挥臂抬腿,有二伯又倒下去了。

荣子的心里忽地起了火苗儿!

她想人们会一拥而上,来拉开父亲。但是人们的神经似乎都松弛着,似听非听,似见非见。似乎父亲打了有二伯,又似乎没打。好像有二伯是自己摔倒的。

这时候,荣子看见黏稠暗红的血,漫出在有二伯的头下。

人们都散了。

两只鸭子,一只花脖子,一只绿脑瓜。它们用扁长的嘴在有二伯的血里出溜着。

荣子想,这比老毛子来了还可怕。

**听说,有二伯后来到底被我们家撵走了,卷着他的行李卷儿。**

# 四

荣子九岁的那年,是个恶年。

这年,天蓝得像青颜料。雪狂到没了窗台。风在老榆树的尖儿上冒着白烟儿。

就在这一年,恶鬼降临。住在后院磨坊的冯歪嘴子,死了媳妇王大姑娘。西院赶车的胡家,死了团圆媳妇。荣子家死了她的母亲。

天一黑,城边东大桥上就很少再有行马行人。都说河下面无数的屈死鬼夜夜折腾,哭声不绝。死的气息,像一场三百天不融的雪,覆盖了呼兰河北岸上的呼兰县城。

这一年的荣子,吓掉了魂儿。

祖父把白窗帘放下来,密密地盖住了黑夜。荣子把枕头抱在怀里,叹了一口气。

祖父说:"小孩子家家叹的什么气?"

"没啥玩的。"

"我们念诗吧。"祖父拿出了那本《千家诗》。

冬天,呼兰河的黑夜,可以长到八个时辰。这么长冷的晚上,只有念古人的诗。

荣子的声音,还是跟一串脆枣似的。她念"少小离家老大回"。祖父说念得好,就是声儿大太了。又念"春眠不觉晓",还是那么大的声儿。

念过了,荣子又要祖父讲诗。祖父讲"两个黄鹂",荣子就要吃梨。讲"人面桃花",她又要吃桃儿。再讲到"鬓毛衰",荣子睡着了。

小孩子还是不拿事儿。如果是个小圆镜子,挂了灰还能擦亮,打破了也能对上缝儿,再用红头绳扎起来,一样照脸儿。

荣子是最脆的孩子,一丝也不能破坏的。


这一年的春天,恶相并没露出来。看相的,算命的,都没有预见。

麦子下了种,没几天就出了芽。用泥坯子封了一冬天的后院子门又打开了。风,来来回回地窜。荣子好像从来没去过后院子,见到一根小草儿芽也新鲜。

再凶恶的年景,孩子也不知道深浅,到处找着新鲜。

老厨子叫吃饭的时候,荣子从后院拔回一把小葱叶儿。祖父能用葱叶编出好看的小粽子。进了门她就喊:"爷爷,做小粽子!"

祖父很奇怪地看她:"你在后院子?你没去看团圆媳妇?"荣子听说了团圆媳妇,就把葱叶儿扔满了小炕桌:"团圆媳妇在哪儿?我现在就去看!"

"吃饭。吃完了饭,爷爷领你去。"

是稀饭,喝得微微出汗。喝了几口,荣子就跳下地,仿佛那团圆媳妇是个糖块儿,不快去看,就化在别人的眼睛里。

看团圆媳妇要到西院。

祖父走的是门，荣子跳的是墙。

西院老胡家的两个儿子都是赶大车的，屋里炕上都有牲口马料味儿。要是有团圆媳妇看，什么味儿都能忍受。大人们里外三层装满了一屋子。荣子四下看，并没有看到哪一个新鲜好看，谁也不像个新媳妇人儿。

有人指给她。荣子才发现，炕沿边儿站着一个比她高一头的小姑娘。

"不是一个小孩儿吗？这有什么好看的。爷爷，我们回家吧。"

"哪能刚进门就走。"祖父不仅这么说，还被让着，上了炕。

这么多人挤着抢着来看的，还以为是天仙美貌。荣子溜出了门儿，翻过墙，又回到她的后园子。

天擦黑了，她把祖父的草帽上插满了紫红的刺梅花，喷香的。她戴着草帽进了屋，去问炕上的母亲："我像不像个新媳妇儿？"

母亲的脸，少见地不受看，没理她。

团圆媳妇并不天仙美貌，荣子有点不高兴。但是第二天又想去，叫她来玩，让她看看自己家的后院子。

井沿儿上，辘轳把像个滑车儿，吱吱扭扭地。荣子看见团圆媳妇在饮马。个子比她高，手却细小。一条黑粗的大辫子，过腰、过大腿，快到膝盖了。脸儿黑乎乎的，向荣子笑。

"饮完马，跟我玩儿去。"

团圆媳妇笑出了一粒粒小牙："不玩了，人家不让。"

"我听老厨子他们说，说你不像团圆媳妇，太大方了。我看你也不像。你想家吗？"

团圆媳妇的眼睛眨着，不很悲伤："想。"

"你家在哪儿?"

"辽阳。可远了,坐火车才来到。"

"你几岁了?"

"十二,他们让我说十四。"

荣子的小手,情不自禁地伸过去摸了摸团圆媳妇的大辫子,油亮油亮的,编得真好:"你自己梳头吗?"

团圆媳妇不用嗓子,只用眼睛答。

"你妈不帮你梳?"

"我妈死了。"

老胡家的红公鸡飞到墙头上,大声大气地叫。可是荣子总也看不见老胡家的小团圆媳妇。

夜里,学会的诗都念过了。荣子还不睡:"爷爷你听,是不是小团圆媳妇哭呢?"

"不是,是院外谁家。"

"院外也没有小孩呀。是小团圆媳妇哭。半夜哭啥?"

"睡吧。要不,再念诗。"

"我想找小团圆媳妇玩儿。"

"那可不中。老胡家娶了媳妇,是让她干活的。听她婆婆说,她得了邪病,一宿一宿地折腾。"

隔着一个土墙,却不能玩儿。又说什么邪病! 荣子生着气睡了。

干点什么好玩儿的事儿呢? 后园子已经腻了。听街上有吆喝卖年糕的。荣子想起冯歪嘴子做年糕还挺好看。一层黄面,一层红豆的,撒得好。就去后院磨坊去看。

冯歪嘴子没在磨坊里。他的媳妇王大姑娘,正顶了一只泥大盆洗衣裳。两只瘦手,好像很久没有通过血,白得青蓝。

031

磨坊的梁上，挂了一个小筐，在风里一晃一晃。荣子问："筐里放的啥？"

王大姑娘一笑，鼻子更加尖突："是鸡子儿。"

荣子看见王大姑娘的肚子很鼓胀。荣子想，她要生小孩了吧？一想生小孩儿，她就怕了。王大姑娘生第一个孩子的时候，叫得跟杀猪似的。

锅里只是浊水泡着木头蒸帘，再没什么可看。她用脚尖儿踢着土，回了家。


夏天晕晕乎乎地过去了。团圆媳妇家跳了几次神。冯歪嘴子攒了不少鸡子儿。

中午的饭，老厨子叫了几次，荣子都不愿意吃。坐在空无一人的院子里，她想，蜻蜓蚂蚱都比她玩得好，都有伴儿，都有帮儿。

有二伯趿拉着鞋头，从外面带回消息来：夜黑，老胡家要在当院里给小团圆媳妇洗热水澡，驱邪避魔。他说，这热闹千载难逢，要早点过去看。

祖父说："挺好的孩子，让他们给折腾完了。"

老厨子也在一旁说："他们家过得仔细，就折腾那团圆媳妇不心痛。一不是鸡，不会下蛋。二不是猪，不怕掉膘。家又远，打不跑，一点糟损都没有。"


天一将晚，老胡家方向，就打起鼓来。大水缸抬到院中间，铁锅里加柴火烧着水。荣子挤过人缝儿，到散着马料味儿的屋里。溜着炕沿边儿，把一个早准备好的玻璃球，递给躺在炕上的团圆媳妇。

团圆媳妇笑了，捏着玻璃球，对着窗户纸照。又说，等一会儿就得洗澡了。

荣子什么也没看清，大人们都向前拥，七嘴八舌地吵。她只看见给团圆媳妇撕衣服,听见比杀猪还吓人的号叫,看见水缸里冒着滚滚热气。

等人群"呀"的一声静下来,荣子才敢凑上去看。水缸里赤身裸体的团圆媳妇,满身满脸的红。不哭不叫没了气息。

"浇凉水,激一激就醒了。"有人说。

"先试试有没有气儿。"

两只手里攥着汗,她觉得她就在那个热水缸里,她要快点跑。

她趴在自己家的墙头,心跳得慢了一点儿。茅草萋萋的墙头是个依靠。"快放了团圆媳妇吧,快放了团圆媳妇吧!"荣子在墙头上喊。

没人听荣子的。

跳了一阵神,激了一阵凉水。大神说要洗三次才灵。接着又是浇水,又是哭喊,又是昏死。

祖父在西院里到处找荣子,摸着黑,见一个小孩的手,搬过小脸来看。他怕荣子给吓着。

听到团圆媳妇哭,躲在墙头后面的荣子也想哭。


冬天的早上,胡家的儿子,夹根鞭子来了。进了门先对祖父作一个揖:"请老太爷施舍一块地,把我那个团圆媳妇埋上。"

"什么时候死的!"祖父急急地问。

"后半夜。"

荣子还在炕上,她光着脚跳下地:"爷爷,团圆媳妇怎么能死呢?"

团圆媳妇死了,那婆婆还剪下她的长辫子。见一个人给一个人看,说她是妖精。要不然,哪见谁十二岁的孩子长这么长、这么油亮油亮的大粗辫子。

团圆媳妇死了没几天,后院冯歪嘴子家的王大姑娘生她的第二个孩子时,号了半夜,也死了。

一个响晴的天,吱嘎吱嘎地踩着雪,王大姑娘的大儿子,打着白纸剪成镂花的引魂幡儿，一直向东走。棺材不大，晃晃荡荡地在马车的后厢板上。西天还红着，东天却黑了。

荣子站在门口，看见乌鸦在天上打着转，呱呱地叫。

雪，给千千万万的路人踩得又黑、又实、又亮。

**我就是看着"恶"长大的。**

**小团圆媳妇、有二伯、王大姑娘、姥爷家的女用人五娘、被火烧死的逃兵刘大个子……后来，他们都走进了我的作品，是很自然的。**

**我们活着，就是"生"和"死"。**

**生，是锁。死，是锁里面的簧。**

"荣子，哭哇！孩子，你快哭啊！"

姨的脸紧贴在荣子的脸上。姨的脸上全是眼泪，一溜儿接一溜儿。姨的手在荣子背上拍打："这孩子吓得！都不会哭了。"

又是满屋子的人，又是喇嘛诵经声。

母亲躺在木板上，红棺材噗的一声，卸在雪地上。有人把一件白袍子给荣子往身上套。粗手粗脚的，还对祖父说："这孩子手洼凉啊！"

这样的年景。哭喊的年景。手脚冰凉的年景。鬼上了炕，上了桌，上了房笆儿的年景……

一个孩子的眼睛是不应该看到这种年景的。

有墨汁儿，该抹黑这一年。有黄泥，该封死这一年。

风，起于青蘋之末。苦难，起在哪儿呢？

# 五

祖父把油灯放到最高的柜面上。灯碗里混进了水，噼噼啪啪地响。祖父踩着自己的黑影说："高灯下亮啊。"

荣子跪在炕里面，脸朝着外面巨大无边的黑暗。她看见天上连星星都没有。

祖父把荣子的几件衣服用蓝花布包好，扎成一个方包袱。那块花布，浆得平展硬朗，是母亲用来包鞋面的。现在母亲已经躺在黑夜黑土以下，红木棺材板以下，坟头已经生长了蒿草和小根蒜。

母亲走了不好。没几个月，家里就来了继母。

"去姥爷家要听说，"祖父的手拍着包袱，像拍一个半睡的孩子，"住够了，就跟你五娘说，让他们送你回家。"

荣子还半跪着看天。现在天上出星星了。她想，天要是一下子漏了，这满天的星星肯定落到各家的院子里，银亮银亮的。星星上住的人也得摔零碎。

"七月七……"

祖父刚开了个头，荣子就回身打断他："我没看牛郎星，也没看织女星！"荣子一直跟父亲生着气，却朝祖父发火。

"这孩子，快放下帘子，睡吧。明天早上你舅的牛车就来接你了。"

荣子心里的眼泪涌出来，落在窗台上。她听见母亲住过的东屋里，继母和父亲正在说夜话。说得很热闹，声音一粗一细的。她不想祖父看见她擦眼泪，就扬着脸，让窗外的风快把它们吹干。

黄牛扭得很慢，牛车吱吱嘎嘎的，两只嵌了铁皮的木头轮子，不平稳地向前滚动着。一望无边的大平原，从荣子的眼前悠悠儿走过去。

"姥爷家这么远啊，走了半天连个人影儿都没看见。"荣子问坐在车辕子上的远房舅舅。

舅舅说，你不是下过屯吗？这是乡下，哪有那么多闲人。

"人都在哪儿？"

"都在地里。"

牛车沿着车辙，走进一片荒凉的甸子。茅草不知劳累地在风里晃动。远方，黄到天边的是麦子，绿到天边的是高粱。黄的绿的，像扯成斜块的绸缎。雾气起浮在绸缎之间，使它们像是沾了仙气。

"舅，我想下车。"荣子没等牛车停下来，就跳进一大丛紫色的马莲花里。

荣子怀里抱满了野花，摘了新的，掉了旧的。她不知道在城外有这么好的地方："舅，屯子是个大公园啊。"

"这算是啥公园。公园得有耍猴儿的，吞铁球的。快上来吧，一会儿就跑不动了。"

草甸子尽头的漫坡上，露出稀稀落落的村庄。麦田里有人站起来。手上的镰刀闪着月牙一样的光。

"长得这么春亮，是谁家的孩子？"

"老姜家的外孙女，叫荣子的那个丫头。"

"长这么大了，啥时候蹿的个儿？"

荣子手上的野花落了满脚。她想，这些人我不认识，他们怎么认识我？连忙爬到牛车上，挨着舅舅，把脸朝别处看。

村庄近了，有更多的陌生人从田里抬起肮脏的脸，盯着荣子。舅舅向地里喊："刘大个子，你过来！"

一个大个子跑上土道："我的酒来了吧？"

他拎起了荣子脚下的一只坛子。七月的天，穿短褂子也热。这人穿了一条翻着棉花的烂棉裤。

外祖父家的炕热得不敢坐。外祖父抽了块箱子板儿，荣子才坐下。她满眼睛看见的都是生人。炕上炕下团团围住了她。有的人在拉她的手，小声地说："这丫头手心菲薄的，命苦哇。"

有的人翻开祖父给她带的夹袄，说针脚太大，后妈做的活儿，哪比得上亲妈。

外祖父家的女用人五娘坐在地上，用一块瓦片刮洗着鸡蛋大的土豆。她举起湿淋淋的土豆，朝荣子说："看你姥爷，新土豆都给你抠出来了。"

"没娘的孩子啊。"炕上炕下的人用眼睛传递着这句话。

荣子规规矩矩地坐着，她的心缩得很小，像一粒风里翻滚的沙粒儿。她不愿听这些人说这种话。她想回家。她怕坐在这些生人中间。

五娘是个喜爱叹气的人，只要有人说一句"这孩子"，她就抬起头，叹一口气。

洗脸水端上来了，炕上放着炕桌。人们这才不情愿地散去。荣子趁势儿说："我要下地！"下了地，她就一直跑到院外去了。

在晚风里，村子是长长的一条，贴在高岗上。

荒甸子像一张彩图袒露在眼前。

站在高处，一望无际的人间，就在脚下了。这人间铺满了金色的晚霞。庄稼、茅草都穿着金。甸子里有一些斑斑点点，不知道是羊是猪。在天边儿闪亮的，是一条小河。弯弯扭扭，像一道金水。

有个罗圈儿着腿的孩子，赶了十几只白鹅，像一支混乱的号角队，左右扭摆，向村子里走来。孩子和鹅的轮廓，都镶了金边儿。

这时，嘹亮的歌声响在更高的坡上。一个挎着筐的老太太，小脚儿像小粽子，向左面撇一下，向右面撇一下。她对荣子说着山东话："孩儿，想你娘不？你听，那个刘大个子又喝多了，又唱那些山东北调当兵的歌！"

老太婆伸过来的手，个个手指头是黑绿的，带着青草味儿，草手压在荣子的头上："没娘的孩儿啊。"荣子把头一扭，老太太的手滑下来。

老太太把草味儿留下，人向着坡上走："刘大个子，你号唠个啥？别吓着人家的孩儿。"

从草垛后面，光赤着上身的大个子，亮堂堂地闪出来："哪儿能呢！"

"荣子！"远处，外祖父家里的五娘在叫。

刚一进院子，几只鹅拧着脖子，朝她凑上来。嘎嘎声一片。黑毛的狗也蹿到门口。

"爷爷！"荣子吓得一边跑一边喊。她忘了这是在乡下的外祖父家。五娘跑出来，没有裹过的大脚跑得吧嗒吧嗒响。赶散了鹅，她又把黑狗的头，夹在自己的胳膊弯儿里："别怕，五娘给你看狗。"

五娘拿一把镰刀，削出一根手指头粗的柳条，说是给荣子的打狗棍："到甸子里玩儿，不能走远，让五娘在屋里就能瞅着你。东院的狗邪乎，连门口的道也不让生人过。它要是咬，你就拿棍子抽它！"

柳条棍白生生的，荣子拿它出了门。门口正拥着一群探头探脑的孩子，衣衫褴褛。鞋几乎是没有，只是在脚底下挂着半个破鞋底儿。所有的脚都漆黑发亮，没有肉色。

荣子向前走，孩子们哄地散开，散到柴火垛后面偷看。

西岗上下来一个麻脸的女人。一直扑向柴火垛，把其中一个孩子的脚倒拎起来，扒下了两只大毡鞋："败家子儿，你爹一冬都没舍得穿几回，让你给跐拉出来了！这是败家啊。"她像秃鹰一样，夹着鞋，扑孩子。孩子光着黑脚，爬上了柴火垛。

荣子没有伴儿。她的伴儿，只剩下荒草甸子。外祖父家只有两样好：草甸子和五娘。其他的都不好。

打碗花开了，荣子想，这花她不能摘，摘了肯定打碗。打了碗，父亲的脸比猪肚还难看。

一串串黑色的野果，是"天天儿"，荣子家的后院里也有和这一样的。她摘了很多在手心上。

这时候，她忽然听到，草丛中有粗糙的喘气声。荣子想到狼，又想到熊瞎子。她的小棍，肯定对付不了这么大的野兽。手和脚都软了，荣子想跑都跑不动。

茅草被拨开，一个跛着脚的农民跑过来。他的眼睛向着不知道多么辽阔的地方巡视，像个睁着眼睛的瞎子："黑子，黑子！"他躬一下身，向整个草甸子喊一声。

看见了荣子，跛脚人问了一句："看见了我的黑羊了吗？"说完，不等回答，就更快地跑远了。

荣子伸开手，黏黏的，上面都是"天天儿"的紫色浆水。

"风在雨头哇。起风了，我看麦垛得苫上。"外祖父瞄了瞄天，夹了一领席子跑出去。

风吹得高粱秸的障子猎猎地抖，雨点像碎石头一层又一层落下来，一眨眼就打湿了窗户纸。荣子站在窗口，看见四野里起着白烟。天，阴沉得快要落地了。天和地都黑黑的，天地之间就是风和农民的奔跑声。闪电一亮，村子里全部的房子，忽的一下青白地现出来。

荣子害怕闪电，她想：这青白的就是阴间吧。闪电在一瞬间，能把外祖父，把五娘，把眼前的人，都变成了阴间里的人。

"爷爷！"荣子在哆嗦的风雨雷电声中嘤嘤地哭起来。

雨下了一夜，五娘把荣子抱进自己的被窝。在黑色里，五娘换了湿衣裳。

"我儿子比你大两岁，十二了。你没见过他吧？在呼兰城里学徒呢。睡吧。五娘搂你睡。"

荣子半睡了，又听见五娘说，这孩子吓着了，我给她叫叫。

"荣子，荣子。"

荣子不出声。

"小鬼，小鬼，别近身……荣子，荣子，回家门……"五娘的声音在耳边热着，"这孩子火力不旺，别索摸她……没娘的孩子，可怜见儿的……"

"小鬼小鬼，别近身……荣子荣子，回家门……"在五娘的呼唤声中，荣子睡着了。

大雨使人间成了泥沼。

早上，大太阳，照着四野里的水洼水珠。

这种天气出不了车，下不了地。寡言少语的外祖父在外屋磨他的镰刀头。五娘点了火盆，烧一根烙铁，一下一下给荣子烙着湿小褂。

荣子看见烙铁像一辆扭扭搭搭的车。想起车，就又想起那有着祖父的家。

快到晌午了。

女人们坐满了炕，个个叼着长烟袋。装烟叶的笸箩，在炕席上给人扯来扯去。抽足了烟，她们拿出鞋底鞋面儿、锥子、拧麻绳的"拨拉锤子"。

开始，她们讲荣子的母亲。

后来一个老太婆讲，她的孩子，被铁犁头割断了气管，身上地上淌满了血，像死狗一样扔到甸子上去了。

又有女人吓人倒怪地讲她表妹生孩子生不下来，孩子大人都是一片血。

血光血气，大悲大恸。在针和顶针的磕碰、线和鞋底儿的拉扯声中，这些故事，一个连一个地讲出来。像吐出来的烟，还没飘上房梁就迷散了。

荣子坐在炕梢儿。哪一个人讲话，她就去望哪一个人的嘴唇。她想，这两片嘴唇里讲出来的，都是真的吗？

门口又进来一个夹鞋底的女人。她对五娘说："夜黑，刘大个子又喝多了，在西岗子上见了小孩又追又扑，见了谁都说是他儿子。你们家孩子可别出门了。"

"五娘，我不能上甸子玩了吗？"荣子问。

"咱先不去了。刘大个子耍酒疯儿可邪乎啦。"

女人们在一旁撇嘴:"当了逃兵,不敢回家了,躲到咱屯子。盖了这么个偏厦子躲清净。动不动儿就耍酒疯儿,这不是糟害咱们屯子吗!"

"你看他,那么大的个子也怪可怜!三伏天,连棉裤都脱不下来。"

"可怜!那是他自找的。我上个月给了他一套夹衣裳。他换酒喝了。"

"喝酒还是好哇。我要是不喝几口,眼睛对不上光,连鞋底子都纳不直……"话题又被女人们给赶到喝酒上去了。

荣子站在窗前,看着那水光闪亮的荒草甸子,不高兴。连草甸子都不能去了,虽然这儿有五娘,还是没有家好。

西岗上,刘大个子又在唱歌。

下晌儿,女人们要回家烧火了。拍着坐得滚烫的裤裆,一个要走,全部都跟着下了地。

"五娘,什么是逃兵?"

"当兵的怕打仗,怕开枪,上战场怯了阵,偷着跑了呗。"

"那他怎么不回家?"

"兴许怕官家抓,也兴许怕家乡人笑话。猫到咱这儿来了。"

"刘大个子真扑小孩儿吗?"

"他是稀罕孩子啊!喝多了酒,是凡小孩都当成自个儿孩子。"五娘又叹着气,向灶里吹起了火头。

"失火啦!西岗子失火啦!"

嘶哑干苦的喊声,不知道从什么地方响起。五娘没在家,外祖父和舅舅买马去了。荣子跳到窗台上,没有看见火,只是有灰白的烟翻滚着,蹭着地皮,四面八方地漫过来。荣子从来没有看见过失火。她一下站到窗棂上。

高岗上旋着风,风在麦垛里燎着小火苗。有一股大火像红狮子,憋在草垛里,一蹿一蹿地,想把草垛一下子掀开。

"刘大个子没在家?火烧着他的破棚子啦!"

"他家的缸碴子里没水!"

井边,绳索下坠声,柳罐斗子落水声,响成一片。人和水,都没有火走得快。火像狗舌头一样,东南西北地舔过。整个草垛都是火红。

"什么味儿呢?"

"燎猪皮味儿,不是好味儿!"

"没救了,烧透腔儿了。"

救火的都停了手。眼看着红红的草垛一点点地缩小,蔫着,泄着,冒着烟,最后变成了一堆黑色的灰。

五娘跑回来,说街上全是焦煳的味儿,恶臭的。荣子想去看看,五娘不让,说吓着了不是闹着玩的。

傍黑儿的时候,屯子里都知道了:有人从热灰里扒出一个烧得变了形的酒坛子,还有一些焦黑的骨头。

那骨头,就是刘大个子!

有人说这火起得蹊跷,有人说眼看着一个火球嗖地落进了草垛。那人比画着说:"这响晴的天,忽然天上就下来一个大火球!"

大个子没有亲属。屯子里的人在甸子上挖了一个浅坑,把他的那些骨头埋了。

"五娘,我上甸子上去能不能踩到骨头?"

"咱不上甸子啦,就在炕上玩。"

五娘上了炕,从椽子上拿下一个小布包,拿出四个扁扁的羊"葛拉哈",装到荣子口袋里:"拿回去玩吧,你爷爷捎来话儿,说你要念书,要送你回去。"

五娘麻利地打开蓝布的包袱,把她缝的一件新衣服放到里边去:"走了,想不想五娘?"

"想!"

"那你就总穿这件花衣裳。明儿个五娘送你回家,我也上城看看我儿子。"

# 六

教唱歌的先生,永远围着一条白围脖。

教国文的先生,永远穿着他的灰长衫。

把皲裂的手,插进袖筒里,寒冷的秋天打在学生们的脖子上。龙王庙小学的木门吱吱地叫。

一个孩子的脏嘴巴,贴着另一个的黑耳朵说:教唱歌的先生,为了唱歌,一定是切了嗓葫芦儿,切成了疤瘌脖子。我们谁见过他把围脖摘下来?他用围脖挡着疤瘌呢。教国文的先生把总是背不出来的课本藏在长衫子底下。他撩起长衫,那都是偷着看书哪!

学生们说完,都张开大嘴,哈哈地笑。

这些话,绝不能让那个脸儿发白、梳着长辫子的张乃莹听见。那两个先生,她爹都认识。

乡下的孩子们,就这样恶意地琢磨着他们的先生。

阳光,透过龙王庙那残破的屋檐,洒在院子里。泥塑的老龙王在他的宝座上慢慢地明亮了。可惜他本身的颜色已经减退。他的庙,兼做了一间初级的小学。

在孩子们的读书声中,老龙王日日加快地苍老。

荣子拿出黄纸的课本,放在书桌上。背后,几个呼兰城里钱庄和当铺先生的儿子带着头儿,踏起地上的尘土,直到教唱歌的先生眯起眼睛走进灰尘里。

停了一会儿,先生说:"今天,我们学一个唱我们呼兰城的歌儿。"

学生们听见这歌里有"呼兰"两个字,都坐得直了。

先生清了清嗓子,开始唱:

"溯呼兰天然森林,自古多奇才……"

他的声音并不高远,但是唱得很有力。学生们望着他的嘴一张一合,也一齐用尽了气力找着先生的调子唱起来。

歌声悠远沉重,像转起了大号的磨盘。荣子没进过县城外的大森林。但是她想起,风,是怎样一浪一浪地掀起外祖父家坡下的荒草甸子……森林在荒草甸子的尽头,黑压压地连着远山。

先生领唱了几遍,说全体试试,看能不能唱下来?

刚起了头就唱乱了营,什么高腔低调都有,嗡嗡地没有了头绪。

"张乃莹。"先生站在了荣子的后面,白围巾晃着她的眼睛。

"张乃莹,你跟我唱。你们都听着,听我和她是怎么唱的。"

前面的学生都转回身,盯着荣子。荣子觉得自己的腿在哆嗦。"溯呼兰天然森林,自古多奇才……"歌一唱起来,荣子就不再害怕。

歌声飘到龙王庙以外的大街上,赶着马车的人抱住了鞭子,捡粪的人放下了粪筐,卖豆腐的放下了挑子:听,龙王庙的学生又唱咱们的呼兰河啦。

先生说,这个歌不会唱的,下学不能回家!

下面,他就要讲一讲这个歌。呼,就是山林,风吹老林子呼呼响的呼。兰,就是天上没有一根云彩丝儿,翠兰翠兰的兰。溯,就是追,找,就是从近看到远,看到没有边儿……

先生的话,仿佛打开了一本画卷。学生们坐得更加直。他们为生在这么好的呼兰河,而正襟危坐,振奋鼓舞。荣子的心是热的。我们的呼兰河那么了不起!

她还想再唱一遍那个歌。

下课的钟敲响了。学生们也不去爬上爬下，摸老龙王的黑眼珠。他们拍得条桌板子山响，唱着："……溯呼兰天然森林，自古多奇才……"

几个女学生围着荣子。荣子发觉调子就在心里，却怎么找也找不着了。男学生们抹着鼻涕胡乱地唱。哪个朝代的人才，都是讲的他们男人，似乎他们最有资格说"我们呼兰"，也最有资格说"自古多奇才"。

国文先生皱着眉头站在门口。他一讲"刀、口、人、马"，龙王庙就静下来。最后，他要念一段《论语》。国文先生是不讲书的。他说，书就是背，背得熟了，意思自然就通。先生念"学而时习之不亦乐乎"，念得醉了一样。学生们也跟着哼念，念得像牙齿根儿疼了一般。

下学了。一个母亲在门口，问她儿子："今儿学了什么？"儿子说："呼兰河自古多奇才！"母亲给儿子加了一件衣裳说，好，多奇才。

荣子出了课室的门，又看老龙王像每天一样，向前伸出一只人形的手。荣子想：龙王他这是要什么呢？香有香炉，供有供案，龙王长着龙脸，又长着人身人手，他是龙还是人呢？

"张乃莹！"比荣子大了三岁的女学生小香，又来找她搭伴回家。小香说："龙王爷是拿手接雨呢！龙王给学堂里的学生闹得烦，想随着一场大雨回他的龙宫。"

秋风吹着树叶，在街上转。荣子和小香，走在凄凉的街上。小香说："立了冬，我就不念了。"

"真不念了？"

"真的，我妈说的，能识它一斗半斗的字，就行了。"

荣子看小香的脸，有什么话被小香含在嘴里没说出来。那句话好像美滋滋的。

拴着铜铃的马车从后面赶上来。小香的母亲来接她了。小香坐进车篷里,叫着荣子。荣子说她不上车,走走暖和。

"上来吧,小姐俩玩不了几回了。她找了婆家啦。"小香的母亲说。

挤坐在车上,其实更暖和。坐了车,很快又能回家。可是急着回家做什么呢?

院子里,继母晒了冬天里的衣服。大氅、棉衣,把绳子坠得低低的。荣子想找个缝隙钻过去。她连一个头发丝儿也不想碰着那些带继母味儿的衣裳。

祖父坐在门口。晒着这一天和这一冬最后的老太阳。

祖父的眼睛已经花了。荣子叫他,他总要停顿一下才答应。荣子好像总是要把祖父从很远的地方招呼回来。

"爷爷!"

"下学了?今天学的什么?"

"学了唱呼兰城的歌儿。"

"给爷爷唱吧。咱这呼兰还有歌吗?"

荣子找到了唱歌先生的调,唱得又脆又亮。

"嗨,连唱呼兰的歌儿都有了,眼下的人真能啊。这么个小呼兰城也要唱一唱,八成儿真的要出人了。"

继母抱着最小的弟弟从里屋出来。一只纤细的手,按着黄铜烟袋锅里的火头:"拿了钱,学了些什么?嗷嗷的,荣子,你们先生不教识字吗?咱们念书就是去识字的。"

冬天的课,围着火炉子上。先生的书背得也没了节奏。学生们跺着冻僵了的脚。

国文先生说:"明儿来上课的,每人带一筐苞米棒子。要是再下一场雪,就放假。"

荣子想,父亲不会让她带苞米棒子上学的。他会摘下眼镜说,那成什么体统，那是学堂还是赶集！

明天怎么来上学呢？

因为下雪，先生就即兴讲了"冰、霜、雨、雪"这些字，讲得学生们连牙都冷了。荣子又看见老龙王向雪里伸着没有手闷子的手。这龙王是谁生的？龙王不回家也不添衣裳。站在冷庙里，他怎么不跑呢？怎么不趁着学生下学，逃回东海龙宫呢？

父亲踩着脚上的雪，进了门。他没摘皮帽子，就叫荣子过去。荣子心里一阵乱跳：书可能念不成了！

她打开父亲的门，父亲的脸因为突然温暖变得红润。从桌上拿了一本识字课本。父亲让荣子站着读。荣子气也没换几次，就读下来。父亲微微点了头说："你是大姑娘了，十几？"

"十二。"

"十二可不小了。书念得不错。用老话说，你快出阁的姑娘了。记住，今后，坐要有坐相，站要有站相。念书也要有一个做派。"父亲示范着，慢条斯理念了几行。他的脸红润而且和善："去吧，好好念，多识一些字，字还是有用场的。"

饭菜摆上桌，荣子帮老厨子摆碗筷的时候，看见继母的脸也红润和善。她不知道有什么事情要发生。

后来，我听说，就在我十二的那年，爹和后妈给我订了婆家。

十二岁，我正上高小。爹在我面前提过，说我们呼兰有个姓汪的少爷，学业、家世都是好的。

高等小学没有龙王。和龙王庙小学一样，也有一扇比胳膊还厚的木头门。迎着头，挂了"劝学小学堂"的木匾。学生迈过匾额下的门槛，心里有着"自古出奇才"的遐想。

教国文课的先生，学问精深，戴了眼镜。那副玻璃片子，一会儿就取下来，拿大衫用力地擦。国文先生前前后后地走荡。背诵《劝学》

篇。背到高昂铿锵的时候，就扬起沾了白粉的袖子，在空中扫拂着。

上国文课，荣子一直望着先生。随着他"登高而招，臂非加长也……"的念诵，连自己的袖筒里，也有了挥洒江山的感觉。

先生又擦眼镜片子。荣子想：先生的学问，装在哪个地方呢？脑子里的地方肯定不够。祖父常常说，某某先生满腹经纶，看来是装在肚子里。

先生对着日光，举起一卷黄纸的书，领着他的学生遨游古今。他的住处挂着一张图，先生说那就是中国。荣子进去过一次，找了半天，也没在图上找到"呼兰"两个字。

学堂的当院中，摆放了几盆草花，是图画先生种的。学生们排着队来画这几盆花。

下课的钟响了，荣子还没画好。一个高年级女学生溜过来，小声问她："张乃莹，你们班上那个瘦长瘦长、会吹洋号的男生姓什么？"女学生躲在红柱子下面。

"穿洋装的吧？姓杨。"

"呵，姓杨，那就对了。"女学生转身走掉。

荣子放下画板。那个背影，让她想到旧同学小香。

高等小学进进出出的学生，有些已经是粮栈里的管账和私塾里的先生。所以，男学生提着长衫，把眼睛眯了，瞄着女学生，女学生低首敛眉，抿着嘴儿的情景，她也看见过。

课堂上摆了长条桌，女学生挤坐在前排。表面上和男学生隔阂着，互相并没多少话。

下了学，女学生永远谈论着彩色丝线和红绒头绳。男学生议论最多的是哈尔滨。哪个去过哈尔滨，坐过磨电车。一团人都围着，听关于那座城的高谈阔论。

穿一身浆得笔直长衫的男学生，走过来对荣子说，他拜访过荣子的父亲，很是尊敬。又说张乃莹这名字起得好，很文静，增加了大家闺秀的名分。

后来,他又说到过哈尔滨。说哈尔滨的商铺子里什么好料子都有,光光溜溜的,带反光玻璃片的。他说,哈尔滨的女人都穿着高跟儿皮鞋,嘎嗒嘎嗒很好听。离着半里地,就知道后头有一位大小姐跟着。

荣子点着头,她想的是,这男学生比父亲还要高。他的话带出了一层热气,浮在她的刘海上。荣子有点慌张,她知道有两个女学生正往她这儿看了。

这时候,课室门外有孩子喊:"爹!"两个戴花棉帽子的孩子,探进头来叫。男学生说了句失陪,撩起长衫快步出去了。

男学生不过一个人、几句话、一袭长衫,却像生铜铸的镇纸,压得荣子眼皮都不敢抬。踩着化酥了的雪,荣子心事重重地走回家。

夏天,又和红红绿绿的颜色们一起来了。

荣子和一个女同学去学堂。所有树叶都在枝头上转,太阳和风,抚摸着尘土张扬的呼兰城。

"你说,张王李赵遍地刘,我姓张,这是个最大的姓。姓王的第二……你听说过姓汪吗?"荣子把话一转。

"汪?太少了!我表哥班上有个姓汪的,是表哥的好朋友。"

"在咱们高小吗?"荣子问。

"在哈尔滨。"

荣子的心里,有一种奇异的感觉升浮起来。她的脚步也跟着轻灵。

在我有了男和女的意识之后,我幻想着,能有一个哈尔滨的男大学生,知书达理……将来我们在一起,一辈子念书……

拿眼睛直视着父亲,直视他那黄褐色的眼球。荣子说:"我还要念书!"

"不念了,高小都毕业了,一个女人,还念什么?"

"我要上哈尔滨!"

背后就站着继母,在几步以外,摇着羽毛的扇子。小弟弟在外屋连声叫她,她一直都不动。

"上哈尔滨念中学!"荣子又放大了声音。

父亲搁下手里的报纸,冷着脸不说话。

"表哥不是都在哈尔滨念书吗?"

父亲准备说话,那肯定是一句冷若冰霜的话。但是报纸又遮上了他的脸:"过些日子再说吧。"

在父亲用报纸遮着脸的傍晚,荣子一直站在院子中间,看两个短工锯墙角的老榆树,那动作,一点哀怜也没有。她嗑着瓜子,看那棵沧桑老树一寸一寸被齐根截断。

像一棵树,落着它的叶子。荣子把瓜子的皮,肆意地扔在院子当心儿。

她是一个内心里的示威者。

哈尔滨,是巨门的镀铜把手。荣子要抓住这个把手,握住那结实、橙黄、方圆不定的物体。她要离开只有马车铃声穿插而过的呼兰小城。

## 七

火车喷着白雾。雾,走上月台,把提着重物、前呼后拥的乡下人成群结队地裹进去,又吐出来。

萧红随着人流,向着站台外面的风里走。她抬起头,看见空中悬下一只大玻璃箱,箱子里有三个蒙着灰尘的字:哈尔滨。

哈尔滨,二十世纪初,是东亚大陆上一个繁华的国际大都市。

俄式圆顶建筑的红瓦,在苍劲的枯树枝后面重叠错落。

头上顶着一只铁弓,摩擦着蓝绿色火苗的磨电车,从街面起伏的弧线以下，慢慢地突升出来。

第一次看见走着电的明亮的街灯。第一次踩上铺着石块的马路。在呼兰河，秋天，是万物凋零的季节。而城市，它的四季仿佛都是活的，涌动着人的活力，永不会萧瑟。

深深地呼吸一下，萧红闻到了一股哈尔滨的气味，那是烟囱和煤的味儿，那是马路和电线杆子的味儿，混杂在一起，让她奇怪而激动。

**1927年的秋天，在我十六岁的眼睛里，哈尔滨光芒四射！一走进哈尔滨，我就想，再也不回呼兰河了。**

萧红问屋檐下一个女人："东省特区区立第一女子中学在哪儿？"

女人放下手里漆黑的煤铲，用新奇的目光，上下几次看着萧红，煤面儿颠撒在路上。女人对周围的人说："瞅瞅！这是新考上来的女学生啊。"

踩着一夜的新雪，女学生萧红穿过早晨的校园，从宿舍到课室去。天空还是黑的，雪地整夜闪烁银光。她看着自己的左脚和右脚，互相取代。

两只脚同样年轻、健康、温暖，富有弹力。

她是今天第一个去课室的人，她想趁着清晨的安静，把投给校刊的稿子誊清。

课室的灯亮了。萧红一直走向偏远靠窗的座位。

笔在纸上安详地流过。

走廊里，有带雪疙瘩的鞋跟儿声。萧红想，可别是我这个班的，最好走到后面的课室去。

"张乃莹，你来得这么早？"耳朵上沉着两只长耳坠的"班花"，推开了门。

萧红不喜欢这个人，但是她没有表露。她身上还残留着小城女孩子的寡言少语。她只想默默地读书，默默地做自己的事。

课室里散开了薄薄的花露水味儿："张乃莹，把你的历史笔记本给我抄抄。昨天我脑袋疼，缺课了。""班花"朝萧红走过来，好像萧红有义务把笔记本给她抄。

萧红心里想说：笔记本没带。可是它就在课桌上。模仿历史先生的笔体，写的"历史"两个字，就在封皮上。

"哎，你写的什么？""班花"拿了笔记本还不走，想移开萧红盖在纸上的水彩盒。

"没什么。"她不松手。

"怕看哪！我听说你就是校刊上的'悄吟'，这个名字好听。历史先生不是说了吗，作家都得有笔名，各式各样的。悄吟就是你的笔名吧？"

"班花"的刘海儿都碰着了萧红的脸了："我爹说作家就是酸溜溜的。你还是画画吧。你画的马家公园的树，跟真的似的。"

听说"班花"的父亲极有钱，拿她做掌上明珠。哈尔滨哪条街上有卖小号码的俄国女靴，哪儿卖俄式肉肠，她都知道。还听说她正在约会政法大学的男生，数九寒天去松花江散步。

单独和一个男生散步是什么感觉？萧红想不出来。这么冷的天，如果话题断了，两个人都那么晾着，多着急。

什么感觉也没有画画好。

有一棵橡树，树叶还是火红的。但是雪已经落下来，压住了浓密的红叶。树下坐着一个老白俄，高高的帽子，一张苍白无血的、如寒刀一样的脸。

女子中学野外写生组的几个女学生，远远地走进公园。

她们说："那树，那老人，多美！今天就画他吧。"女学生中，头上戴着红毛线球帽子的，就是萧红。那两只荡来荡去的红球，像两个小红果儿。

四臂张开的树和老人弓着的背,出现在画纸上。萧红慢慢地放下画板。在哈尔滨,她很少想到家乡。今天,她突然想起呼兰河边向着河面倾斜的老树。它们的叶子不声不响地就落进了河水。农民没有一个闲人,像这样,空着两只手坐着。放猪的孩子也拿着柳条筐,挖树下的猪食菜。这个俄国老人有什么心事这么愁闷?两只眼睛连一线光泽也没有。

"如果那个俄国人知道我们在画他,会不会更伤心?"萧红问另一个同伴。

"我们是画画。雪是白的,叶子是红的,他是咖啡色的。我们就是画眼睛看见的。"

萧红悄悄地提起画夹。在她的画纸上,老人没有面目,头部一团乱线,只有轮廓。转向灌木丛,她画一棵掉光了叶子的枯树。

"我不想画一个伤心的人。"她在心里想。


衣箱上的锁簧弹起来,萧红把几幅新画放进箱子里。几个女生一起说:"乃莹,把你的画全拿出来,给我们看看。看你这一年画了多少张?"

几十幅写生画,摊开在宿舍的木板铺上。

"真好看!"

"怎么都是树,乃莹你会画人吗?"

"画不好。"萧红说。

"画画试试。就画我吧,"这是全宿舍最贫苦的一个女生。她光着两只大脚,自告奋勇跑到铺里面去坐直了,"你画我,坐在我的行李上傻笑,等我放假回家,给我爹和妹子们看。"

"班花"把粉扑放下,冷冷地说:"你还会笑吗?"

那贫苦的女生知道:全因为贫苦才给人这么刺。她早都惯了。一句也不回应，照样笑。

笑，是很难画的。叽叽喳喳的女生们围得萧红出了汗。越急越抓不住特征。鼻子还要再大一点，翘一点，再大一点。

"快点，乃莹。脸都笑麻了。"

"乃莹，你画她！画她那天背不出英文，哭得满脸黑花。""班花"啪啪地抖落着她的大毛线披肩。

"画什么，是我的事！"萧红顶了"班花"一句。话说出来并不冲，可是她自己的心却先突突地跳了。

"哎呀，我这么丑哇！"贫苦的女生拿了画上的她，谁也不让看，折成手掌大的小方块，在手心儿里捏着。

"哪一天我们重画。"萧红把手绕在那女生的肩上。

"这是谁的篦子？这么埋汰，是不是有虱子？""班花"故意对着贫苦的女生大声地喊。


夜里，萧红走过黑暗的走廊，去厕所。贫苦的女生在枯黄的灯泡下面念英文。

"对不起，我没画好。"萧红低声说。

"没事儿，你画得好。我爱看那些树，一枝儿是一枝儿的。我们家房山头就有那么一片树。乃莹，你将来当画家吧。"

"我是想。怕画不好，你呢，你想干什么？"

"我？那要看我爹。"

"你又不是你爹养的鸡和狗。"

"他是我爹，供我念书，我有啥法儿。"

"我借几本小说给你看看，正是该给你看。"

"不行，乃莹，我不像你课程好，能看闲乱杂书。我有那个工夫，还得背英文。"

暖气把背后的棉衣烤得火热。萧红守在隔壁班的门外，等着历史先生。

先生只有二十几岁，读过了北平的大学。西式短大衣里面，穿着笔挺的西装。萧红以为，这是新潮人物的固定装扮。她忍受不了哪个男人穿了长袍马褂，见人鞠躬弯腰的封建死人相儿。

"书都看完了？这么快！"先生问萧红。

"三天看两本还算快？还有新的吗？"

"刚从北平寄来几本，在宿舍里。"

萧红和先生走过积雪融化的校园，春天不知不觉就来了。

先生说："你毕了业，应该到北平念书去。"

"北平的学校大吗？"

"当然大。像你画写生，学校里的湖哇树哇，都画不尽。我们班上有个女生就喜欢画画。她画的未名湖，水一亮一亮的。跟真水一样。"

"她现在在哪儿？"

"现在？可能结婚了。"


一个饥荒、匮乏、战事频频的国家。纷乱，正在大的银幕上演出着。知识阶层发出的愤懑的声音，给一个年轻、心里装着幻想和半生半熟新事物的女孩子以最透彻的提醒。那个年代，把字印在纸上，纸页翻动，震撼的是整代人。

"你将来到北平去，北平的学校是淘洗人的。淘米，你知道吧？真正的学校，淘洗的，是人的灵魂。"

先生的话，像腊月里的风，一下子打透了萧红。她看见未来是那么透明和美好。


校役打开结着白霜的校门以后，马上就把一双手插到棉袄袖子里。这么冷的天，这个女学生就起大早出去？

萧红走在光滑结冰的街上。

转过街口,一个嘴里吐着长串热气的报童,蹲在煤渣堆旁。萧红买了一张登有文学作品的《国际快报》。她很喜欢这份报上的小说和诗歌。

"小姐,你拿了两张!"报童脖子上吊着一对棉手闷子,叫住萧红。萧红用手捻了捻,真的多了一张。

旁边一个蹬三轮车的老头说:"哪是小姐,是个小孩子,学生!"

萧红笑了。冻红的脸上,是孩子一样的大眼睛。

"看人家,识文断字,都念书看报了。你也得学学人家!"

蹬车的朝报童屁股上踢了一脚。报童夹了报,嘴上还不服气:"念书?哪有钱啊!"

在萧红的心里,她早就不是一个孩子。她是从泥浆里飞翔出来的人。升空高度不明,地面情况不明,空中气流不明。她反正在飞,体会着在空中飞的舒服,傲然在上的舒服。

时代的大银幕上演出着什么,萧红并不知道。她在小本子上抄的是:买朱红一支,二号水彩笔一支。还有模仿英文花体写的一行字母:"罗曼蒂克"。

在大片疆土上,中国人在做着什么?隔着汹涌的海洋,日本伺机着什么?她都不知道。

跟着热热闹闹的、示威的人群走,萧红左手上挥着小黄旗,右手还捏着一些红绿传单。

学联领袖,那个戴眼镜、光着头的青年,奔跑在飞舞的雪里。他向着学生队伍喊着:"冲!冲!"

冲向什么地方?萧红大概知道。先是去日本人的领事馆,然后是人多的地方。

队伍里,千百张嘴,都响着:

"打倒日本帝国主义！"

"反对日本修建吉敦铁路！"

"吉敦"是哪儿，她不知道。反正紧跟着走，紧跟着喊。

突然，枪声响起！

她没有反应。只是听见一串响脆的爆豆声。有人变了声儿地喊："开枪啦！"

顿时，前面的队伍溃散、后退，街上一片推搡混乱。

小腿上，火一样疼！

大队伍像春天河面上跑的冰排，挤得人脚悬在了空中。

萧红想：我中枪了！

腿，马上瘫软。她挪到路边一个煤堆上，摸遍了自己的裤腿，并没有破洞。可能是给人踢踩的？

"队伍不要乱！"

萧红又被人带动着向前涌，全身都不再冷，没有知觉，耳朵没了听力，眼睛一团蒙眬。

一个女生，疯狂地冲乱了队伍，向后跑，发出吓人的嘶叫。队伍像撞翻了锅里的豆子，全都散了。

血，就在脚下。每一个人都看见了。寒冷已经把血冻在了路面上。小清雪贴着紫色的血迹，一缕一缕扫过去。

手里的传单，被松开。在傍晚的街上，慢悠悠地飘散。

"这些学生闹腾什么？"

"闹的什么铁路。说日本人要建铁路打东三省。"

"念书就念书，管什么铁路。管什么日本人！"

萧红靠在一个商铺的门口，铺子里的人，打开了小气窗，望着街面："这个女的也是，还拿小旗呢！"

街灯，在无声的号令下，一起亮了。没人能把整整齐齐地站在街边的木头电线杆冲散。

街上换了一批新的路人，吃着冰糖葫芦，夹着黄纸包的一卷绸料。马车和汽车照样响着铃铛和喇叭经过。

向回学校的路走，萧红看见刚才学联领袖站着讲演的煤堆，已经被雪下白了。抵制日本人谋取东三省，又抵制一条什么铁路……全部铿锵的话，都埋没了。

"这就是刚才给打散的闹事儿的学生。"路人平静地说。

几个围着围脖的学生，手拉着手地连成一排，但是不喊口号了。如果没有今天的示威，别人会以为是几个怕走散的兄弟。

"开枪了吗？"有人问她。

她没点头，也没摇头，向着她学校的高墙走。

示威失败的第二天，萧红在街上翻开了报纸的新闻版。她看见了大幅的照片：学生躺在医院的地上，带血的围脖缠着手臂。有二十几人受伤住院。

萧红的心里充满了怕。要是真的中了枪，住了院，还怎么念书？

把新闻版扯下来，塞给马路上卖油炒豆的人。他会裁了它做纸袋，装上颗儿大粒儿大的东北黄豆。萧红只拿着小说和诗歌的版，回到了学校。

在大门口，校役问："后边没人了吧？"

治学闻名的女子中学校门，砰的一声关上了。

# 八

一九二九年的隆冬，被哈尔滨冲刷淘洗过的萧红，回到呼兰河过寒假。

呼兰城的火车站残破低矮。远处一望无际，是白雪连绵的旷野。风，没有任何遮拦，无数刀刃一样凛冽。风中的小城，只是一片层层叠叠的灰雾。

火车停靠了一分钟以后,满载着与此城无关的煤炭、木材、粮食,驶过萧红的背后,再也不回头。

这个小站,她几乎不认识。它满面尘土和寒风。如果这里没有她的家,她不可能在这么荒僻的地方停留。

几辆拉客的马车横列在站前的斜坡上。车老板儿夹着给客人预备的御寒的黑皮褥子,用乡下人的殷勤,大声吆喝着路人。

最有生气的,是两堆刚刚落地的马粪,在雪地上散发着显眼的热气。

"是在外场儿念书的学生吧?"车老板儿问。

"是呀。"萧红把手提箱放到车座上。

"哪家的小姐?"

"东街上张家的。"

"嗨,看人家,小户人家比得了吗!在哪疙瘩儿念书?"

"哈尔滨。"

"那是大地场儿,老毛子把房子都盖出一层一层的,全是电,能不出息人吗!"

雪花不知不觉飘起来。自己家的灰门洞儿,已经看见了。两扇门模糊在一条银凤飞舞的街景里。突然,那车老板儿亮开嗓,喊了一声:"老太爷,出来迎女秀才吧!"

他是想多讨几个赏钱。

**呼兰县离哈尔滨只有几十里地。但是那个家,我两年多都没回去过。**

还是两三年前那条蓝地白花的棉门帘,门帘从里面撩起来。老厨子的头发已经花白。

这是她的家。祖父、父亲、继母,都在这五间青砖青瓦的房子里。现在,他们的嘴上全是笑。

坐在磨得光亮的太师椅上，父亲问着女中的事。他脸颊清瘦。虽然没有见到明显的衰老，头顶上的头发却见了稀少。穿着黑缎子对襟棉袄，他更加像一个乡绅。

"咱们荣子回来了，咱们荣子！"祖父的眼睛生了"玻璃花"。他的头脑混沌了，他把一句话要重复到许多遍。手，不住地捏着烟笸箩里的烟梗。

说了一阵话，继母和两个堂妹都跟萧红到她的屋里，看她从大都市带回来的什么新鲜东西。手提箱一打开，她们的眼睛都是闪闪的。虽说里面也有新奇，但都是一些小物件：发卡子、别针、毛线帽子一类。萧红用的是父亲的钱，肯定买不了俄式的长披肩和冬天穿的厚羊毛裙子。

箱子下面就是书，有冰心的散文集，还有俄国人写的小说，再下面就是一沓信封信纸。深一闻，透着纸浆的淡香。

"真是有大学问了，放假回家，还要念这么厚的书。"女人们喷着牙缝儿，转过身去拨着火盆里红得透明的炭，说着家常的话。

离了两年多的家，又稳又静又温暖。

曾经立在母亲屋里的红炕桌，摆在了炕上。萧红从笔记本上抄下了两首短诗，是放假前写的，里面歌颂了春天的来临。她把诗装在信封里，端端正正地写了：哈尔滨《国际协报》副刊主编亲启。

之后，她开始写信。在窗外飘着雪的家里写这封信，心情是比雪地还平静的。信写得比抄诗慢多了。写好信，名字也署上了，却又扯掉，扯得小红桌上一捧黄豆大小的碎片。

另外铺了纸，又写了两个时辰，才写第二个信封，先写的是：哈尔滨政法大学。下面写：毕业班李先生亲启。

住在后院的女孩子，家雀一样推门进来，叫萧红和她上街买花布和纽扣。女孩说这两年，城中心的十字街上又多了几家商铺子。萧红说:"你去吧,我还有信没写完。"

女孩子是不识字的,倒拿着信封呆看了一会儿:"都会写信了……荣子,我帮你把信送到邮递所。我反正要上街去,这两封信写好了吧?"

"不用,不急。哪一天寄都行。等别的信写好了一齐寄。"萧红连忙说。

女孩走了没一会儿,迎着雪,萧红揣着两封信出了门。上了马车,看着车老板儿擦着眼睫毛上结的霜珠儿,把皮褥子搭到她的身上。萧红心里出现了一丝宁静。她一定要把这两封信亲手寄出去。一封是正式署上"悄吟"的投稿,另一封是她细如绢丝的初恋。

像李先生那样,低着头,总在倾听着什么的姿势,那好听的北平话,都是她一生第一次遇到。有时候,她甚至觉得,他很不清晰,就是路灯下站着的一个人,围着洁白围脖的一个人。不知道在他的心里,这算不算初恋?而在萧红这儿,却肯定是的,跟小说里的人物遭遇到的心动一模一样。

走出生了火炉的邮递所,一个挎着筐的女人拉住了她:"乃莹!"

呼兰城还太狭小,转一下身,就碰上了熟人。挎筐的是龙王庙小学的同学。那双皮手闷子里的手抓住了萧红的袖子:"上了大地场儿,就不认人了?"

筐里,又是大粒盐,又是装灯油的玻璃瓶子,都随着那同学的大嗓门颠簸着:"看你,还是个学生样儿,都十八了!我的大丫头都会下地走了。哪天上我家去坐一会儿。"

等上了马车,同学的声音还留在街上:"瞅人家!念了大书。再嫁一个高门大院……人比人得死,货比货得扔,咱和人是比不了啦!"

萧红的心,谁也比不了。这颗心行走在天上。

呼兰城灰暗低小、人马嘈杂。她的腿,站在最高的那层云彩上面。

过年的肉味儿，弥漫在各个屋里。厨房给两只铁锅的热气蒸着，一整天，灶火没断，却看不准忙活着的老厨子。

"荣子，是你的信吧！这个邮差，还拿腔作调的，说张乃莹小姐的信。"老厨子的油手上，捏着个信封儿。

萧红接过了信，把它捂在了手心儿里。她想，这信是《国际协报》的，还是他的？哪一封信，她都在心里盼着。

手一点点儿地撕开，她看见女人一样娟秀的小字。是他！

吃过了晚饭，她都在读信。每一行小字都好像有十层的意思。继母叫她去看纸牌，堂妹叫她去试衣服。她都说，今晚要读书。

继母在外屋说："今年的雪真大，进了腊月就没大断过。瑞雪兆什么来着……明年的年景，怕是不会差。"

萧红把信合在了书页里，过了一会儿又拿出来看。这回看完了，她跳下地。

她想一个人到雪花里面去走走。

年三十儿的晚上，家里通明瓦亮。所有的灯都点燃了，又加了几个蜡烛台。族里的哥哥们，从北平、从哈尔滨念书的，都回了家，四张炕桌合并着，开了年夜的饭。

最小的弟弟被母亲举到了炕沿上。一套大红的衣服，把他裹得像个大红灯笼。全屋子里的人都看着孩子笑。继母说念一段吧，那孩子就念起来。天天念叨的歌谣，仿佛在嘴里含着：

小孩小孩，你快长

长大当个排连长

坐汽车不买票

坐火车往后捎……

穿皮鞋，高抬腿

镶金牙，张大嘴

戴金镏子拍大腿……

屋里的人都笑出眼泪来,都说:"这个小军官儿,坐汽车还想不买票!"

父亲端起了酒,说了一些家业兴旺的话。

萧红第一次喝酒。没有想到,它那么火热刺激,一下子燃烧着了整个食管。和父亲碰了一杯,又和祖父碰。所有正读着书的张家下辈人,一起再举杯。火,串通着全身。她开始感到天和地都不定型。她试着下地去,地不知道有多深,她想扶住墙,墙又在往后走。

喝了几口酒,真是变了神仙。她想。

眼前的火头亮成了一片。萧红在光明里睡了。堂妹变了三头六臂来拉她,她也不想动。

她怎么能想到,这是她一生中最后一次与家人守夜!

在她不足三十一年的生涯中,在她全部的成年记忆里,这是仅有的一次欢乐除夕。

过了正月十五,萧红返回了哈尔滨市东省特区区立第一女子中学。

春天,祖父病故。

七月,萧红准备各科毕业考试。

七月底,临近离校的一天下午,校役带来了一个穿着长袍的男人。

"是张乃莹吧?"男人说他是呼兰教育署的,来哈尔滨公干,萧红的父亲委托他回呼兰的时候,带大小姐一同回去。

"什么时候?"萧红问。

"现在,火车票我都买好了。"

"现在?!"她瞪大了眼睛。

男人在长衫口袋里摸出了两张火车票。

063

"学校还没放假,现在走,先生不会准假的!"

"你爹是这么交代的……他让你马上收拾行李回呼兰!"

"不念啦?"萧红的眼前顿时一片雪白。

行李卷起来了。

挂在宿舍墙上的写生画都风风火火地扯下来,塞进了手提箱。不知道从哪儿产生出来的愤恨,她拼命地摔那箱子,摔着涣散的行李卷儿。

"乃莹,家里出了事儿啦?"同学们都围着她。前后只有几分钟的时间,她和她们之间就裂开了一道深沟。她们还能读书,她们都是头上顶着光环的天使!

"乃莹,不回来啦?"

"家里不让念了。"她无力地说。

写了一张简短的字条,告诉一个同学:"帮我送到政法大学毕业班的李先生手里,地址都在上面,拜托你今天晚上就帮我送到。"

校门和同学们,都在背后了。

脚落在寂静的街上。一直到越过了女子中学的高墙,眼泪才在她的脸上没有遮拦地流下来。她不想停下来擦它们。

县教育署的男人,紧跟在背后:"张小姐,我们要辆马车!"

她反而更快地走。

父亲站在院当心,正是他强扣了马车和打倒了有二伯的地方。父亲说的什么,她没有听清,一种急速下坠的感觉抓住了她!

父亲已经把她许配给了呼兰的汪家少爷。

汪家的老爷子做过东省特区统领。听说是骑马持枪,威风八面。又听说聘金聘礼都已经送了过来。

婚期也定下了。

等待着萧红的，是垂首站在婆母的炕前，端茶斟水，盛饭送汤，洗涮尿盆……

"我不！"她咬着牙说。

"你已经不小了，十九了，早晚是要嫁人的。"父亲的脸色很差。他是尽力地压着火的。

"我不！"她只有这么一句话。

我盯着我父亲。当时我想，只要是他们订的男人，我就不要！汪家、张家、李家，都不要。我要婚姻自主！

是我爹，逼我走出了这个家门。当时，想到了"逃"，我甚至是得意的。我要给他们看看，我有这个胆量。我不是牛马，任他们牵到哪个圈里，就乖乖地吃料吃草。

"你到底要干什么？"父亲的声音跟北风一样。

"我要念书！我要回哈尔滨！"

"再说念书，打折你的腿！"

我的父亲，我当时恨透了他！

荣子的父亲有一个书箱子，她偷着翻过。那里边儿，还藏了孙中山的照片。在这个世纪的初年，他也曾经是一个新潮的人，还是留学到了哈尔滨的青年学生。

终于有这么一天，他把黑暗的影子，正投在他亲生女儿的身上。

曾经有人怀疑他不是我的亲生父亲。

在我死后，有那么个年代，有一些人想证明我是贫雇农的女儿。说我真正的父亲被我爹害死了，我是跟我妈到张家的。我的弟弟也可能陷入这出身的痛苦，在我死后不足十年，自杀在北平。

我不怀疑我爹。事情走远了，万事都能宽恕。像老胡家的婆婆规矩小团圆媳妇,我爹也想规矩我。当时,他做得不比别的人更过分。

一九三〇年八月初的一天,萧红吃过了早饭,先到她童年的乐园——后园子里,帮老厨子摘了一盆嫩茄子。

晌午,她一直在屋里看书。在家人睡晌觉的时候,她和那只小手提箱一起,悄悄地离开了家。

坐在离家越来越远的马车上,萧红一眼也没有往后看。

这之后,萧红开始了十三年的动荡生涯,漂泊、孤零、无望……直至死去,再也没有回过呼兰河北岸的这个家。

# 第二章 逃婚 错就错在是个女人

他显出了惊喜,但又仿佛全无头绪。他紧靠在门上,好像很怕萧红的谈话给门里的人听见。手上的麻绳越绕越乱。萧红的大眼睛,在光线不充足的走廊里直截了当地望着他,眼睛里是勇敢刚毅的光彩。

# 一

两小时后,哈尔滨站。

萧红提着箱子走在月台上,穿过一些哭泣送行的人群。有一些人的手,抓着即将开动的车厢窗口,哭声一片。

高大黑沉的蒸汽机车头,突然拉起汽笛,向前移动,大地震颤着。所有的人都停下来,连眼睛里充满泪水的人也止住悲伤。一九三〇年的中国北方人说:"快看,多大的火车头,真是邪乎!"

只有萧红脚步不停,一直向着她心中的救星哈尔滨。再大的震撼,也不能引她驻足观望。她必须向前走,不知道将来是什么,不过无论什么,她都准备承受。

"政法大学!"她对魁梧的车老板说。

丝毫犹豫也没有,萧红去敲一扇布满脏手印儿的木门。

"找谁?小姐?"出来一个陌生人。

"找毕业班的李先生。"

李先生的脸有点青白,手上拿了一根捆扎行李的粗麻绳。他很吃惊:"乃莹!你怎么到学校来了!"

"我离开家了。"

"你不是回呼兰了吗?"

"逃出来了……"

"那你想……"

"起码,我们可以在一起……现在,谁也挡不住我们!"

他显出了惊喜,但又仿佛全无头绪。他紧靠在门上,好像很怕萧红的谈话给门里的人听见。手上的麻绳越绕越乱。萧红的大眼睛,在光线不充足的走廊里直截了当地望着他,眼睛里是勇敢刚毅的光彩。

过去的半年,他们有过几次约会,都选在远离学校的僻静路口。他们谨慎地交往,回避着各自学校的同学。萧红更小心着。有时候,走在路上她突然会说,我们快往回走,前面有一个人很像我们女中的。

今天,她获得了另外一个灵魂吗?这么毅然决然的女孩子,他还没有见过,他也为她的胆量而鼓舞。

冲决家庭,冲破封建的羁绊……他想,这是小说里面的话。

"你能马上跟我走吗?"没有等待,她把手提箱从湿淋淋的地上重新提起来。

出了政法大学的门,他去接萧红手里的箱子。略微地,他触到了她全是汗的手。

她到底要做什么?

他停下来。夕阳温和地照着萧红的侧面。他说:"乃莹,你自由啦!你打算怎么办?"

"找一家旅馆,开一间房。"她对他说。说完,她把圆圆的脸转向他,逆着太阳的那一片残光。

"你真从家里逃出来了?"

她纤长的手,扫着眼前的蚊虫:"是。你怎么还问!"

第二天的太阳,照进了一间小旅店窄长的东窗。街上的马车铃声好像正响在床头。似睡非睡中的萧红醒来,张开眼睛,她看见另一个人蓬乱的黑头发。微微坐起来,才看清一张沉睡的脸,那是她不很熟的一张脸。

她想到的都做到了。

明亮清楚的早晨，有时候很不好。

她觉得她整个儿的人快速地裂开，裂成无数很疼的碎片。但是，她想到了父亲。父亲站在院子里，喝着，夏天的白绸衫和冬天的黑长袍一起抖动。夏天和冬天全是阴森可怖。

所有的挑战，她都回应了。

所有的不敢，她都做到了。

现在，在哈尔滨。张家大小姐在一张大木头床上，有薄被子，有阳光。她身边，是她所爱的大学生……

这就是她的"鞭子"！

她用这根"鞭子"报复了父亲，报复了他们给她找的什么姓汪的统领少爷。

**我那时候的胆子可真大。**

光，正照着板凳上她的衣服，黑色裙子和学生上装，直眉直眼地照着。坐在凳子上的，应该是单纯、爱画画的小姑娘。

她现在没有了家，她是一些闪光的碎片。

悄悄离开床，小房间里唯一有点儿遮挡的，是一只"走角"了的木柜。躲在柜子后面，她慌慌张张穿好了衣服。

她出走成功了！她是自由的！

伏在窗口，她看着这个晴朗的早晨，露珠在草上闪亮的早晨。

"太太，老爷，要不要列巴、牛奶？"走廊里有人摇着铜铃问。

"要的！"早晨的嗓音很嘹亮。她像主人一样回答了摇铃人。

他翻动了，脸上压出浅红的皱纹。木头床肢解一般地响着。他抬起头。萧红正打开门，把一只装了奶瓶、面包的方木盘拉进来。她端着食物，那么甜美地笑着。她，像一个穿着学生装的圣女。

"今天也学洋人，在床上吃早餐吧。"他对圣女说。一边让出半面床来。

她完全孩子一样羞涩地笑了："你在床上吃，我到窗台那儿吃。外面的景儿真好看。"在这句话的覆盖下面，还有另外一句话。她，不想挨到床边儿上去。可能要天黑以后，她才有那么大的胆量。她还是个圣女。

"你想怎么办？和你的父亲能缓和吗？"

"不，绝不能！我现在就是一个人。我想去北平念书。他们可能到哈尔滨来找我。只要到了北平，我就不怕他们。你不是也要回北平吗？我们一起走吧。"

"我这几天要收拾书和行李，过一段才能动身。"

"我等你。就在这个小屋里等你。然后，我们一起去北平。"

他从学校回到小旅店，已经黄昏。十几扇木门，僵尸一般排到走廊的尽头。在第几扇门里有她呢？他记不准。

门房指给他："是五号。"

打开门，屋子里完全改变了。墙上贴了几幅水彩写生。小木桌上铺着洁白的绸布。搪瓷牙缸里摇着一簇正开花的蒲公英。

"欢迎你回家！"萧红从门后猛地跳出来。

"乃莹，是你搞的吗？"他惊喜着。

"不是我，还能是你吗？我中午一直在窗户上趴着等你。后来，我数路过的马车，我想数到一百辆时，你肯定能回来。可是半天才过了五辆。这条马路太孤了。我想，你不回来，一定是觉得这儿太不像是一个家了。"

"这回像家了，"他擦着汗，扭转了话题，"往前面走一条街，有卖羊肉包子的，你能吃羊肉吗？"

"吃不吃都行。"她懒散地坐回到床上。她心里预期着的浪漫和兴奋,并没有到来。

一个下雨的傍晚,他没有拿油伞,浑身淋湿,从外面回来。她没有跳出来迎接他。她躺在床上,半黑里,他凑过去看见两只睁大的眼睛:"你怎么?不舒服?"

"没有。"她说。但是,他的话好像碰破了她的泪帘子,眼泪忽然从眼睛里涌出来,"下雨了。"她没边儿地说。

"是下雨了,怎么?浇湿了画儿?浇湿了衣裳?"他打开灯,画在墙上,学生装在床头,什么意外也没有。

"下雨了,心情很坏。"眼泪还在流,枕头已经湿了一片。

"就因为下雨吗?"

"我不喜欢下雨。"

"乃莹,起来吧,起来洗洗脸。你没学过古人文章吗,不以物喜,不以己悲。古人要先天下之忧而忧,你呢,为阴天下雨而忧,不是很奇怪吗?你呀,真的能当作家了。"

"什么作家不作家!"她擦着眼泪。

"这么多愁善感的,还不是作家。我带了包子回来,你吃吧。"

"不想吃。"萧红坐在窗前。雨爬过玻璃,好像洗着她忧伤的脸,"我们什么时候去北平?"过了很久,她问。

"快了,再等几天。"

"这间房子真闷呀。明天我到马家沟公园去,下雨也去。"她说。

"不行,万一遇上呼兰的人怎么办?他们一定在到处找你。"

敲门声。很重,很急促。

"找谁!"萧红放下手里的铅笔,慌得连小桌上的野花都碰翻了。

还是重重的敲门声。

只有她一个人在房间里。如果是呼兰来的人,她怎么办?回去是不可能的。从窗口跳下去,二层楼,顶多摔伤。可是瘸了腿,她怎么能去北平念书?她想躲进柜子,但是人一进去,那柜子就会立即瘫掉。她听见自己的心跳,比敲门声还大。

"刘二轱辘,刘二轱辘!"敲门人不耐烦地喊,"在不在屋?"

"哎,是这屋。你敲错门了。"隔壁有人在答话。

瘫坐在床上,萧红看着两只发抖的手。这么可怜胆怯的手。父亲随时可能带着人出现在门口……还有统领的儿子,那个姓汪的少爷!绳索像一团蛇,扔过来。马车倒过来堵在小旅店的门上。窗户下面仰着脸的,是她的继母……

他们今天不来,明天也会来,把她团团围住!

必须马上走!马上到北平去。

一九三〇年八月的一个阴天,萧红又和她的箱子立在哈尔滨站的月台上。心情万里无云。汽笛声像一把飞快的铡刀,切断了过去。

过去,就要落地枯萎。

一直向南,向南。

一座座小城,一串串村子,青烟一样被火车掠过去。

"我给你讲过我爷爷吧。他又高又瘦……我家有二伯偷东西,是我第一个发现的……"萧红和李先生面对面坐着,木椅上另外有两个商人模样的,像大烟鬼打着哈欠,用眼角溜着他们。车厢里穿梭着人,鹅和鸭子在座位下面的筐里嘎嘎乱叫。

往事,偏在这个时候想起来。她想让他在这一夜之间了解自己,也了解祖父和后园子……

可是他恍恍惚惚,好像是困了,好像是给大烟鬼感染了,正陷落在一个和她完全不同的境地里。

北平,在前面。

# 二

前门箭楼。乌黑的家雀,一团团齐结着飞拢,又齐结着散开。北平城永远是灰蒙蒙的,一大摊。

萧红紧跟着李先生,走出泥泞不堪的北平站。拉洋车的吆喝着,飞跑而过。穿长衫的,穿短褂的,不同样式的柳条箱、筐头、竹篮都在眼前晃。人和物,灰耗子一般鼠窜。

萧红说,她感觉到头晕。

他略微地望了她一眼,并没有望到萧红的眼睛,就迅速地躲避开。

叫一辆洋车吧。他说。

她随着他上洋车。他说,你看,那就是皇宫。皇上没有了,皇宫还假威严着。

她看见了暗红色的高墙。

过了高墙,李先生指着一条小胡同,说前面就到了。她的脚步跟着他的脚步,紧紧抓着自己的箱子。

离开了哈尔滨,他好像就迷迷糊糊地有了些变化,好像进入了另一条搅不清的精神岔路。越近了北平,他岔得越远。

这,她感觉到了。

洋车弃下车头。萧红给那赤着膊的车夫付车钱的时候,他放慢了手,抖着裤子上的灰尘。他走上前去,也放慢了手,去拍一扇门上的铁环。

他的手是伸出去的,但是很迟缓。

一个穿旗袍、黑密头发绾在脑后的年轻妇人迎出来:"回来了,不是早都来信,怎么才到家?"妇人挂着脂粉的笑容,突然停在萧红的身上。

"这……这是张乃莹小姐,从哈尔滨来北平读书的。"他马上说。

妇人的眉头一拧。

以急飞的鸟儿的速度,她明白了一切。

**我是干什么来的?来念书的。难道我是跟她争男人的吗?**

灰砖高墙在萧红眼前打着旋儿。她终于说:"不打搅了,再见!"转过身,向着胡同口快步走。

那胡同,跟回肠一样弯曲深长。

如果,萧红镇定、成熟、世故,她该做得从容。她该略有应酬,该不动声色。人的心是苦的,人的面是笑的。但是她还太年轻。一个十九岁的人,遇到这种意外,总是头也不回。

他在遥远的红门那儿,好像还说着什么。但是,她绝不回头。

出了胡同,她停下来,顿时开始哭。又灰又大又脏的北平,麻木地看着她的眼泪。


小旅馆,就是大杂院里的几间西厢房。与平民老百姓像邻居一样地合住在一起。

旅馆小院的中心有一块大青石头,压着凸出地上的自来水管。水龙头像根拐杖,斜翘着,刚喷出来的,都是红黄色的锈水。傍晚,院子里的几户人家和房客都聚在水龙头下面,冲脑瓜的,洗白菜的,涮泥脚的,磨菜刀的。可能只有水,让穷人们看见流动着的欢乐。

揭开细竹条的破旧窗帘,萧红在一间陌生的客房里望着院子。穿粗布小褂的秃头孩子们,把泥盆里的水珠撩到了她的窗户上。

人们总会找到欢乐。不然,人靠什么活着?

随着那灰灰的天色,她就躺下去,晚饭也没有吃。她已经想好,第二天就去找学校,报名。

全北平只剩下她一个人。


古城很快就一片死寂。小旅馆的木床,比哈尔滨的还要残破,还要乱响。枯枝落叶一样的床铺,使她整夜不能睡好。

他是有家的!家里吃着睡着,睁着眼等他的,是他的太太!

她为什么没看透呢?

从呼兰,她拿着她的整颗心,跑进了哈尔滨去找他。她自己动手,把无形的斧头高架在唯一的退路上。

他笑着,心却忽忽闪闪,半明半灭,像风里的油灯。

丈夫这种东西,她缺吗?起码在东北有一个捧着聘礼聘金的统领少爷。这么大的天下,她会缺一个丈夫吗?

必须痛恨北平的床,让她胡思乱想。她现在正睡在离呼兰千里以外的天空下面。它再黑、再毒、再能,也拿不走她识的字,偷不走她念过的书。她还要继续念书,明天就去找学校。想到书,萧红爬起来,打开灯,强迫自己心情安定。她开始翻那本《唐诗》。

"小姐,您也早睡吧。早睡早起呀,您哪!"旅馆的小伙计就站在窗台外面。

她拿起两只鞋压紧了竹窗帘,继续读唐诗。

"小姐,电灯钱可是我们家掌柜的掏哇!您哪,早点儿歇着吧!"小伙计还是不离开。白天进店门的时候,她仔细地看过那孩子,十三四岁,亮亮的光头,说起话来像唱歌儿,口气又像呼兰城老商铺里的二掌柜。北平的人都比东北人客气。

只好关了灯,再坐到黑暗里。

有一团清香飘进来。是院外那棵大树上落下的碎白花的香味儿。那种树她过去没见过。

香味儿,在人最痛苦的时候,也是香的。

在黑夜里,想起哈尔滨。刚到哈尔滨念书,她也是孤零零的一个人,拎着柳条箱子。但那时,她的背后连着一根粗长的线。

现在,她身上的线全断了。退后一步,就是无底洞。她不愿意想后面。

北平的第一个黎明，她没有看见。她在天亮的时候睡着了，看见的是一条尘土遮天蔽日的路，那就是祖父讲过的千百年来上京赶考的路。

店里的小伙计送洗脸水来了。

萧红醒来，问："院儿外是棵什么树？"

"槐树哇，您哪。连槐树都不认得。"

萧红问他女师大附中怎么走，小伙计摇头说："念书的事我不知道，我不认字儿。连我们家掌柜的也不认字儿。"

她早知道，有个表哥在北平读书，但任何一个呼兰人都可能绑在父亲的那根线上。男婚女嫁，世之常理，谁都会这么说。

明天怎么样，她不知道。她也不想靠那个表哥。

学校没有开课，校门锁着，旁门开着。门房里坐了一个干瘦的人："从哪儿来？要报名？"

"报名。从哈尔滨来。"

"哈尔滨？洋人，大鼻子忒多吧。"

"是，有俄国人。"她踮着脚，刚能看见那人的半边脸。

"大鼻子邪性着哪。是正式生吗？"

"来插班，"她踮高一点儿，"昨天刚来北平，先生……"

"甭跟我说那么细，我耳朵眼儿没多余的缝儿。你在这花名册上写个姓名，下礼拜来交钱就上课。"

"上什么班儿？"

"预备班嘛！交了钱先听课，等考过了试，才能进正式插班生。"

装钱的荷包倒空了。荷包是大红绒布的，本来是一大块鞋面儿，死去的母亲给裁走了大半，剩下的零头，被萧红缝了这荷包。

在菲薄的床铺上，萧红把全部家财分成了三份。最高一摞银圆交学费。中等的一摞备了半年的房钱。剩余的，她要吃五个月。买油条、火烧、腐乳还够，买小说不可以，买画具更不可以。

拿一根筷子，串了两只火烧，小伙计跑进来："张小姐，您的火烧买回来了。这是剩的钱，收好了您哪！"

"剩下的给你买糖球儿！"

小伙计把铜板攥在手里："谢谢您哪！……张姐，您晚上要再看书，等我们掌柜的玩起了牌，您再看，到时候我给您报个信儿。"

"张姐问你，近处哪里有公园？有树有花有草的。"

"往南走啊，陶然亭啊。不远，我们家掌柜的大早起就到陶然亭那儿吊嗓儿去。早上，那儿全是票友儿。"


找陶然亭，走蒙了，找到了天桥。

天桥比家乡唱野台子戏热闹多了。耍把式的，吞铁球的，卖大力丸的，吆喝大碗油茶的，更有敲着小铜锣儿讨钱的孩子，一片人的山和海。耍手艺的拿着命在耍，看热闹、卖呆儿的张着嘴在看。风撩起满天的尘土，每个人的脸上都戴了一层灰的面具，只有瞪着的眼睛动着，还是原来的那一对。

萧红站在风和灰里想，以前表哥们跟她讲北平，没想到这么新奇、好玩。真是百闻不如一见！

能写一篇上好的作文呢。她想。

穿着黑衣服的警察来了，举着棒子，说是要收什么钱。赶得拥挤的人们撒丫子奔跑。被撞倒了几个人，有作揖的，有磕头的，有叫爷爷的，刨起更多的灰尘。小贩的一筐白梨撒在地上，无数人挤踏上去，饥民一样地争抢。

这些都是性命吗？一个人带着一条性命到世上来，他们把命拿到这儿来蹂躏耍弄。为了这命必须要吃的一口饭……萧红不想她的女中作文了。她想起呼兰河边那些同样的人，想起那些号喊着、扑打着、煎熬着的生命……

"闺女，走吧，看在这儿给踩着。天桥的热闹事儿多啦。前些天，就在这儿，还砍了两个人头呢。"一个老人朝她扬起尖下颏说。

"砍人，砍什么人？"

"新党的人呗！不细知道，反正砍了。刀斧手威风着哪，搁下刀，一人一碗酒。要我说呀，刀起头落，人一死一合眼就没啦。这么乱的世道，这京城里就应该多修几个陶然亭，东西南北城全修上一些个，逗蝈蝈儿，溜鸟儿，别管什么国事儿，恶民也没有碴儿兴事儿去……哎，说这些做嘛，闲谈莫论！走吧，闺女。"

老人的意思，萧红不是都懂。但是她想，栽种再多的好树好草，也不能帮人。有些人，活着就是吞铁球，用喉咙眼儿顶着扎枪，头和脸都整天扑通在灰尘里。

讲国文的先生奇矮，只听说是湖南人。湖南话是一些听不懂的小疙瘩。萧红走出校门，还在心里想着闷人的湖南话。

"乃莹！"

全北平，还有认识她的人吗？

但她确切地听到了自己的名字。她向路人望，到处都是穿学生装的。

"乃莹，老远就看见像你，你怎么到北平来了？"是在北平读书的表哥。他并不知道她逃出家的事，"你也来了！还没吃饭吧，走，跟我去。"

一只磨盘似的黑铁锅里沸腾着羊杂碎，灶下的火像鞭炮一样响。

"来，我请你喝羊汤。"表哥让萧红坐在油亮的板凳上，"伙计，多加点辣椒，天也没那么热了。"

回民饭馆的蓝色布幌儿在风里摇晃。

"你到北平来，怎么不找我？"

"还没顾上呢。"她低着头说。

表哥很快就猜到了:"逃出来的?"

萧红点着头。

"还想瞒着我,怕我和他们同谋?真是!念了这么多年的书,西装洋文的,新学都学到哪儿去了,我能把你送老虎嘴里去!"表哥叫羊汤快点儿上来。吩咐完了,再去看萧红。看到了大颗大颗的眼泪。

表哥慌乱了,拿着手绢劝,越劝她哭得越凶。小饭馆里有人停下筷子,看着他们。是中国人的那种直视。恨不能钻进人的伤心处,看个一清二楚的直视。

她怎么哭了,她自己也不知道,可能只因为"老虎嘴里"这么一句话。其实,她现在也还是在老虎的嘴里。通过老虎的牙缝儿,她看见了北平的尘土,看见已经没了皇上的空皇宫,看见表哥端过来的羊汤……在这之前,也是通过老虎的牙缝儿,她看见一个拿走了她初恋的李先生……

她现在还不知道,老虎是绝不肯把她吐出来的。

"别哭了,再哭我把你留在这儿,让你一个人哭够了。再说,别人看见不好,人家以为我欺负一个小姐呢。说不定站出两个路见不平的人上来,按住我怎么办?"表哥故意这么说。

"没有人按你,欺负就欺负了。"她还是不停。

"那我们走吧,我看看你住的地方,改天再吃。"羊汤还散着香气。萧红跟上表哥,走在落着树叶的街上。


"张小姐,门外有位姓李的先生找您。"掌柜的用鸭子一样的嗓门儿说话。他一只脚门里,另一只脚门外,又补上了一句:"张小姐,那天带回来了一位仪表堂堂的先生,今儿个又来一位啊。"

是他!

把装了几个红苹果的纸绳网袋放在床上,他的眼神与开了哈尔滨小旅店房间的那会儿，那么相像："这儿挺好。"他说。

"挺好。你要坐，就坐床上吧。"萧红站在狭窄屋子的门口。这屋子只能容下两个人。

"缺钱吗？"

"不，不缺，我找到了表哥。他在北平。"

"书念得好吗？"

"当然念得好！"

后面就没有话说了。两个人都去听着窗外。水龙头底下，有女人们响亮欢快的聊天声。

"我走了，你不用送。"李先生站起身，他已经不穿哈尔滨时的西装。现在，他是着棉袍的，不灰不青不蓝的长棉袍。

**那个时候，我欣赏穿西装的。如果一年前，他穿这么一件长棉袍，身后兜着皱纹，我绝不会注意到他。**

门掩了一半，他说："我找到了个教书的差事。"

萧红说："祝你当一个好先生。"

他走了。

掌柜的进了门，绕着弯儿，终于说白了，他的房子从下个月起要加价："冬天了，要生火炉子不是。有钱的小姐，加这么一点钱不算什么。"

"当时价钱不是讲好的吗？"

"您别急，不就是溜光水滑的先生们请您听一出戏的钱嘛。您松一松手，漏在我的铺上，不就结了！"掌柜的连天上的飞鸟都瞄得出贫富饥饱。他早看见有两个男人来小旅馆找这位小姐，都不是拉车跑堂的打扮，肯定是有钱的主儿。

小雪下到地上，又化成泥水。萧红参加了预备班的考试。钢笔冷了，墨水很滞，墨水也不愿走到纸上。她的手也不听使唤。她没有买手套，房租加了价，连伙食费也要再减。

把手抄在袖子里，萧红出了教室的门。班里几个叽哩呱啦的南方学生，见了雪，都一下子挤出来，大惊小怪的。只有她袖着手，默默地看着街边烤红薯的铁炉子。

表哥迎着雪走来："乃莹，走，我给你补上次的羊汤。"

又是那对蓝色的布幌儿，只是在风中摇晃得更加厉害。

"乃莹，回哈尔滨吧。"

"为什么回去！"萧红很警觉。

"我的钱也用完了，要回去朝我爹要钱。再说，你快放假了，在这儿没事干，光花销住店。回去你在哈尔滨等我，我回呼兰拿钱。回去花费小，你可以住我妹妹那儿。她也是哈尔滨的住校生。"

"那，我就在北平等你！"

"我手里的钱，只够买我们两个人的火车票。我回呼兰不提你的事，没人会知道你在哈尔滨，等三月份开学，我们再回来。"

人被钱困住了，比上吊都难受。她想。

"你同意了，我才能去买票。"

她只有点头。她没有对表哥说，她手里的钱只够每天吃两顿饭，而且是咸菜和稀饭。

大北平，没有人性。它不稀罕哪一个人。它预备了火车，想来的尽管来，要走的只管走。

考试的成绩张了大红榜，贴在告示牌上。她的名字排在前面。是第几位叫不准。

还没等她数，表哥匆匆忙忙来喊她，说洋车都在等了。

她不断回头看那张红榜。两个月以后，等她再来，她就可以当一个正式生啦。

从到北平的那一天起,她就是一个人。一个人也并不是势单力弱,红榜就在背后,她把她每一次嘤嘤的哭都忘了。

## 三

早晨,火苗和烟在青砖夹着的墙壁里,自由自在地窜动着游走。火墙,这是北方城市特有的取暖方式。

掀开被子,萧红小声咳嗽着爬起来,用最轻最软的动作叠好棉被。

**整个假期,我都在表妹的学校住着,等着回北平。开学,我就是女师大附中的正式生了!**

她忍受着表妹学校宿舍里那些冷漠的目光。有几个女学生假期没有离开,她们冷落着她,几乎从来不和这个寄宿者说一句话。

"这屋里什么味儿,这么难闻!"

"快,快打开门,打开门通通气儿!"

一个胖女生用胖手扯下一张皇历,故意张扬着,朝向萧红这个方向说:"好哇,快开学了!"

这话对萧红是一根钢针,一根可以触动许多痛处的钢针。

又有两个人回校了。铺上捆着的行李扑打着展开。每个新学期回来的学生都要上下冷望着萧红,望着她那件褪了蓝色的长棉袍:"这是什么人?"

"借宿的,张小姐的表姐吧。"回答都最简单不过。仿佛是在说一个木头柜子。

萧红的眼睛正停在一张书页上,但是她什么也没看见,任何有形有意义的字都没进入她的头脑:"快开学了!"她只是在心里反复地想着这句话。

表妹从呼兰回到哈尔滨。

她带来了撒满白糖的年糕和炒熟的葵花子。表妹托着仿佛十分重要的那块年糕,对萧红说:"荣子姐,我们到火炉盖上烤年糕吃吧,都冻硬了。"

萧红紧紧跟着表妹:"你哥呢?"

"……走了。"

"往哪儿走了?"萧红以最急的速度问,"他到了哈尔滨没有?"

"……他前天从呼兰出来,昨天的火车……去北平了。他让我临走带这些吃的给你。"

"北平?去北平了!不是说好了,一起去北平吗?!他自己走啦?"

萧红拉扯着表妹的胳膊,年糕被碰落在新扒出来的热炉灰上。

表妹只是望着年糕:"家里不让。你都知道,我爹那么胆小,能不听家里的,怕帮你……今年我爹都减了我和哥的钱……"

"谁说我现在在哈尔滨的?"

"全呼兰的人都知道。你爹气得够呛……"

"那我怎么去北平!还有几天,我们学校就开学了,我刚考了正式生!"萧红快晕过去了地喊。

"荣子姐,小点声儿。今天我看见校监也到校了。让外人住在宿舍是要挨处分的。"

萧红靠在走着热度的火墙上。没有任何力量能够扶她一把,帮她支撑住自己。

**北平一下子就成了灰!**

**表妹没有告诉我,我爹已经宣布和我断绝父女关系,开除我的祖籍。**

哈尔滨的学校马上开学,她将无栖身之地!北平的女师大附中,对一个没有钱的外地人,远在西天……

她已经身无分文!

世道，从什么暗处，伸出了强暴无比的手，把她推向了悬崖绝壁之上——进和退，都是绝路！

在这个春天，呼兰河上疯癫地跑着冰排的那些时候，还发生着一些事情：萧红的"婆家"汪家，指责她品行败坏，与人私奔，喧闹着要讨回聘金，退回婚约。萧红的父亲出于脸面，坚持不肯。汪家的翩翩少爷，听了张家大小姐的出逃，还盘算着哪一天清闲了，来哈尔滨会一会她。

这些，已经身处绝壁上的萧红，都不知道。

只有哈尔滨雨雪交替的大街上可以去。她忽然想起，一个亲戚，听说住在市里。

她把手提箱寄放在表妹那里，把那一直随她去了北平又回了哈尔滨的画板，投进了火炉。它马上获得了自由，行走、爆跳在滚热的火墙里，幽灵似的。


今天的哈尔滨，像凶神恶煞，露出了它的另一张脸。

按着门牌，她找到了亲戚的家。那是一片低矮的小平房，门前，是酱缸一样稀泥的路。

过去在哈尔滨读书的时候，萧红从来没有来过贫民区。

这里，似乎所有人的脸都没洗过，所有的嘴唇都等着发出斥骂。亲戚家有一条狗，有霉烂的木板皮障子。东面的胡同是污杂的地面儿：下等妓院和缝穷的人杂居着。

亲戚家的两个男孩子，串到东胡同去玩，给他父母抓着了，就必定是挨打，吊在房梁上的暴打："上那地场儿作死去！挨千刀的，不学好的，再去就送你蹲笆篱子。"

亲戚把装酱油的大瓶子，递给萧红："荣子，拿大棒子打清酱去，上东街去打。"

东街不好，但是东街上的杂货便宜。十五岁的男孩子去不得，二十岁的女孩子就可以去。因为不是自己的孩子。

阴沟盖儿上，蜷曲着从关内刚逃过来的饥民。

穿红裤子的妓女，用过小、过红的嘴嗑响着瓜子走过。

缝穷的女人们，披散着头发，互相笑骂："缝一条棉被两角钱，你收人家一张一元的票哇！你一百个男人也不够！"

"是啊，一百个嫌少，两百个不嫌多！"

玻璃瓶子有大碗口粗，两尺来长，墨绿色的大瓶子里装满了酱油，沉得必须用一只手托着底儿，紧抱在胸前。萧红低着头，快步走出东街。

"麻溜儿走哇！别摔了棒子，扎了手。"腰上系着草绳的零工在背后嬉笑。

还没走进亲戚家，远远地听见人声在吵。亲戚家的夫妻总是吵架。在他们翻脸对骂和砸盘子的时候，萧红出了他们的大门。


柳絮的茸毛飘满了街。

她想，今天晚上该到哪儿去睡？去哪个表妹、堂妹的学校里找一个铺。她心里实在哪个都不想找，只是在街上徘徊。

丁香的花开了，暗香也走在街上。萧红徘徊着过了夜，也过了清早。

是学校吃过了早饭的时候，她的腿抬不动了，只好走向附近一个堂妹的学校。

堂妹穿着整洁的学生装，脸儿洗得比纸还要白净。堂妹夹着书包，正要去上历史课：

"荣子姐，吃过饭了吗？"

"吃了，出来得早，办完事儿没处可去，上次在你这儿看的那本书还没看完，再借我看看。"

表妹已经看出了萧红的目的："你就在这儿看吧。我要上课去了，宿舍的门得从外面锁上，校监要来查的。晌午十一点半才能开门儿，不误你的事儿吗？"

"不会，我上午没事儿。"

"书就在床头上，还有别的小说，你就看吧。"

再好的小说也肯定不会看，她拉开堂妹的被子就睡下，胃里空叫着也继续睡。一直到房门打开。

"哎呀，这屋里怎么还躺着个人哪！"女学生们夸张地尖叫着。

萧红赶紧起来，说着堂妹的名字。

走了形的鞋子，一拐一拐地落在红漆地板上。整个走廊都跟着她的脚步响。如果脚能收起来，如果脸面和心都能收起来，她不会这么紧张。

"荣子姐！"堂妹追上来。

萧红感觉手里接触到了一卷纸质的东西。

走了很远，纸已经有些攥湿了。她一点点地把它们打开：是一元的纸币，一共三张。

北方的夏天，是六月到八月。

九月时，她离开了亲戚家。

那一天亲戚从街上回来，神采都显在油汗的脸上。亲戚说碰到了萧红的父亲，说老爷子镶了金牙，还挂着文明棍儿。

"那老爷子！绅士着哪。"亲戚笑着对萧红说，"荣子，你回家吧，回去给你爹认个错儿，给他磕个头，跪下就不起来，他还能不认你这个闺女！"

萧红连声音都变得尖硬："我和他不是父女关系！就是他给我磕头、下跪，我还不认他呢！"

"这丫头！"亲戚的脸色变得青暗，"荣子，不是我们不留你，我跟你们家不好交代。你不和你爹来往，我们和你爹还得来往走动……"

"那，我就走！"

在哈尔滨的马路边儿，不是都住了从关里逃荒来的饥民吗。我绝不回家！我爷爷说过，天，无绝人之路……

她没有东西，抬走两条腿，马上就能走出亲戚家的破木板门。

哈尔滨是大的，食物和树荫都有。除了她的母校，女子中学门前的那条街。哈尔滨的任何街巷，都没有哨卡和警卫拦她，但是没有一条街，没有任何一扇门欢迎她，没有一个人向她微笑。

是秋雨把冬天带来的。在街边积雨结了冰的早上，她又一次出了表妹学校的门。这么冷的早上，到哪儿去呢？

"姐！姐！是我，是你珂弟。"

萧红回过头，看见了她的弟弟张秀珂。他是父亲和她亲生母亲生的儿子，她的亲弟弟。听说他已经上了哈尔滨的中学。

"姐，你这么早就上街了？"弟弟上下打量着姐姐，"你穿得这么少？不冷吗？"

从他乌黑的眼珠里，萧红看到了至亲的人才能发出的至亲的吃惊。

她急着离开表妹的学校，连脸也没有洗，肯定像一片残破飘零的树叶。

"我们去喝杯热咖啡吧。"弟弟说。

"咖啡"这个词，已经离她那样远。她现在的耳朵里，日夜充满了街头粗人的叫骂、醉鬼的胡话和学生宿舍的窃窃恶语。

弟弟把他的外套挂在咖啡厅的衣架上，他已经学会了男人的礼节："你不脱外衣吗？"他白白的手伸出来，要帮他的姐姐。

她脱什么呢？她的衣服已经相当单薄，外衣的领子又时时脱落着灰白的细毛，沾在里面黑色褂子的肩上。

外衣还是脱掉了。在看见弟弟的那一刻,萧红的心里完全慌张,像一只极需自卫的小动物,现在她镇定下来,又变成了一个铁板般坚实硬朗的人。她不愿意做个弱者。

弟弟的目光一直望着她。咖啡杯像热的小手炉,十根指头不再感觉僵硬。

"姐,人这样长时间的心情不好,是不利的。"

萧红舍不得放下那只热量饱满的杯,她故意说:"我的心情没什么不好,很好啊!"

弟弟低下头,像一个懂得了愁闷的成年男人:"你的头发,这么长了,怎么不去一次理发店呢?"

这么平凡的话打动了她。她几乎听见自己的哭泣,由远而近。像刹不住的车。但她要制止眼泪。

"回家吧,姐!"

"那样的家,那样的父亲,我绝不回去!"

"那你怎么办?就这样漂泊,没有安定?"

早上的太阳静止在咖啡店里。她默默地与自己的眼泪抗争着。绝不能让弟弟看见自己哭!

她愉快地说:"你们学校的篮球队怎么样?你还喜欢打篮球吗?"

"你很久没有看我打篮球,我的投篮进步多了。"

弟弟的身体,像热情的波浪跃起来。

萧红向着弟弟笑了。

"要迟到了,我要回学校上课去。"弟弟站起来,取下了自己的外套和呢面的帽子,也帮她摘下了那件领子脱毛的外衣。

"你缺钱吧?"弟弟在雪的路上问。

"不,我什么也不缺!"萧红非常坚决地说。

弟弟走了几步,又转回身:"姐,还是回家吧!"

"别说了,我不会回去,还不快走,你要迟到的。"

弟弟快步走了，只把萧红留在早晨结着薄冰的街上。风是前所未有的萧瑟和刺骨。

冬天里的人，太不好过。

萧红缩紧在领子里，顶着清雪走。路上的马车夫们，再不像两年前的马车夫。她在女中读书的时候，马车经过她的身边就放慢了蹄子，回头回脑地巴望她："小姐，要车吗？"

今天的马车也耀武扬威，浑身也冒着富裕的热气，快速地经过了她，奔驰而去。马车夫在车上说："你瞅瞅这个，冻得跟小鸡崽子似的！"

这个晚上，她没有找到住处。随着豆浆摊上一个多嘴的女人，上了摇摇欲坠的木楼梯，在堆着破棉絮的铺上睡了一夜。等她醒来，才看得清那女人蜡黄的脸，闻到了隔夜的烧酒味儿。

那女人缩在墙角儿，翻着白眼仁："撂下一件衣裳吧！"

"我没有多余的衣裳了。"萧红说。

"夜儿个晚上，你都冻麻爪儿了。我留你住了一夜，扒下一件衣裳还不是应当应分的吗？我是一件能进当铺的东西也没有了，只有这么个多毛兽。"女人指着铺下。那儿蹲着一个肮脏的小女孩。

"你瞅瞅，这么个不中用的东西，窑子都嫌她小，不收她。要是没有她，我早都去摸电灯线了。"

萧红不再说话，把贴身的一件衫子脱下来。那带着温暖的衫子，现在已经放在了女人的板铺上。

低下头去找套鞋，翻遍了地上的棉絮、煤渣。

女人说："你找什么？你没看见我一个劲儿打这个多毛兽。你那鞋，夜儿个连夜，就给她偷出去卖了……偷！偷！偷到家门口来了。"

穿着六月里的鞋，走在冬天的雪地上，萧红又在大街的底线上看见冷得褪了色的太阳。

这是一九三一年的初冬。四十几天前的九月十八日，日本人一手策划的中国东北南满铁路爆炸事件发生。几年之后倾覆了整个儿中国的大战，已经点燃了导火索——这就是中国现代史上的"九一八事变"。

"事变"的大铅字就印在报纸上。报上的每一个字她都认得，但是，后来被称为抗日作家的萧红，对日本鬼子开头的事，一点也不知道。这个冬天，她更需要的是：一口热水，一条床铺，一个避风的墙角。

**人在最痛苦的时候，就麻木了。在哈尔滨流浪，我什么也不想。我只要活着……我不能退，不能败！**

在表妹的宿舍里，已经挤住了第四天。

学生们都上课去了。萧红在没有人的时候才下地，自由地在屋子里走。她用两只僵硬的手，抚摸那面火墙。学生们不在，火墙也被压住了火。

萧红的战争，最接近的敌手就是她的亲生父亲。战争，已经持续了一年多。

"我就要垮下去了。"她摸着自己的胃，咳嗽着。饥一顿饱一顿的生活，已经使她像一面薄若窗纸的墙。哪怕一只绿头苍蝇撞上来，这面墙也可能顿时坍塌。

投降，是绝对不能的！在这场战争中，她的胜利，只能以摧残自己、消灭自己作为代价。

还不到中午，表妹气喘着跑进宿舍："荣子姐，有一个人找你！"

"找我？"

"是。说找张乃莹，找到我们班上去了。"

## 四

"不洗一下脸吗？"表妹拿起一把梳子给她。

"洗什么脸！他是什么人我还要先洗脸。重名重姓的人吧？肯定找错人的。"萧红用手拢了一下纷乱的头发。

那人，就站在走廊转角的通气窗下面。

他的脸颊被冬天的风打得有点红。他个子高，而且显出挺拔。离远了看，以为是个俄国人。他的衣着打扮也像俄国人，雪白的衬衣领子，黑的皮靴，围脖的质地是银灰的纯毛。

来人走上前来，有点殷勤："是张乃莹小姐？"

"你是谁？"萧红问。她的眼睛里看见了这个人并不讨厌，但是仿佛是戏台上的小生。

"你该……听说过我，我姓汪。"

来人伸出手。他想玩点新派，学外国人，握一握手。

姓汪的，她的"丈夫"！

他来干什么？

看见了汪，我一点也没慌。姓汪的有什么了不起，我不怕！不管他想来干什么，我都不在乎他。

把干凉的手伸出去，她想：握手就握手！

上课的铃声"丁零"地响起。站在大门口窥视的几个女学生，收起了平时对萧红的鄙视：找她的是什么人，还有人找她！看那人，很有钱，很英俊啊。

"张小姐，穿上外套，我们出去散散步好吗？"他说。

散步我怕吗？她微顿挫了一下："你等一等吧。"

向着表妹的宿舍走,萧红感到两只脚踩在虚空飘浮的刨木花上,在刨木花以下也探不到地面的实在。她不知道该怎么办,只是简单地想:

"我反正丝毫也不惧他。我和他是两个独立的人!"

外套的领子已经褪尽了绒毛,只剩一条僵硬的光板儿,架在领口上。这种衣裳怎么能拿得出手!萧红犹豫了一下,给表妹留下了个纸条:"借你大衣出去一会儿。"她从容地摘下了表妹那件大衣。

他到底要干什么?

找到表妹的学校来了。是家里发生了什么变化?是汪家要打什么主意?反正到了这一步,人还有什么可怕的!她再一次想。

雪,在冬日的太阳下面闪烁刺眼。现在,萧红和一个曾经与她有过婚约的人,站在同一片白雪上。

他说话的时候,往往要眯起眼睛,好像防备对方伤他的眼仁儿:"我就那么吓人?吓得张小姐从呼兰跑到哈尔滨,又听说你跑到了北平。我是青面獠牙吗?"

她想好了,尽量不说话,让他把他的"牙"露出来。她盯着街对面很像老乞丐的枯树干。

"叫辆马车吧。"他说。

"叫呗。"萧红还是望着树。叫马车我也不怕,她想。

"上哪儿去,张小姐?"

"去江边儿,哪儿风大去哪儿。"

这么冷的冬天为什么要去江边?去找风?去找雪?她全不清晰。

松花江上弥漫着薄雾,雾是微微红润的,因为傍晚临近。如果是夏天的傍晚,头顶上该有满天的火烧云。

汪家少爷不是来看江的。

他沉默了一会儿说:"我还听说你是跟了一个大学生跑的。这个年月,大学生还稀奇吗?都说是维新了,穿西装也是维新。不想结婚也是维新,念两句洋文也是维新。其实呢,我是最主张维新的。"

"那你说,女孩子念书是不是维新?"

"当然是啊。"

萧红的心里突然升起了一层希望:这个人不是想象中那么可怕。他是不是能让我再读书!她瞟了一眼肩膀齐着自己眼角的这个人。

"我们一起去吃晚饭吧,"汪家少爷说,"你是新派的人,我们找间洋人的饭馆吃西餐。"

吃饭她怕吗?

马车的座位,把人整个儿地升高了。马车走过一条肮脏混乱的街道。以前的半年中,萧红多少次耸着肩、抄着手,像躲着人的耗子一样走过的街道,现在,就在她脚下面滚滚而过。她感到,在她过去的对抗中,她的精神几乎被北平和哈尔滨的风吹空了。她差不多真的变成一缕空气。她幻想着一盘热汤、一只火炉、一本书和一只光亮的灯。

在这个世界上,支撑住一个人的身体和精神,实在太艰难。

并不很晚,表妹学校的大门却已经上了锁。萧红没有手套的手,摸到了零下三十摄氏度中灼人的铁门。

门锁了该怎么办?她有意地在门口多停留一会儿,但是汪家的少爷和马车的黑影还在路灯下面。她想向路的另一方向走,但是马车的铃声已经在夜里近了:

"张小姐,门锁了吧?"

马车继续走在夜里,又走近松花江边。

一个小旅馆的一些窗口,亮着橘黄色的灯。

找一个旅馆开一个房间。一年多以前,她不是很轻快地就这么对李先生说过吗。

两个人的鞋声，把小旅馆的木楼梯踩得非常响。茶房紧跟在后面。他的手里不知拿了多少钥匙，响鼓一样摇着："灯在左手。"

我知道，就要发生的，是一件不小的事。可是，我要是退了，好像我就怕他。已经是走投无路的人。今天，就是老虎的嘴，我也进了！

门开了，灯没有开。

随着门的关闭。她一下子被紧紧地按在门上！

"你是我的媳妇儿！"

这句话，滚烫地贴着她的脸。流落街头的人，被另一个人热烈地拥着。一切，并不是想象中那样不好。

紧接着的紧迫她喜欢。心跳的紊乱她喜欢。天和地的翻腾她喜欢。搪瓷、家具、铁器造成的所有响声她喜欢。前面那句短促的话，已经像无意义的热气，被后面的一切吞没了。

"你真的送我上学吗？"她在找灯。

"真。"

"什么时候？"她摸到了墙壁，但是灯绳在哪儿？

"啥事儿什么时候？"

"上学！"

"快，很快……"她听见他是用鼾声说话。

她放弃了找灯，坐在不知道什么颜色的椅子上。现在她的衣裳都在哪儿？她自己在哪儿？

给表妹送大衣的早上，她听见嘴里吃着馒头的女学生说："那是她的丈夫啊！多阔！"

谁说是我丈夫，我没丈夫！她多想大声地回敬一句。

出了学校的门，马车和马车夫还在等她。夜里的细节，破成碎片。

095

一件件没有次序，不可衔接。

"到前面停一下，帮我买一张报纸。"她的口袋里现在有铜板了。

铅字的香味儿……隔了这么长的时间接续过来。《国际协报》副刊，已经一年多没有看过。

"回来啦，冷吧？"汪家少爷正在窗口抽一支外国的香烟。他把金属的烟盒朝向她打开：

"抽烟吗？"

想说不抽，但是仿佛那样她就比他低了。抽烟有什么可怕！她伸手拿了一支。

"全呼兰的人都知道你啊，张乃莹！咱们全呼兰最新派的人物。还逃出了家。定了亲也想打赖……我刚才还想，你是不是一出了门，叫辆马车就不回来了！"

这种挑衅让她气。

模仿着会吸烟的人，她用力地吸了几口："我要念书。"她说。

"念书？好哇，我还念过高小呢。我爹就最敬着念书的人。我爷爷念过私学。念书是好事儿。"

"什么时候？"

"开春吧。"

"几月？"

"春暖花开吧。阴历年前，我要帮我爹处理他在哈尔滨的公干。等我有了闲工夫，我帮你找一个学校，气派点儿的，一色儿的阔人。你现在要添几件衣裳。你跟着我出门，要穿得好，站在一大帮女人里面，一眼就能找着你。"

"要念书就到北平念。"

"你说念哪儿就念哪儿。天津卫也行。"

开春？春暖花开？

离现在还有几个月呢?

他是两个人。

和萧红在一个屋檐下的汪家少爷,是能分得开的两个人。

他有钱,重面子,处处摆着阔少爷的架势。他从来不从下人们手里拿剩回来的铜子。

"埋汰!"他紧着眉毛说。

上午昏昏欲睡。他所说的公干,都在下午办。

另一个他,在天黑的时候,带着新雪的味儿回来,连手套也不摘,靴子底上还沾着雪疙瘩。他紧紧地去拥抱她。把她手上的书,甩到对面的墙上去。全部破坏性的声响都加剧了他的热情。

没有一个人曾经这么紧地拥抱她,让她找不到气喘,留在记忆中的李先生,显得退却和无力。她和汪家少爷,经历了她短促一生中最复杂的晚上。

全部这一切,都是怎么回事儿呢?

她想不出头绪。她也同样被掰成了两半。她也是能分得开的两个人。一个挺直、警觉和自卫,另一个柔软、低顺……

她要读书!

在风雨飘荡中,她抓紧了那梦想中的一截麦秆儿。

上午,他总是没有精神。

萧红穿着新买回来的红外套,随意走到哪儿,就靠到哪儿。她一点也不珍视他买的东西。

"你看的是什么?都快钻进去了。"他问。

"小说。"

"什么小说,我也看看。"汪家少爷懒懒地接过书,眼睛也会停留在纸页上。过了一会儿,茶房来叫他,说他家里人捎钱来了。他马上扣下书，出了门。

萧红把那本书正扣着的 25 页，换成了 45 页。

汪家少爷拿了钱回来，精神添了不少。

他拿起书来看，眼睛照样儿停留在纸页上。

"这小说怎么样？"萧红故意问他。

"好哇。"

"什么好？"萧红问。

"这段儿写得好哇！"

"哪段儿写得好？"萧红诡笑着。

"都挺好……不说书的事儿啦，咱们下馆子去！"

心是和胃连着的。萧红的心情渐渐烦闷，心口窝儿经常疼。

咳嗽是和睡眠连着的，她晚上睡不好，每阵咳嗽都像水上的浪头掀着她。

有一些晚上，她坐起来，不断地咳嗽。她开始明白，念书的希望越来越渺茫。她想，她要离开汪家少爷。他是把自己盯死了的大牢。他不会真送她去念书的。

过年的时候，汪家少爷对萧红说："你别念什么书了。我看你学一学日本话吧。眼下，日本人在东三省正打腰哇。"

萧红白了他一眼，没说话。

"我想请一个教日本话的先生，学日本语，就是怕我没那个耐性儿，"他又转过身来，"女人说一口日本话那才好听！"

哈尔滨出现了更多的日本人，好像这是他们的城，他们的马路，他们的电车。在小饭馆遇上了日本人，他总要"嗨嗨"地招呼几声。

"奴性！恶心。"萧红在心里看着不顺。

过了年的一个下午,汪家少爷又出去公干。

萧红到前街上去买报纸。突然,她看见汪家少爷和一个瘦子说笑着,出了挂着棉门帘的小门。门上有金字牌匾:鸦片专卖所。

"明儿个见!"他抻着大衣的两条袖子,一副精力十足的样子。萧红顿时发现:这个时候的汪少爷,和每天上午昏沉困顿的汪少爷,是完全不同的两个人!

他在抽大烟!这就是他的公干!

原来,汪少爷每天下午回家对她的那种"热情",是从专卖所里买回来的热情!这是一剂毒药,是汪少爷端过来的。这药力已经进入了她未来的每一天。

夜里,她又咳嗽着。

"你不是有压咳嗽的药吗?"黑暗中,他并不翻过身来说。

"吃了。"

"吃几片?"

"两片。"

"再吃四片!我就不信压不住!"

萧红看见自己灰白得像月光一样的脚,踩到了地板上。药瓶拿在手上,冰一样。她并没有吃药,别人对她不负责,她自己可是要负责。

她,再不能守着一个抽大烟的人。她是自由的。

他的钱,就放在他那件皮大氅的里子上,只要拿上几十块哈大洋,她就是自由的人。

站在黑凉的地板上的那一瞬,她想到了逃走!

第二天早上,一列火车开出了哈尔滨。萧红直直地坐着。

第三天晚上,她就又到了北平。

学校报名处，拥挤着讲各地方言的学生。萧红夹着她的大衣，在北平的阳光下填写表格。几个男学生问："你是东北来的？"

"是。"

"东北让日本人占了，你知道详细情形吗？"

她抬起头，看见几张和她一样年轻的脸。她直起身，笔还拿在手上。风和阳光都真实美妙。

忽然，萧红看见对面一个学生的表情里忽然出现了慌乱。她哪里知道，这慌乱正是朝着她来的！

一个人猛地冲到她的视野里。

"张乃莹！到底找着你啦！"突然有一只黑皮手套从侧面抓紧了她。

汪少爷，他追到北平来了？突如其来的打击，使萧红愣住了！

"张乃莹，你跟我走！走！"汪少爷的声音就挨着她的头顶震响。

"你要干什么？"一个男学生想剥离那只抓紧萧红的手。又一个男学生扳住了汪少爷的肩膀。

"她是我媳妇儿！"汪少爷对着人群理直气壮地喊。

陌生的手们，一点点儿地松开了。只有黑皮手套，还抓紧了萧红。她感到了身处险境中的恐怖。无数双眼睛都烧着她的脸。迟了足有半分钟，她才发出声音："我……不是！我就是一个人，来念书的。"

汪少爷更加抓紧了她。她的胳膊快脱落了。

汪家少爷对着人群说："她是一个人吗？她和谁睡觉她还不知道？她是谁的媳妇？你们问问她。"

"你放下手！有话讲话嘛！"有人在一旁大喝。

胳膊上的黑手套松脱了。

萧红没有思维，思维的链条完全裂断，她只是害怕。两只手两只脚都哆嗦。她只是想立刻逃出人群，逃出那只手！

突然，她低下身子，以飞的速度钻过人群间隙："洋车！洋车！"

她向着太阳一闪一闪的马路呼喊。

汪家少爷就坐在萧红的对面。

她能叫北平的洋车,他也照样能叫。

她催车夫跑得飞快,他照样能。

她能前脚走进旅馆,他的后脚就跟着进来。她是他的战利品。

"我真不明白你!过得好好的,你为什么非要逃?你逃,能逃到哪儿去?到天边儿我也能找着你。你去念书,我也去。我就站在学堂门口,告诉里面的先生、学生们,你是我媳妇儿!"

汪少爷悠着他的腿。他现在不是很气愤,是很得意。

"在呼兰,我就想会一会你这位张小姐。我还没遇上这么犟的,想跑就跑!我一个男子汉老爷们,还看不住一个媳妇儿,让七邻八舍的笑话!你跟我回哈尔滨,下晌就走!"

萧红坐在旅馆的床边,不说话,大口地抽烟。她完全混乱了。头脑只有飘忽不定的烟,无意义地穿越。

突然,她站起来,冲出门去呕吐。

小旅馆的老伙计,肯定是拿了赏钱。依靠在茅房外面,一直望着她呕吐,手上还端了个大粗瓷碗,碗里装了漱口的盐水:"有喜了吧,太太您?"

"什么?"

"您哪,这是有了喜啦!"

她呆了!木头一样站在茅房门口。

奇怪的是,在完全的绝望中,她竟看见眼前一片非常细小的物体。那是小旅馆院子里刚刚向着阳生出来的一层绿草芽儿。

新一轮的呕吐,马上又从胃里顶上来。

不到一个时辰,汪家少爷从外面回来。手上拿了两张从北平回哈尔滨的火车票。

"有喜了！老爷。您哪。"那伙计向着汪少爷吆喝着。这声吆喝对萧红是致命的。

念书的路，就从此绝啦？

一九三二年三月，正是日本人扶持的满洲国在长春成立的时候。把黑长衫的下襟，别在腰间的哈尔滨马车夫们，摇着鞭杆儿，互相取着笑：

"你现在是哪个国的人了？"

"中国人呗！"

"不对。老辈是山东府人。"

"还山东府哪，你真是大白扔。你现在是满洲国人！"

"啥时候造出来个满洲国呢？"

日本宪兵队过来了。马车夫立刻收住了话，两只手都去捋顺着马的鬃毛，一边用眼睛瞄着日本人手里的枪。

马车摇晃着，又来到了松花江边的东兴顺旅馆。马车夫手上提着萧红的箱子说，老爷太太下车吧。

北平是一眨眼的噩梦，哈尔滨是更长的噩梦。

"灯在左手。"茶房还是那句老话。

汪家少爷坐在灯下边，他的气愤和威风似乎还没发完：

"噢，你是女学生，新派人对不对？真是厉害，脚底下有风火轮呀。遭损我的钱，遭损我的工夫时辰，想跑就跑？你说，你不是我的媳妇儿你是什么？今儿个你揣下我的孩子了，你这回揣着小崽子去念书吧！"

萧红不停地咳嗽，然后呕吐。

她开始感觉支撑不住。她的漫长战线马上就要崩溃。用什么方法能止住胃疼和呕吐？她的思想是完全空的。有了孩子了？这么容易就有了他的孩子！

使劲儿地吐！也许能把它吐出来。

"难受吗？是有喜了才这么难受，"萧红听他的皮靴把地板踩得吱吱响，"走吧，我领你抓药去，保你吃了就好。"

他的万应药房就是挂着金牌子的"鸦片专卖所"。萧红难受得几乎糊涂了。她甚至看见街上人走路时的摇晃，都想吐。

在阴暗的小炕上坐下来，烟泡在烟枪里滋滋地翻着黑沫儿。她看见房梁上糊着的花纸，越看越鲜亮，越看越好看，比真花还红还香……

身上的痛苦一点点儿地走远了……她是飘的，仙子仙女一样，衣带连连。

眼泪翻滚着流下来。

**我该怎么办？**

**逃出家不到三年，我到了这一步。怀了孩子，抽了大烟……**

该怎么逃脱这一切？没有钱，没有自由。腹间沉坠着石块一样的东西。那根白银烟枪，使我麻木、昏沉。空气的质感都消失了……

"又买这些报纸，买这些废纸就不用钱吗！看了这些烂字，你就不吐不哭了吗？"汪家少爷刚进了门，又恼怒着走出去。

萧红已经感到了另一个生命的移动。

从右向左，再从左向右。她对这种移动，充满了恶感和恐惧。她在突发的呕吐、突发的哭闹和长时间的低沉中，默数着日子。

她只听说"十月怀胎"。现在，牵动着她的胎儿，是五个月还是六个月？她不知道，也没有任何一个人可以询问。现在，连逃跑都难了。

六月的一个早上，汪少爷起得很早。在裂了一条缝儿的镜子前，他拉着白衬衫的领子，照着。

"你要出门吗？"她刚起来，围着被问。

"是啊，回乡下老家去一趟。"

"我一个人在这儿怎么办？"

"我回去取点钱，几天就回来。"

撑起笨重的身体，看着眼前这个男人："旅馆那边儿……"

"早说好了。"

"我身上连一块钱也没有。"

"我不是说了吗！回去取钱，三五天就回来，"汪少爷装了他的全部衣服，自言自语，"这些也都该拿回去换换季了。"他把箱子拎起来，"你躺着吧，不用起来。"

一种直觉，一种不祥！降临在萧红的心里。

她早已经举目无亲。她现在的每一天已经如同囚禁。如果现在这一块立脚之地也坍塌下陷。她将比一年前更惨地走向大街，被推挤碰撞在人世的冷山上。

汪少爷走的第二天，旅馆茶房就敲响了萧红的门。

她绝没有想到，住了四个月，汪少爷连一天钱也没付，一直赊账赊到了今天！

茶房取来了算盘，清脆地拨给萧红看："一共是六百多块！你家先生啥时候回来？"

"三五天回来。"连萧红自己的心里也没有把握。

"好吧。先生不在了，还有太太在。夫账妇还嘛！太太如果出门儿，跟我们说一声儿……"

汪家少爷，再也没回来。

104

十天过了，旅馆的账房和茶房们，开始恶言恶语。

他们说，这房子要腾出来给别的客人。几个黑脸粗手的人，一起进了门，强行拎了萧红的箱子，把她赶到了阴黑的仓房里去。仓房的四壁都是霉烂的。

她一走出来，茶房就立刻跟上："上哪儿去啊？"

"我要出去。"

"出去？等你丈夫把六百多块钱拍在我们的案子上，你想上哪儿，就上哪儿。"

退回到仓房里，她听见两个茶房在走廊上说的话：

"你给她起个花名吧，那地场儿你不是常去。"

"我？去得起吗！一个看钥匙的。我看，就叫她凤仙吧。个儿小，圆脸儿，跟朵花儿似的。"

"凤仙不好，太嫩了，我看叫刺儿梅还差不多。"

"这算啥名，还不把人吓着。"

她的头里，响了一个跟仓房那么大的一颗炸弹！

这个人世，是扎瞎了眼珠的人世。

……腾挪着沉重的身子，她在砖地上走了十多圈。双手伸出来，比旧报纸还要苍黄。她向着空中张扬着那只无力的手。

她找到了拇指长的一截紫色铅笔头。

她要写信！

她要向全社会求助！

还没等她拿起笔，眼泪就流下来……她说，她一个二十岁的反抗封建的青年，现在已身处绝境……这世道，它的公正和道义何在？！……我们都是中国人……

萧红抹干了脸上的眼泪。把信交给茶房。

不识字的茶房,斜眼儿瞄着信问:

"是写给你丈夫的吧?你呀,早该让他快点回来。还了钱走人,不就结了!"

放下手里的开水,茶房双手捧着信出门了。

"是呀,早点写信不早好了。"另一个茶房拿了一只碗。

"给你,晌午饭!"

萧红看了一眼,半碗高粱米饭,血红血红的。

# 第三章

## 相遇 萧军，萧军，萧军！

这世界不是她的世界，全部的春天也都不是她的春天。她只有一支铅笔头，那一小段紫色的铅笔，也只剩了最后一口气……

她的心里全乱了，全部的童年，读过的全部的书，写过的全部的字，合起来，变成一个恶鬼，把她扑倒。

# 一

是白天还是晚上?

蒙着头,萧红从棉被的深处拱出半个脸。她最先听见的是卖箆子的吆喝:

"常州的箆子——苏州——的卖……"

那声音拉得很长,夹杂着脚步和细语声。这是白昼里城市的声音,这是一种由人组成的、活着的声音……

她一点点从木板铺上坐起来,半个身子都已经睡得麻木。

身子抬高了,就看见了窗外的江。江上满盈着金色的水。江是金鳞片拼成的。她想起小时候看见一些人,舞扎着,拿扁担压迫着一个老太婆的肚子,也是在西天金红的时候。扁担压下去,老太婆的肚子和胸腔突然鼓胀,像鱼泡一样。黑的血从那苍老的嘴里喷射出来。看热闹的人吓得四散。

她想到服毒的老太婆突然睁开电光一样的眼睛。

服毒药的死法,是最惨烈骇人的。

死,这个自由的灵魂,它就站在小旅馆的小瓦片上,盯着她。在小旅馆的仓房里被扣押了几十天之后,萧红开始想到死。

活路是没有的,旅馆里的人不会放了她。身子越来越沉,也许很快在这个铺上,要挣扎着两个人。她用什么力量来支撑两个人!

黄昏已至。

紫色的小铅笔头，在纸上也没有方向。它和她的手一起，飘忽地移着……像什么？画了一个鬼！像一个从天上趴下来的黑色阴魂……她现在身边只有这笔，只有这紫色的笔能陪她苟且地活着……

床铺上，和破被子滚在一起的毛边纸上，排列着一行行整整齐齐的字。那是她五月份写的诗，投到一家报馆，刚刚被退回来：

这边树叶绿了，

　　那边清溪唱着：……

——姑娘啊！

春天到了。……

……

去年在北平，

　　正是吃青杏的时候……

还什么春天，还什么姑娘！这些词儿，多么虚伪骗人。现实，是一种什么现实？！

……我只是一个过一天少一天的生物，只是还有一口气在喘着。

这世界不是她的世界，全部的春天也都不是她的春天。她只有一支铅笔头，那一小段紫色的铅笔，也只剩了最后一口气……

她的心里全乱了，全部的童年，读过的全部的书，写过的全部的字，合起来，变成一个恶鬼，把她扑倒。

……

太阳最后的残光照在桌上，半碗高粱米饭还在那光里。粗糙如河沙的米粒们，居然也有了红玫瑰般的色彩。苍蝇围着饭碗的边缘，贪婪地打转。

有很大的响声由远而近，是即将脱离皮鞋后跟的松动铁钉声。这人的脚步，比两个门房的脚步声加起来还要巨大。

这是一个准备赴死的武士吗？她想。

脚步停在门口，敲门声响起。

是她的门在响吗？

有谁会来敲她的门！

萧红感到她沉重的身体，被她心的跳动推撞着。从板铺上起来，她慌张地抻扯着蓝布长衫那收缩了的后襟。

黑暗里，门像洞穴一样打开。来人在走廊一只昏暗的灯下。他说："找张乃莹。"

她不认识这个年轻人。方脸，个子不高，结实。

"屋里没灯吗？"来人迈进了门。

萧红摸索着灯绳："你是谁？"

"《国际协报》的。"

灯亮了。她暴露在冷淡的光里。窄破的长衫，拖在脚下，踩塌了跟儿的鞋，孕妇的体形……

来人望着眼前这个肌黄的女人，谁都能看得出来，这个女人快生小孩子了。

他拿出一封信："是《国际协报》副刊主编让我来看看你。你给报社写的那封信，我也看了。这是主编的信，他给你带来了几本文艺书。"

他一口气把话说完。书远远地落在桌子边上。

萧红愣住了！她没有指望那封发出的信。

茶房送出去的那封信，回来了，变成了另一封信，而且还变成了好几本书，变成了眼前这样一个陌生的人！

她走上前去，一把抓起信，挪到灯的下面，贪婪地读起来。她要吃掉每一个专为她而写的字！

……

"你，就是……三郎先生？"她一边读信一边说。

在她读信的时候,她的余光看见,那人昂首站在屋子正当中,细细地查看着整个仓房。

"我在报上……看过你的小说。"萧红慢慢地转过身子。

就在她的目光与他的目光相对的那一瞬间,萧红感到了一种降生以后从来没有的无地自容!有几秒钟,她像僵尸一样呆在那里,一动也不能动。

她被人看见了!

她最窘迫的生存,赤裸裸地暴露在一个陌生人的面前……她袒露着,被人直视,被人怜悯,被人同情,甚至被人鄙视!……几个月以来,她的意识随着日子正在消失。没有人的时候,对自己的处境和形象,几乎不愿意去想。现在,一个人突然出现在她的面前,萧红才加倍地感觉到自己。她,已经惨到了极点……


"坐吧。连一把椅子……也没有……真没想到,还有人来看我……"她眼睛里流出了泪水。嘴,语无伦次地动着。

萧红指了指床铺,床铺上没有铺盖,光木板上只是被子、报纸和她平时写写画画的那些毛边纸。

来人憨笑了一下。那笑,是一种平等的笑。

萧红说:"读过你的文章,还以为……还以为作者是西装革履呢……"

那人坐到了床沿上:"西装革履的人不写文章。"他拍了拍自己的衣服。萧红看见了他一身的旧学生装,补了补丁、颜色不定的裤子。一双赤裸着的脚。看见了皮鞋后跟儿裂着一条明显的口子。他和自己也差不多。

"这间房子怎么能住人呢?"他转着头,指着墙壁布满的霉斑。

"是仓房……我欠了钱,他们硬把我搬到这儿,扣在这儿……"

"你怎么不逃?偷偷地逃掉哇,趁着没人看见就跑。"他拉弓一样做逃跑的动作。

萧红感到了他动作中的活力,但她低垂下头:"他们绝不会让我走,茶房盯得紧。他们说不交上钱,就扣着我。"

"那,将来怎么办?"

"……不知道……没有将来!"

她已经是绝望的。这么恶的人生,她不指望有人来搭救。

窗外,有卖馒头的,拉着长声吆喝。屋里静下来,听见窗外买馒头的人为了馒头的大小在絮叨不止,后来是纠葛和摔骂……这么恶的人生……吐着绿火冒着白烟的命运,人们的心里仅有的只是挣扎、撕拼和恨……

萧红看见叫三郎的人支撑着床板的手。血管在骨节突起的掌背上兀出着,似乎在青蓝地流动。这是一个运足了力量的手。那手在一点点地向上提起。

"书,你慢慢地看,我……该走了。"他站起来,旧皮鞋再踏响了地板。

萧红突然有一种坠向深渊的感觉。几分钟前,这个人没有出现的时候,面对着悬崖,她没有感觉。现在天上落下来一根绳索,她反而感到了无边的可怕。

"再……再坐一下吧!我们谈谈,行吗?……"萧红睁着仍旧明澈的眼睛,向上恳求般地望着他。

一个绝望了的人,一个渺小的要求,他不能拒绝。

只好又坐下来,来人那一张宽阔的脸,在昏黄的灯下,显出了同样的饥黄。

为什么要对他讲,她不知道。已经有一个多月,没有和人说过话。她甚至在昏沉中多次问过自己:"我是活着,还是死了?"

仿佛用一张平木板一样的口气,她讲了自己的身世……讲了逃婚……也讲了被困……

……

突然，她一下子停住了。

"我，讲这些干什么！"萧红像一尊石像，凝在那里，"说这些有什么用？谁听！谁管！谁能……"她哭起来。

"你不要激动。慢慢说。"

萧红的眼睛盯着来人，一个字一个字地说：

"我，不想说了！在小说上读过的故事，很少是这么悲惨的。人们放下文艺书报，替小说上的人长吁短叹，哭天抹泪。多少人，多少人……都大慈大悲……"她顿了一下，"当悲惨的事情……真的发生了，连一个为它掉眼泪的人都没有。这不就是我的人生吗？！"

说到这里，她的眼睛里反而露出了一种直直有力的光。

叫三郎的人，动了一下。不知道他想的是什么。他的眉毛少见的浓黑纠集。

他伸出手，翻动着床上的纸。

屋里只有纸的响声。

"这些短诗，是你写的吗？"他替她转了说不下去的话题。

"是。"

"这些图案，也是你画的吗？"

"是。"

萧红坐下来，像告解完了的教徒，安详地望着自己的那些纸。看着叫三郎的人，轻轻翻过她的毛边纸。她脸上的表情，很空旷，仿佛飞出了这个可怕的房子。

开了口子的皮鞋，重新踏响地板。三郎向前走了几步，不高的身体完全投向了黑暗的墙角。小房间的半面墙壁上扑满了他灰熊一样的影子。他躲着萧红的视线，去翻找口袋。

"我走了……这点钱随便买点吃的。"他的脸上凝着屋里的灰暗。

113

五角钱纸币，卷曲着，留在了桌子上。

最后看到的一眼，是他学生装的后身，闪着黑暗，从眼前消失。

门，又沉沉地关上。空洞的回响震动着小旅馆。

萧红呆站在那里，很久。她的影子，也像熊一样俯在霉斑的墙面上。

坐到三郎刚刚的位置上。萧红用别人的眼光，重新打量着她的这间屋子。她的目光最后落到那些毛边纸上。她把它们也一页页看过。

那些写着姑娘与春天的短诗、那些图案式的花纹上，满满地洒着层次不同的光和暗，像静物写生。如果这是一个纯真的女孩遗落在阳光充沛的窗台上的创作，人们会心情清爽地欣赏它。而她，多纯真的年代都没了。她正走向绝望，连小旅馆带铁弓子的小门她都不能逾越。

悲惨的云彩，又一次遮在了她的头顶。

走了，一切都走了……

跟一个陌生人说这些，有什么用？！

萧红仰天呆望了一会儿，眼前飞满了金花，她差点跌倒。

真想点一把火，把这些纸全都烧成灰！

她艰难地俯下身子，在扭着腿儿的桌子下面摸索着。火柴盒摸到了，火柴棍一根儿也没有。因为烟卷早就没有了。地上，只有死了很久的烟头。

她再次回到板铺上。天完全黑了。桌上的高粱米饭，泛着死血一样的紫光。

叫三郎的人，就是萧军。辽西人，笔名很多，刘军、三郎都是他，本名叫刘鸿霖。

这以后，我和他在一起患难生活了五年多。是我三十年生命的五分之一。

# 二

后来,过了多少年以后,坐下来,回忆这一段往事的时候,萧军对萧红说:在东兴顺旅馆的那一天,他身上只有那五角钱,是打算用来做回程马车费的。他把它们全部留在了旅馆的桌上后,他到茶房那里去证实了,她确实给扣留在旅馆,还差六百多块哈大洋。他们说,还不上这钱,要把她卖到妓院去。

后来,萧军步行了十多里,才回到住处。他的破皮鞋把赤裸的脚走得一片红肿。那个夏天的晚上,萧军对脚下的疼痛全无感觉。他觉得那些抄写得工工整整的诗句、紫色的铅笔画下的花纹,把一颗透明、美丽又新鲜的心,一颗正悬在一根残线上的危急的心,推到了他的面前。

救她!救这个孱弱无力的女性,不惜一切代价。他对自己说。

那一年,松花江发大水,发的是百年不遇的大水。大水,白亮亮地漫上了街头,三分之二的城区都浸了水。

萧红靠着潮湿的墙,望着窗外。江水还在上涨。

雷和闪电,这些青白的小鬼儿,跳蹿在天上。暴雨不断地落下来,她几个晚上都在看着那黑压压起伏的松花江。

快天亮的时候,她睡过去。

醒来,天已经大亮。她听见房门外一片嘈杂,有马的叫声,有车轮吱扭吱扭的响声。旅馆掌柜在大声地喊着茶房:"发大水啦!"门外,茶房正在大声地吆喝着马……萧红听出来了,他们在搬东西!她听见沉重的箱子,在马车上挪来挪去的声音。

他们要把她抛弃在这里了。

前两天,江水刚漫出河床的时候,小旅馆里的房客就都走光了。

现在，连掌柜的也在收拾东西，准备逃了。

在喧哗声中，她慢慢走到窗口。她向前望去。

平时，伏卧在一百多米以外的松花江，现在已经白茫茫地漫到了门口。账房和走廊里，全都浸满了发黄的江水。

混浊的大江，奔跑着。江面翻腾着折断的树枝、被冲塌下来的房梁，带着鸡的惊叫声的鸡笼子……老茶房的秃头顶着一个花行李卷，蹚着水出了门。他望着眼前的像海一样没边儿的水，惊恐地说："这水还在涨啊！完犊子啦……"

水，带着活物一样的叫喊，汹涌着冲过去，它要冲倒整个儿哈尔滨。小旅馆顷刻间就可能倒伏在翻滚的江水里。

可能就是这样死了！萧红想。

她不会水。她就要随着这幢小楼的坍塌，在江水里挣扎、打转、下沉。最后，浮浮荡荡，像一根房木，像一只鸡笼子浮在水皮儿上，跟着这条江，自由自在，无遮无挡地走。

她的死法儿，只能是这样。

"张乃莹！张乃莹！"水的翻腾咆哮，使任何声响都微弱若断。

但是，她听见有人在叫她。

一条小木船，就停在失了门板的门口。水浪已经涌进了房子，小船在水光里亮闪闪的。船上有两个年轻人。小船上有人在叫她："张乃莹！张乃莹！"

她，看见了萧军！

逃脱，原来是那么容易。

脚踩在船板上，船身轻盈盈在走进江里，江水向着宽阔轰响的河道。乌云满天，由西南向东北，灰鹰群一样飞翔。

"这就逃得掉吗？"萧红捋着被雨打湿的头发，她不停在回头，小旅馆越来越小。

"逃了！那六百多块钱的账，就让咱们给赖掉啦！"萧军用力地划着船。

"就这么容易吗？"她抓紧了船沿儿。刚刚还以为会死在水之下，现在她竟站在了水之上。

江岸上，被淹没了门窗的泥土房子，倾斜在风雨里。远处有孩子揪紧了母亲的大襟，向着天空张着嘴在号啕。

哈尔滨荡荡漾漾，哭泣和眼泪满地飘洒。人们仓皇着，背抱着棉絮、包裹和杂物，向着高处走。

小船轻掠过水面。

报社副刊主编的家，为萧红腾出了一间小屋。门上挂了花布帘子。萧军站在门口："把湿了的鞋给我吧，找个风凉地方，好快点晾干。"

鞋子，费了很大的力气才脱下来。脚肿得像馒头。

"怎么肿成了这样？"

萧军拿着萧红的一双鞋。他没见过肿成这样的肢体。

"歇一会儿就好了。"萧红用衣裳盖住自己的脚。

门帘在风里波动。

萧红躺下来，她听见萧军的声音就在小院子里："有火盆吗？给她烤烤鞋。"他在不断地走。

这是一个什么样的人？会写小说，光着脚穿皮鞋，有力气的一双手。他为什么要救自己？

木炭的白烟飘进来。又是萧军的声音："扇子，把扇子递给我，别让烟飘到屋里。"

"她是不是快要生了？是什么日子？她自己知道不？"一个女人说。

"我看快了，可能有八个月了吧？"另一个女人说。

"三郎，你也没有问问她？"

"小点声儿，我怎么好问，"萧军的声音，"万一半夜里生了，送哪家医院？"

"市立医院呗，私人医院谁住得起。"

"小声点儿。"萧军又说。

她是一件包裹吗？给人摆放着安排着，给人低声地议论着。萧红的心里一片灰暗。

她挪动着身体。她的胃在一天天地升高。另外的一个小生命，正强硬地顶着它。这个生命有多大了？八个月还是九个月？她说不清。她只知道它在动，它正等着到这个罪恶的、龇着红牙的世界上来。

上船下船的折腾，把那缝线一直破开到膝盖的夹袍再次挣裂。萧红想找一根针和线，但她又不想向主人去借，她深怕别人盯着她的目光。

墙角有一个装嵌了几只匣子的梳妆台。针线笸箩正在梳妆镜子前面。有几个月没照过镜子了？现在最恐惧的就是看见自己。

脱了夹袍在小炕上，她换了一件局促的衣裳。针，不断地扎着手。萧红是不会做针线的。

萧军拿着一双被炭火烤得如同热面包的鞋，掀开门帘进来。他看见她正在流眼泪。看见萧军进来，萧红一下子抬起头。

她的眼睛因为流泪而更加明亮、清澈。

"你哭什么？"

"我想走。"她把呜呜的哭声埋在那件破夹袍里，"我想到一个没人的地方，一个人也没有……"

"你胡想什么！你往哪儿走？"萧军发出了那么凶的声音。过了一小会儿，他换成了轻声："你看，鞋都烤干了。你摸摸。"他不是给小姐们递上丝帕的那种男人，但他递给了她那双烘干的鞋。

"你不用回家去吗？"她问。

"我哪儿有家，得哪儿住哪儿，跟你一样。这些天，我就住这儿了，守着你。说不定什么时候，你要住医院。"

**他是那种男人。他坐在那儿，你就放宽心，你就不发慌。**

住在一个陌生的地方。每天早晨有着鸡叫。

鸡叫前后，在堆了一些黑煤面子的小院子里，萧军练着马步，手里持着大刀片。

街上，卖东西的声音一阵阵传来。

每一个人都安稳地走路，随时可以安稳地坐下。只有她，在一条没有着落的沉重迷途上。

孩子出生的那一天，疼痛和慌张突然地降临。

天和地都翻了个儿！萧红只记得马车在疙疙瘩瘩的路上颠着，好像一直颠了一夜……

马夫吆喝着马。

萧军吆喝着马车夫："快！"

医院里有恶劣的气味儿。医生是男的，脸长得像一条黄瓜。

孩子的哭声很大，哭得如同一只清脆着急的蛤蟆。

孩子出生的那一刻，她感到自己终于飘出了一个又老又硬的躯壳。护士说是个女孩。

她匆匆地看了一眼，头发很黑。

"你不能出院！交了钱才能办出院。"医院的人高声叫喊着。所有的产妇都望着萧红的床。她的脸比枕头还要惨白。

从东兴顺旅馆到市立医院的这张病床，难道她的命运簿上是写明了：她注定是一个被扣留的人吗？！

非常虚弱的萧红在病床上躺了三天之后，头痛、胃疼、低烧，一起紧紧抓住了她。

医院走廊里的灯永远亮着。萧红在深夜里听见了婴儿室里孩子们的哭声。有时候哭声是零星的，有时候仿佛是成千上万。那婴儿室好像夏季里村头的大水坑，蛙声一片。

她已经让萧军去问问朋友，有没有想收养孩子的，把一个蛙虫大的孩子养成人，在这个世界上再承受新的苦难，她没有那个能力。

医院里的人每天早上都要奔萧红而来："你的住院费什么时候交？"

萧红用两只手的食指和中指掐着额头，额头上已经掐出了三排菱形的暗紫色印记。她死去的母亲病在炕上的时候，总是掐紫了额头，说可以解头痛。

她无言地对着天花板。

"你丈夫不是天天都到这儿来吗？天天来，都没看到他筹一点钱来，再拖，你的药也要停掉！"

揣着两只热鸡蛋，萧军赶到医院，他的破皮鞋更加破，更加磨着脚踝。

护士说："你太太发烧，热又高了，整夜都坐在窗口，不肯回到床上去。窗口的风太大了。"

"没有吃药吗，医生没来看看吗？"

护士正等着这句话："药停了。没有交钱，哪有药吃！"

萧军一直走进病房。她正坐在窗前，像一副拼凑起来的骨架，皮和肉也冰冷雪白，她的眼睛已经没有光泽。

"我这下快死了。很快，拖不了多久，不用去买毒药，也不用跳到江里去，闭上眼睛就死了。"萧红对着天空说。

萧军用手去关窗："死什么！要活着，要活得比别人好。医院里的人是不是也催逼你，跟你要钱了？"

"哪里有钱呢？"她望着玻璃窗外的天空。

停顿了很久，萧军说："顶多，我请他们把我送到大牢里去，蹲它两个月，能抵上这两个礼拜的住院费吧！总有办法的，找钱是我的事儿，你只要把病养好，打针，吃药。"

"不，我会死的，很快就会死，一点罪也不遭，就死了。省得再拖累你。"她伸出手，那手是滚烫的，是火之手。

萧军一下子撞开了医生的房门。

医生留着洋式样的小胡子，正在下围棋。

萧军抬起手，把木头棋盘和玻璃棋子全部掀翻在地：

"为什么不给病人治病？！"他的声音大得吓人。

"你想干什么！有你这么粗野的人吗？你家里人的病，我这儿看不了，没有药，你另找一家医院吧！"

"我说出院的时候，你们不让。现在病人到了这个地步，又说换医院了。今天你们要是不给她吃药，她死在这个医院里，我就杀了你！杀了你全家！杀了你们院长，院长的全家！杀了你们医院的所有人！！"

他吼得遍地的玻璃棋子都颤抖了："现在，你就去给我看病去！"

哆嗦的手，拿了针盒和药瓶，医生踩着棋子出了门。

紧跟着医生进了病房，萧军就感到头晕，之后就昏伏在一张带血腥味儿的空病床上。他要杀要砍地吼过了，而他的肚子是空的。两只热鸡蛋已经压碎，口袋里全是蛋清和蛋黄。

"这个人是不想走了，就这么住在医院里吗？"

"她躺在这儿，过节我们也要留人加班！"

窗上已经结了薄霜，中秋节马上就要到了。医院里的人怕杀怕砍，只敢拥在病房门外，低声议论。

萧军踢着鞋上的稀泥，对萧红无奈地说："还是没能找到收留孩子的朋友，大家都没有这个能力……钱，更没有找到。"

"我想，把孩子放在医院，跟他们说，等有了钱再来接孩子。"萧红对着萧军说。

"这件事你……要想好。你说了，我就去办。"

"想好了，只有把孩子留下，他们才能信。"萧红转过身去。

"小孩！你不要了吗？"医院里的护士们吃惊地望着她。

"不是不要，等有了钱……"她回避着惊奇的人们。

孩子！这个孩子出生前后，带给萧红的全部都是苦难。孩子是旧生活的一段。孩子是绳索，磕绊着她，落了满身的伤痕，她没有一点心力去做母亲。

孩子留下了。开始，不知道伤心。后来，才不断地想到她。我连一个母亲都做不了……

到我死的那一年，她是八岁。正是上学的年龄，不知道她能不能读书？还在不在人世？

## 三

"爷们儿，天冷呵，快点跑！连马也稀罕热乎，也稀罕出一身透汗，痛快痛快。"秋风里，一个摇晃得像一只"扳不倒儿"的车夫，守在医院门口，萧军扶着萧红上了车。

马车夫为了五角钱，把他的马赶得飞快。

飞快！市立医院的阴魂，远远地淹没在晚上的雾里。

萧红小声问萧军："你是怕医院里的人追上来吗？"

萧军张着嘴，眼睛一直望着前面，他没有说话，只是点着头。随着马车的奔跑，萧军结实的身体也夸张地颠着，似乎他是骑在快马的鞍座上。

过了十来条街，马车的速度慢下来，但还是在跑。

萧军回过头，上下地打量着萧红：

"你梳这么两条小辫子就好看了，像个小姑娘。今后，我看看，还有人敢欺负这个小姑娘吗！有十个，我打退他十个！"

马车顶着秋风跑，马脖子上的铜铃响得快活。

他把她的一只手拿过去，包在自己的围脖里，他的大手在围脖以外，像核桃的硬壳，握紧了弱小的一团手：

"你钻进过火炉子里头吗？"

"钻过。现在我不是就在火炉子里。"她轻摇着不全属于她的手们，像微小的树叶一样说。

"对，就是火炉子！包着一个孩子。是谁把这么聪明的孩子送给我的呢！"他更加箍紧了他的"火炉子"。

她的手不仅热，而且疼了。

"这就是我想要的，我要的！"萧军放大了声音说。

马车夫侧过头，居然问："老爷，你要什么？盖腿的皮褥子吗？还早两天，才秋分啊，等到寒露，车上就预备皮褥子了，狗皮的。"

他们两个哈哈地笑了，笑出了眼泪，笑得眼前灰尘蒙蒙的哈尔滨，也水汪汪的。


风吹着花门帘，那门帘像飘动的灰蝴蝶，扇着活的翅膀。

一进门，他们两个就紧紧地抱在一起！


其实，借住的小房子，比医院的病房还要冷，像一只收拢着风的小风罐。

"冷吧？"萧军对着萧红说。不等她答话，转过身就要出门，"你等着，我不会让我的孩子冷的。"他又回身从手提箱里拿出了旧脸盆，走出去。一会儿，他扒了主人家的半盆火炭回来。火炭里还埋进了三个土豆。

萧红不仅冷，而且一直浑身不舒服。她偷偷试过额头，低烧并没有退，胃里像沉坠着尖利的石头。但是她没有说出来。她用笑，捧着他们两个人共同的好心情。

天黑了。他们吃着土豆，烤着火。炭火烧燎着土豆皮的香气，满屋子飘着。

萧军从炭火里取出第三个土豆，轻轻地在盆边磕着。他抬起眼睛说："一吃这土豆，我就想起我老家来了……"

在炕上盘起腿，萧军给萧红讲了他辽宁乡下的老家。讲了他家门前垂着的大柳树和青翠的远山。讲他家乡河里的鱼，讲他孤身一人出门漂泊、习武、耍剑、当兵的故事。他一直讲到流落哈尔滨，住在最低等的旅馆里，讲到给《国际协报》定期写稿……

"后来就见到了你……哎？"

他突然停下来，用手拨拉着炭火。他发觉第三个土豆已经不知不觉地被他一个人全吃掉了："啊？我全吃了！这第三个应该留给你吃！"他加紧地拨着火，好像还能从火里拨出第四个土豆。闪亮的火星跳到他的手背上，"男人真是自私，不知不觉就都吃了，守着自己的孩子，怎么能把吃的都填进自己嘴里呢！"

他光着脚跳下地，说要再出去拿两个土豆回来。

萧红叫住他："别拿了，人家早都睡了。再说这炭火快灭了，烧不熟土豆。"

萧军拍着自己的头："真是！怎么光顾了说，光顾了吃。明天，我给你买包子吃。外国包子可好吃了。咱们睡吧，再不睡，鸡都要叫了。"

手提箱里只有一条棉被和一只小枕头。

"土豆我吃了，枕头是你的。"萧军到底光着脚，跑到月色白亮的院子里去取他的枕头。

他的枕头是一块白茬的椴木桦子，外面包裹上了他的那条补丁裤子。

吹了蜡烛，她不靠近他。她说她的腿太凉。

"你的腿太细了，精细的腿，血就运不上去，肯定冰凉。你靠着我吧，我天生就是一件'火龙衫'。"萧军说。

炭火还有一团余光，照在糊了花纸的吊棚顶上。

靠着他，萧红哭了。没有声响，但是他摸到了咸的泪水。

"你怎么这么容易哭呢？女人都有这个毛病，你的大眼睛不能挡住眼泪吗？可能你刚才喝了太多的水吧？"他想逗她笑。

两分钟以后，他就睡了。他的头枕在木头桦子上，立刻就能睡。

现在，只有萧红一个人。她把过于软小的枕头，抱在胸前，垫住了胃。

这就是她要的男人吗？

在呼兰河的家里，在热得发烫的炕上，她曾经和别的女孩子嘤嘤地交谈。她们分别想象着和一个什么样的人结婚。

他有宽厚的肩膀和有力的手。想做的，他毫不犹豫就去做。他的人和他的小说，灌满了热情。他绝不是把棉袍子下襟掖在腰带上的车老板儿，不是穿着哆嗦的绸衫，用虚伪的眼睛应付人的少爷。他有新的思想，他珍视着女人，他热爱文学……

她想要的，已经没有其他了。

她要爱他。她的爱是没有用过的，新鲜的，超过满满一盆新的炭火。

屋主人的孩子趴在门玻璃上。灰尘蹭黑了拳头般的小脸。孩子趁着萧军开门的缝子，探进一只手来，扔下了五元钱："我妈让给你们的。"

借住的房子，没能住上几天，便不能再住。

这五块钱是客气地打发他们走。

因为关系恶变，萧军在《国际协报》的栏目也停掉了。他们要马上搬离这里。

"走吧，我们去住旅馆。已经问好了，名字叫欧罗巴。俄国人开的旅馆，很干净啊。"萧军站在门口，花布门帘，已经给他摘下去了。

"住旅馆？我们有钱吗？"萧红问。

"有钱，够住旅馆的了。你拿脸盆，我拿箱子，我们走吧。"萧军拍着空荡荡的口袋。

萧军知道，他的口袋里只有孩子塞进来的五块钱。五角钱坐了马车。还剩四块五。

住进欧罗巴旅馆的那一天，萧红的腿一直都在颤抖。爬上三楼，她的心像一层被雨不断打湿的窗户纸，几乎要穿破了。生过小孩以来，她一直弱得禁不住最小的风。

房间是雪白的，桌布、床单、枕头，白得像医院。萧红进了门就倚靠在床上。虽然累，这么白的房子却让她惊喜。

萧军兴冲冲地在房间里走来走去："嘿，咱们也能住上阔旅馆了！你试试这软床，"说完，他就一个翻身，躺到那带弹簧的床上去了，"你看，草垫子下边儿带弓子的！"

"快下来，好像有人来了！"萧红的话还没有说完，门被敲开，俄国茶房来了。他说着僵硬的中国话："一个月，包租六十块。一天，两块。"

萧军从床上翻下来，从口袋里摸出了两块钱。

茶房的眼睛盯住那干瘪的口袋，不恭敬地说："六十元，明天的交。"

萧军把两块钱扔在桌子上，不再理他。

俄国茶房提高了声音，用怪声怪调的中国话说："明天，没有，你，就走！"

"我不走！"

"不走，把这个，给你，拿出去！"茶房笨着嘴，指着他们放在地上半开着的箱子。

萧军抽出枕头下面包着长剑的纸包，从后面顶住了俄国茶房的腰："你走不走开，小心我宰了你！"

茶房听懂了中国的话，抽走两块钱，飞跑出去。

萧红团缩在床上，她的心里充满了怕："明天我们走吧！还有两块钱，怎么能住得起旅馆呢？"

"走？偏不走，就住在这儿了。他们敢怎么样！"

走廊里没有声音了，心渐渐平静。萧红把房子里的一切都抚摸过。萧军高站在床上，扑打着松软的大枕头："软的枕头我不喜欢，没有木头梆子好，软枕头睡了脖子疼！"

没有听到走路声，房门却又被敲开了，一个中国茶房进来问："租铺盖吗？"

"租。"他说。

"租铺盖，每天外加五角钱。"

"不租，我们自己有铺盖。"萧红马上说。

没一会儿，一个高高大大的俄国女茶房进来了，风似的把全部白色的床单、桌布、被子、枕头都扯下去，抱在宽阔的怀里，走出了门。

差了五角钱，雪白的房子完全变了。肮脏的黑木桌子，胖胖变形的草垫子，都暴露出来。他们只有坐到草垫子上。萧军站起来，取那条旧棉被的时候，发现他们两个人的裤子上都挂上了干草秸。

晚饭是黑面包蘸盐面儿。

吃了晚饭，门嘭地被推开！

穿着黑衣裳，挂着枪的警察直扑向萧军，把他那赤裸着的、还滴着洗脸水的双臂，胡乱地扭到背后去。

127

"交出来！你的枪，快交出来！"一个警察翻着箱子，另一个掀开刚刚铺在草垫子上的被。萧军低着头挣扎着，嘴里不断地骂。

萧红全身都抖着。她躲到床和墙壁之间的窄缝里去："你们要干什么？"

警察听都没听她的话。他们满床地翻扬着被子和枕头。

被搜到的是报纸卷着的一支剑。警察有些发愣：

"茶房说你们私藏枪。"

"什么枪！就是这把剑。好哇，那个老毛子茶房，我饶不了他！一卷报纸里的剑，把他吓成那个熊样！"萧军挣脱开，自己揉着手臂。

中国警察还是带走了剑，临走又指着萧军说："算你命大，要是日本宪兵队看见这把剑，可没有你的好。说你是大刀会，点了你的天灯！"

"我怕……"萧红小声地对萧军说。

"怕什么，你还说什么恶的人生呢。人生不就是这样么，要怕就活不成，想活就天不怕地不怕。睡吧，明天早点起来找职业去。"

说着睡，萧军马上就能睡着，而萧红却又失眠了。

两块多钱，只能过到明天，后天怎么办，搬到公园的长椅子上去吗？地上的水洼，已经结了薄冰，这个季节，住公园，要冻死的。

他睡着了。她的身体还是忍不住地抖。她想，冷是世界上最可怕的。如果能钻到草垫子下面去，如果全身都被草包住该多好。她想到了呼兰河边的麦草垛……

天一次又一次地转亮。天是不知道累的。

萧军跑出去借回来的钱，维持了几天。在立刻就要没钱的时候，他竟然找到了一个职业：每天跑十五华里路，教两个男孩学武术。这份武术教师的职业，刚刚够交房钱，肚子还照顾不到。

早上，天还黑着。萧军爬起来，揉着眼睛，吃着萧红买回来的一块黑面包。

端着刷牙缸,里面是冒着热气的开水,萧红从一楼跑上三楼来。萧军的面包已经快吃完了。他停下来,鼓着腮,对着萧红说:"喝开水,也能抗饿抗寒的。"

但是他嘴里的动作却没有停止,又把最后的面包送到嘴上:"吃得太快了,把你的一半也吃了。晚上我领你下饭馆儿去。"他从嘴里把最后一小块面包拿出来,推到桌子的另外一边,一直推到他的手够不到的地方。

萧红望着他的样子笑了,看着他拿起了棉帽子,她说:"你要出去挣钱了,该吃得饱一点儿。没有钱,下什么馆子。"

"下馆子,吃完了,拍拍屁股,就齐步走。这年头,还能眼看着给饿死!"萧军拍着棉帽子上的灰,拍得异常轻松和欢乐。

萧红送他出了门,一直送到一楼的大门口:"我已经写信给女中的老师,向他们借一点儿钱。"

他饱了肚子,走了:"好好在家等着我吧。"

吃了那一小块面包,萧红就趴到床上去。一个人坐在屋子里,比坐在雪地里还要冷。以后的事情就是等着萧军回来。也许有一点儿钱,也许有热包子,也许有一小包瓜子。只有一样是肯定会有的,就是他的"火炉子"。

胃疼一直隐隐约约地不离开她。没有药,只有把枕头顶在上面,枕头里面包着热的刷牙缸,透过一些稍微的热,暖着她的胃。

夜里,萧军说:"明天礼拜日,不工作就不用起来,趴在床上也省得吃东西,我们睡一天。"

睡一天也是苦难。早上,萧红准时醒了,躺了很久,终于四肢像生了虫一样不能忍受。她知道是因为饿。

轻轻地起来,开了门。在朦胧的晨光里,她看见旅馆走廊里,别人的门上都挂着面包圈，一只只乳白晶莹的牛奶瓶也站在红地板上。麦子的香味儿，无边无际地弥散在好像忽然美丽的世界上。

她想到了偷！只要偷到了一个面包圈儿，她就能维持着蒙头睡上一天。

我是因为饿呀，不是"偷"。她对自己的手说。

门，半开着，门里和门外一样的朦胧寂静。她，横跨着门槛，"偷"这个字，在心里急速膨胀着，巨大无比，凶险无比。

下了三次决心，她终于没有走出一步。

**做人，我不能容忍偷！**

把门重新掩好，悄悄地走回屋里。

现在，压制饿的办法，只有喝一口水。水是冰冷的，要在口腔里温热了，才敢咽下去。

非常轻地，她再爬上床。萧军翻了一个身也吓得她心跳。"偷"的念头，使她恐惧。她恐惧任何一个人。恐惧灯和凌晨的光，恐惧门把手儿，恐惧麦子的香气。好像它们都知道她是曾经想过偷的。

纯洁地饿着，一动也不动地饿着。等待萧军奔忙了一个礼拜的身体醒过来。他也许在中午就会爬起来说，我的孩子，梳光溜了你的小辫子，咱们吃包子去！

她的职业就是饿和等待，还有间歇的胃疼。

真有职业的人回来了，带着全哈尔滨城的煤烟气味。有时候，他脱光了上衣，在地上比试着马步，他对自己说："小子，有章程，能赚钱养家了！"

也有的时候，他捏搓着旧棉帽，灰暗着脸："哪能有一场仗打呢？真想上战场去，杀呀，拼呀，痛痛快快地。这算什么日子，中国人就为了解决饿而活着？怪不得日本宪兵队穿着皮靴子，那么威势！

大扁脸,小眼睛。那些日本鬼儿,都是这么丑!真不该这么活着,有能耐的小子,就上战场去!"

说够了,他爬上床,去爱他的"孩子"。

孩子也并不很禁得住爱。她在爱的末尾,都是要哭的。要说她睡不好觉,胃疼,头疼。她的脚比冰还冷。

他没有更多的办法劝慰她。他只是说:明天就好了。

"明天有什么?"她问。

"明天我们两个还会在一起。"

"那今天呢?我们就不在一起了?"

"今天要睡了,好像一只秋天的瓜,熟到裂成两半。"

她心里,还在许多委屈,还有一半的哭等候在嗓子里,但是说完了瓜,他就已经睡着了。


新雪摩擦着旧雪,街面上比镜面还要光滑。

街上,就是堆满了要命的刀,他们也必须出门。

中国茶房紧守在房门口。他说,不交上房租,就把他们的箱子拎到马路上去。

"我们现在就去拿钱,好吧?马上就走。"萧军说。

茶房盯着他们,一直等待着萧军拉上萧红,走到风雪的下午里。

"去哪儿借钱呢?"萧军拉着领子问。

"去女子中学吧。"萧红说。

"你不是连女子中学门前的那条马路都不想经过吗?"

"能搬到街上去住吗?"


校役还认得萧红。他的小眼睛上下看着她的咖啡色棉袍,他说不准,她这么落魄的样子还回学校来做什么?

"教国文的先生在吗?"萧红问。

她听见身后几个扎着红头绫子的女学生在议论:"这人找谁?"

"你要等,先生们都在开会。"校役很委婉地示意她不能再向前走。要等,只能等在传达室门口。

"什么时候能开完会呢?"

"现在不到五点,怕要等到七点吧。"

萧红的手摸到了大门上厚厚的冰霜。呛着风雪,她又走回了灰蒙蒙可怕的傍晚。这个世界是一个一声不吭的冰渊。

远远地,等在大树下面的萧军在叫她。她几乎不想走向他。没有拿到钱,人的眼前就没有路。

这么快是不可能拿到钱的,所以萧军什么也不说。拉紧了目光茫茫的萧红,沿着来路默默地往回走。

"都说天无绝人之路,我们现在这不是站在绝壁上吗?"她停下来说。

"我就是你的天,我们互相依靠着吧。"

磨电车轰隆着,头上摩擦着绿色的鬼火。车厢里是温暖的橘黄色灯光。车窗上的霜雪,遮住了灯下无限幸福的人们。

前面,车灯映出了一大片冰面。萧红抓紧了萧军:"我不敢走,我肯定要摔的。"

"你拉着我,肯定摔不了。我们一定要走过这片冰。"

结果,两个人都摔了。

冰,比钢铁还要坚硬。萧军笑着,他说摔了才更结实。他帮萧红扑打身上的雪:"摔疼了哪儿,是尾巴根儿吗?是腿棒子吗?"

缩紧了疼的身体,回到旅馆,幸亏没有碰到讨房租的茶房。萧军说冲一热杯子水,给萧红暖肚子。可是玻璃的瓶子见了滚热的水,立刻炸掉了底。

热气下的地板,一片碎玻璃。

"明天怎么办?"她揉着青紫了的膝盖说。

"明天交给我了,我会有办法的。"

萧军从外面回来,他早看见萧红故意躲藏在桌子下边。他装作出门去寻找。萧红笑着钻出来,她向他要脚下的鞋。

鞋里面磕出许多雪沫儿。

"你要做什么?"萧军问她。

"画你这双鞋呀!"萧红拿出纸和笔,"我要参加赈灾画展。今天出去,遇见一个女中写生小组的同学,她们要办画展。这下,我有事干了。"

"你要干大事业了!赈什么灾?"

"今年夏天松花江的水灾呀。"

"中国的灾,赈得过来吗?东北人最大的灾是日本小鬼子……"萧军甩着湿淋的袜子。

"小声点儿,对门住着,也许有日本鬼子。"萧红阻止他。

"日本鬼子!日本人我就怕了,我真想上盘石打游击去。"

崇尚武力的人说完就又睡了。萧红一个人坐在加了纸罩的灯下画画。

这一天,她一直兴奋着,因为等待萧军的棉鞋,她才没有动笔。

她要画一幅静物:一只"杠子头",一双破旧的大棉鞋,而且要画得十分真切。

无可选择,饥和寒,就是她的模特儿。

## 四

我能活过这个冬天吗?

旅馆租不起,到大街上露宿吗?

隆冬日渐逼近。望着欧罗巴旅馆开在天花板上的窗口,萧红独自对着眼前凛冽而过的冬天说话。

一整天,又一整天的日子,无限漫长。她像一个不会走路的、没有思维的小孩等待着大人。大人能带回吃的来吗?

"好消息!好消息!"萧军像一阵大风呼啦啦地吹进了门。

一进门,他就抱住了萧红:"咱们有家了,有房子啦!不要钱的,免租的。广告,那个广告!"

一个十二岁的男孩儿的父亲,看了萧军登在报上的广告,决定让孩子投师习武。学费,就是为教师提供一间住房。

带着欧罗巴旅馆里草褥子上的干草刺儿,他们在风里搬家。

"远吗?"萧红抱着脸盆,夹着她从"赈灾义卖画展"上取回来的画儿,追赶着萧军阔大的步伐。

画,是没可能卖掉的。

有钱的人,更稀罕扑扇着翅膀、光着身子的天使,更稀罕横握着砍刀的红脸关公。有什么人会在年关将近的时候,买一幅杠子头破棉鞋!杠子头不能吃,连热气也不会腾发,破棉鞋上沾满了泥和雪。

但是那画,已经被人夸奖过了!

萧红亲眼看见几个高个子的青年学生,站在她的画下面指指点点。她没走过去,只是远远地听着。"这是真正的普罗大众的!"那手指尖已经快点到那双棉鞋的跟儿了。

这一句话,使她的心里暖了好几天。

她要把它挂到新家里去。

教堂尖顶的钟,突然低沉地震响,传布着疼痛的呻吟。沉沉的天空和苍黑的街市都感觉到了。

一个神父打开教堂的门。路人们看见,耶稣高悬在一片烛光之上,他的脸上,有着鬼的斑影。

杠子头和破棉鞋可能只有耶稣肯买,而他本人正挂在十字架上,两手流血。据说,他在劫难逃,并正在替万人受难。

"还远吗?"萧红紧跟着萧军,她赤裸在风里的手快冻成红红的胡萝卜了。

一队日本宪兵踏着高筒皮靴,从街对面走近。漫天掀起了灰的雪尘。

萧军终于停在了一个带门洞的院套前。进了铁门和长廊,黑洞洞的一扇房门打开,空旷而暗。

萧军说:"进去吧。"

"到了吗?"

"到了,咱们的家。"

这就是家吗?萧红的腿,一听到家就酸软着想坐下来。她把手垫在胃上,缓和着因为饥饿带来的响声。借来的铁床好不容易才塞进了门。萧军抻了抻短衣领,又出了门。

一会儿,锅碗瓢盆、米和木桦子,都给萧军弄回来。小屋里湿淋淋的一地,突然摆满了一个家。

"哪儿来的?"萧红拿了一块冰凉的抹布。

"买的,破烂市儿上。"

"不过了?买了这些,就没有钱了。"萧红愣着,望着它们,好像能说服萧军把它们再退回到破烂市场上去。

"豁出来了,就是过一天,也要像个家样儿!什么家什也没有,那是兔子钻草窝。"

火,跳荡舞蹿,衣缝里再无分文的两个年轻人,第一次坐在他们自己的家里,吃着自己煮得不干不稀的热饭。

什么时候回来?守在门口,萧红问。

什么时候回来！追到门外，萧红喊。

每一天早上，她都要重复这句话。送着萧军钻进冬天的风里。看着他的耳朵在早晨的风里透明着，看着冷气在门背后打着呼哨儿。

他走了，家里就骤然清冷。炉火将死，窗上结出更斑驳的冰花。她从心里往外散发着冷气。

大院里，走动着忙碌的木匠和油漆匠们。这条小街上集中了一些手工艺匠人。油漆味儿，刨木花味儿，黄豆油爆葱花味儿，交替着飘过。萧红看见他们戴着农民的四耳朵帽子，头上腾出热气，笑着，仰开了赤红的脸。

那些工匠们栖身的矮棚子里，生的是什么火炉子？吃的是什么饭食？是什么样的火和米，让他们心里生出这么多轻松与欢乐？

而她的心里一直疼痛开裂，那是一条不能再缝合的惨红的口子。她想再画画，可是没有笔，没有纸，没有心情。

只有冷。

他回来的时候，耳朵已经冻脆了。萧红赶忙迎上前来。

"别碰我！别碰耳朵！"萧军缩着肩，躲着萧红的手，"冻硬了的耳朵一碰会掉下来的！"

萧军在地上咚咚地跳脚。裤腿下口沾满了白雪，萧红帮他把鞋扒下来。

如同摔打着两条长冰袋，她在门上摔打着他半湿半冻的长袜："天都黑了，你怎么才回来？一出去就是一大天。"

"一大天也不顶个屁事！一分钱也没挣着。"

"今天不用怕，米还有一点儿。"她马上到炉火上去弄锅，锅里装满了带冰碴儿的水。

"又是稀粥，这么冷的晚上喝粥，"萧军憨笑着，"你就预备好尿盆儿吧！"

他回来，家就是活的。他遍地行走，扑动着蜡烛的光弯曲、颤抖。

火一动，房间里的一切都在动，床和喝水的杯都在动。万物一动，就有了活的气息。

一整天，她就等待着他回家。提起心来，她望着他那带着雪气的脸。

他也许气闷着回家，鞋摔在地上，赤着脚在地上走来走去地骂有钱人。他像个忧愤的街头抗议者："人呵，就是自私的东西！为了一个饭碗，为了掉了碗碴儿的破烂饭碗，三尺的汉子也要低头！他妈的，中国人呵……"他的火是朝着一切发出的。但是最后，他说："南岗那个人的武术不教了！笨手巴拉脚的，人也没个骨气，他要是学了武术，还不得帮着日本鬼子打中国人！"

穿上玉米叶编的大傻鞋，萧军指了指隔壁："到点儿了。"他要准时去给隔壁的小男孩儿上武术课。

"光着脚，多不好。人家的家里是有小姐的呀。"萧红叫住他。

"我管他小姐不小姐，小姐还能不让人长一双脚吗？"

米泡在锅里，还没变成粥。萧军饿着就要去操练。一边走，他一边回过头来说："快点熬粥，看住了火。"

**我就是这么一个小主妇了吗？**

**不能这么活着，这么活着，只能算饿猪饥狗！**

但是，这话说不出来。

萧军也会马上回问："我呢！我不也是一个为养家糊口奔命的小男人吗？我不也是饿猪饥狗吗？！"

为了两张嘴，他们拼着命地活着。爱是可以拿起来，放下去的。饥饿和寒冷都放不下，它在生命的入口和出口扼紧着你。

从产妇病房出来以后，她的身体一直没有恢复。头在疼，胃在疼。到了晚上，又增加了咳嗽和失眠。

天已经朦胧地黑了。她呆坐着，忘了做饭。炉火只剩了灰烬，窗上加紧地结出了孔雀羽毛般美丽的花纹，细幽而妖美……

突然，隔壁主人家的钟响了，她才突然惊醒过来：他马上就要回家了，而屋子还是冷的，炉子已经快要熄灭，锅也已经冷了。她慌手慌脚地去弄锅，慌手慌脚地去生火。

炉膛里的灰，用力一吹还能见到火星，但是没有纸，没有刨木花。手腕粗的木桦子是生不起火来的。她想和邻居借一把斧子。

她走到门口，听见隔壁有日本人在说话，马上止住了脚步。

她向院子里一个木匠讨了一盆刨木花儿，宝贝一样地跑回来。进了家门，脸上还挂着对那木匠的微笑！

**我就是一个小主妇了吗？为了一盆刨木花儿也乐颠颠的小主妇了吗？！**

北风猛力地抽着炉膛里的火。火的嗓子，在炉筒里呼呼地响着。菜刀、小水壶、小锅和两只粗瓷大碗，使她的周围热闹了。她再没有空闲的心去想小主妇。顾了火，又顾不了锅里。

当一个小主妇容易吗？她没有丝毫的准备与能力操持家务，甚至没有足够的支撑自己身心的力量，至少，这个家的一少半要她支撑。

饭在锅里了，她到走廊的黑暗里去等萧军。

隔壁的厨房传出了炸着肉末儿酱的香味。菜刀切面声，炸锅声，捞面声，井然有序地被主人家弄出来声，再传出香味儿来。

铁门响了。

不是他的声响。

萧红急急地想躲回她的小屋。随着冷气，一团香味儿叫住了她。是隔壁男孩的姐姐，带着绿耳坠子的小姐。

"又在等你的先生吗？真是美满的一对儿呀！你们怎么也不出去看看电影？我刚看完，胡蝶主演的新片。那才真是罗曼蒂克呢！"

看电影，是一种妄想。

138

现在，男人还是没有回来。他回来也是吃粥，之后是准备尿盆儿。他睡了，还是要剩下她一个人胡思乱想。

铁门又响了，门外传来有力的脚步声，是萧军。

"门口的水是不是你泼的？"一进了门，他的脸就绷着，"冻成了一片冰，我摔了个大仰八叉，这叫什么人家！出了门就泼水……"萧军摔打着身上的冰雪，"是不是你干的呀？"

"是我吗？我……是泼了淘米水。一出门就端不动了。"萧红结结巴巴地说。她的鞋尖儿上湿着，刚才也被自己的水泼上了。

"一想就是你干的，摔得我尾巴根儿还疼。这是什么媳妇，不会做饭，不会生炉子，连水也不会倒……天下女人都是废物！"

"女人怎么了？！"萧红停住了手里的活儿，用很大的声音迎着他。

不是一回了，他当着她的面，贬斥着女人。她在心里记恨着。

"别说了，我……烦！"萧军说。

"你烦！我就不烦！"

这顿盼望了一天的热饭，谁也没吃，炉火一点点儿熄灭成灰。

失眠，是她一生中最大的敌人。身边的萧军已经带着他的女人理论睡着了。眼泪流下来也是冰冷的。一天连着一天，哭距离她很近。虽然她压抑着，但是眼泪的来路太顺畅。她知道她早就不是娇小姐了。没什么可哭的。但是哭已经闯出了门，退不回去的。

这是什么生活呢？有了爱，爱时而靠近，又时而走远。除了爱，别的什么也没有，她是一个守着凄凉之家的小妇人！

他能走，我也能走。我凭什么闷在家里。当他的使唤丫头吗？！我也要自由自在。

这么想了，就出了门。萧红一个人走在大街上，没有方向。

139

先是去了江边。江水已经完全冰封，一片雪白。辽阔的松花江河谷吹着浩荡无比的风。江是好的，但是太寒冷。为了躲避江上的风，萧红走进了一片民宅之中。

在路边，她看见了一块平展展的大青石。再抬头的时候，迎面就碰上了女中写生小组的王小姐。已经没法躲避了。

因为是女中的好朋友，萧红对她说了自己的处境。王小姐说，她有一个有钱的姑母，萧红可以去她姑母家住一段。

"他们家的人都是很热情的。"

萧红的犹豫，使王小姐的邀请更加热情。王小姐告诉萧红：她姑父在法律界做事。家里做饭有厨师，有下人包管家务。萧红如果去那儿住，晚上只要帮帮两个孩子的功课就行了。

萧红迟疑着。

"现在，我就带你去姑姑家。"

糊里糊涂地跟着王小姐进了门，糊里糊涂地任凭别人介绍着，之后，又糊里糊涂地坐在餐桌旁。餐具不知道是不是银的，很沉实，拿在手上似乎很艰难。

晚餐是丰盛的，鸡汤冒着热气，雪白的馒头像雪，深盘子里盛着肉。那家的男主人没在家，但是妇女们却有一群，年长的祖母，中年的主妇，年轻的少女。坐在那间布置整洁的餐室，萧红觉得十分难堪，手是短的，眼睛是低的。

"吃肉吧！不必客气！"女主人的彬彬有礼中好像带着一种天然的高贵。

吃过了饭，她就客客气气地告辞。

走到自由的大街上。脑海里想起了寄住在自己家里的有二伯，又想起自己在餐桌上的笑，感到十分恶心。那笑似乎充满了虚伪，充满了动物般的乞怜……她宁愿又寒又冷地饿着在大街上走，宁愿回到自己空空如也的家。回去做她的小主妇。

家门仍然锁着,萧军一整天也没回家。

吃过了的肚子还是饿的。

匆忙地做了稀饭,萧军唱唱喝喝地进了屋,呼噜震响地喝饱了肚子,两个人在薄被子上,压了全部棉衣棉裤,又温暖地睡下。


清晨,有白雾。

萧红出来买药。半个月前抓的三服药,最后一服已经被她煮过五次。

出了大药堂的门,她被街上的景象惊呆了!

两个僵硬的身躯,被两个穿黑大衣的人倒拽了腿,在坚硬光滑的雪地上拖扯着。那四只脚都赤裸,泛着铅灰色的死亡之气。尸体,僵挺,以一种特有的沉重,被扔上了一辆漆了号码的马车。

萧红把怀里的药贴紧在口袋里,裹紧了咖啡色的旧棉袍,身子向后躲。

尸体撞在车厢板上的声响,人群的惊奇声,使她停在人行路上不敢动。风无可抗拒地灌进怀里,不断地有更多的人在寒风中停下来,跺着脚,挤上去,争着去看那两具死尸的脸。

"认得吗?"

"不认得。"

收尸的人吆喝着围观者:"起啦,起啦!车轱辘压着脚指头了!"人们仍旧不散,他们脱下棉手闷子,向街面甩着黄脓的鼻涕。

"又拉走两个'死倒儿',咋死的?"

"醉鬼呗!这么冷的天,醉倒在马路上,还不冻死就怪了!一宿哇……"收尸的人踢着马路上的一只破酒瓶子底儿。

"鞋也喝丢了?"

"要饭的扒下去了吧?没看两'死倒儿'都光着脑瓜。棉帽子早扣到要饭的脑瓜上了吧,算临死前积德行善了。"

有一条破麻袋，被扔到了死尸的脸面上。马车颠走着，铜铃响着，车厢后面荡着无疼无苦、死去的脚。

人们散开了，小声地骂着满洲国。

地上只有踩得更脏更实的雪。萧红向前走了两步，看着脚下那块扑腾过将死生命的平坦地面，突然感到了巨大的恐惧。她又退回到了马路上面去，仿佛那地里能伸出手来，拉扯路人。

墙角，一个老乞丐身上裹着的草帘子，给他自己烟袋里的火星点着了。老乞丐干号着，在地上打着翻滚。身子四面蹿动着浓白的烟。

"有冻死的，有烧死的，今儿个街上挺热闹哇！"

"匀一匀不就好了！都死不了，天天都有戏。"看热闹的人又停下来，围着在烟中挣扎着的老人。

就在死倒儿随着拉尸体的马车还没走远的时候。

就在老乞丐扑腾着明火苗的时候。

就在萧红又裹紧了棉袍，她怀里的药冻透了心儿的时候。

一辆汽车响着笛，穿过人群。萧红看见一张瘦削的脸——一张死盯住她的脸！一道比铁锥和钢钉都冷酷尖利的目光。

那是她的父亲！

那刺人的目光，使她顿时挺直，直视着缓缓远去的车窗。勇敢，来得比光还要快。她迎住了那道冷酷不散的目光。那目光的凶利，是"十"，她的直视就是"百"！是"千"！

我还活着，活得很好！

石碑一般站着，屹立不动，她像一个无言的示威者。

汽车是逃了。她想。

萧红仍挺直着身子。她等待了很久，仿佛那车，那目光还会再绕回来，会再向她挑衅一次，看她一次。

寒冷和仇视，是无法打击一块石碑的！

可是，再没有汽车经过。

哭声响脆，如同一只小喇叭。一个女人被引领着，贴着地皮儿的风一样，女人的两只手不断地横扫着雪地。她是来寻死尸的。由于她，街上又起了一片混乱。

向着家的方向走，腿完全失去了知觉。完全是两条木桦子，膝盖以下僵死着。她的腿短了。

萧红低下头，腿还在。但是她看见了一双可怜而穷酸的腿。她迅速地用余光扫了扫自己的两只手臂和全身——一种悲哀，从她两眼的深处一下子升起——她看见了自己，这是一个穿着破旧棉袍的女人。这女人徒步街头，面色苍白，怀里鼓着两包药！

这哪里是一个二十二岁的娇小姐，这是一个破旧苍老的病老婆子！

父亲一定在笑。

他的笑从来都在牙缝里，在气管里。逃出家两年半的时间，她的父亲赢了。如果萧红不是穿着这件破棉袍，他绝赢不了这么多！

疼看不见。

冷看不见。

饿看不见。

心里的破败谁也看不见！

她想点一把火，把这件破棉袍子烧成灰。

"现在你有无数无数的钱，让你买第一件东西你买什么？"萧红趴在床上问萧军。

萧军说，他先买一顶皮帽子。

"我，要买一件红衣服，通红通红的。第二件，买一只手表，戴在手腕上。一伸袖，就闪闪发光的小圆表儿。"她把两个人脱下来的全部棉衣服又都压在薄薄的棉被上。

"女人，就是耽误事儿！真是怪，总是想打扮。棉帽子多实用，不冻耳朵。要不，出一本小说册子，端端正正地署上大名，摆在书店里。新衣裳有什么用？一伸袖就发光有什么用？晃眼睛有什么用？真是女人哪！"

"我就是女人，就是想要新衣裳！"她突然就哭了。

萧红的哭，太安静，眼泪大颗滚落，不能制止，哪怕有嘤嘤的哭声也好，哪怕号啕也好。只有寂静无声的哭，是骇人的，完全无助的。

"不说女人了，好不好？"遇到萧红的眼泪，萧军便束手无策。他只有用一双滚烫的手安慰着她。

然而她的心精致密闭，针尖也探不进去。

"有什么委屈吗？你想的什么？说出来。"

"什么用？！说了也什么都没有！！"萧红终于说了一句话。

萧军吹灭了蜡烛。他说，他要给她买红衣服，再配上红手套，再配上红皮鞋，还有手表，还有火勺，还有红肠，还有桦子，还有芝麻油，还有很多小说，还有马步上架，还有出拳要快……

萧军的幽默，也没有改变萧红的那个夜晚。她真想对萧军说，她看见了她的父亲，但终究没说。


夹着铅字味儿浓重的报纸，萧红把手抄在衣袖里，往家跑。她推醒了床上的萧军。

"晚了吗？"萧军马上掀开了被。

萧红让他看报上的一栏广告：电影院召用广告员，月薪四十元。

"什么广告员，净骗人！"他又躺下了。

"一个月四十元啊！"

"骗人的。一个广告召去一大屋子的人。我再也不上广告的当。"

"去看看怕什么呢？我们不是正没钱吗？有钱还说什么。"

"我不去。"萧军还躺在被窝里。

"你不去,我去!"

"你,自己去?"萧军的头,伸出了被窝。

"自己去!不出去,还等着职业来找你,我去!"

四十元,是谁都会看见,谁都会惦念的。

在那家电影院的门口,萧红遇上了一个画画的朋友,是办赈灾画展认识的。那朋友很兴奋的样子。说前一天已经被这里录用了,现在是来上班。

四十元是长翅膀的野鸽子,到处飞。萧红想。

画画的朋友知道了萧红他们的困境,就请萧红给自己做副手。算帮他的忙,两个人平分薪水,各拿二十元。

二十元,同样是闪闪发亮的。

广告室里油漆味儿扑打着鼻子。萧红提着一大桶红颜料。这个晚上,她要涂红一个妖冶女人的长裙子。

萧军在傍晚的时候回了家。家的门是大敞着的,连那唯一的一丝热气也放给了这个冰雪的世界了。

"我的孩子,你是不是太热了?进了腊月了,你还觉得天气闷热吗?"萧军乐呵呵地进了门。

没有声音。

"出来吧,我知道你又藏在门后了。快出来,这么开门,不冷吗?"

没有声音,门后没有人。

"床底下呢,我看见你了,出来吧!"

没有声音,天有些黑了。

他点着了蜡烛,屋里反而显得更黑了。

气愤袭上来:她真的为了那四十元钱,带着病,扔了家……去画广告了,人呵!都是这样,这要是给二百元,不是什么事都干了吗?

反正自己的家是个冰窖了。干脆,他也开着门,大步向着街上走。

电影院门前，一片黄荧荧的光。

手里拿票的人，多是太太和小姐。手上搂着巴儿狗。她们的腰上抵着男人的手，男人的肘弯里是文明棍儿。

看门的人烦着萧军："什么画广告的女人？早都走了，门都锁了。出去！出去！"他没耐心对待萧军，他只看见一个急匆匆找人的穷小子。

她没在家，没画广告，一定是在看电影了。

萧军守靠在电影院门口的长椅上，听着电影里的啼笑悲喜。直到电影结束，看电影的闲人散净了，他还是没有看见萧红。他气得鼓噪着，像转动着的电影机哼哼着，再往家里跑。

家仍然黑，仍然冷。

蜡烛没了，他就坐在黑暗里，揪抓着头发。她还能去哪儿呢？


而萧红，还在那间满是油漆味儿的广告室里。她把红颜料洒出了裙子的界线。洒在女人丰腴的胳膊的曲线里。

画画的朋友紧张地走过来："这怎么办？这张广告板明天就得用，弄上了红色该怎么办？要等红色干透才能压上肉色。等红色干透，天就要亮了！"

萧红感到头胀大着，喘不过气来。她的棉袍子的正面像流淌着血，亮光光地闪着一大片颜料。红色！惊心动魄地耀疼了眼睛。红色是最恐惧、最肆虐的颜色。

"老板肯定是放不过的，这下怎么办呢？"

走到漆黑无声的大街上，想这二十元真是很难得到。这时，萧红才想到了萧军。才想到现在是几点了。电影院开着灯的小门房里，只有一个人，披着皮袄，熊一样睡着。

天上全是寒冷的星星。

萧军的手里是一大瓶烈酒。

雪又开始飘了。他蓬着头，赤着手，穿着傻鞋走在胡同里。这样的晚上，媳妇都没了的晚上，只有打酒喝。他想。

胡同的对面，萧红带着两只小辫子的影子出现了。她在叫他，接连地叫。他拒不回答。她跑了，酒却随时都有。随时等在小铺子里。有了酒，还要她做什么？

"你不要喝酒！"进了黑的家，萧红说。

他端起了酒杯，一大口喝掉了半杯。

杯底刚刚落在桌面上，萧红就把它夺走，剩下的酒，全被她喝了下去。

在他们之间，一只空杯子，散发着酒精的气味。无形的火，在他们空荡荡的腹内燃烧着。

萧军去点蜡烛，他的浑身快喷出烟来了。

火头在飘荡。

因为酒力，他突然微笑着。他的脸和耳朵，都可怕地紫红："你看的是什么电影呵！"

"我什么时候看的电影，我能把你留在家里，自己坐在那儿看电影？我是一直画到现在呀！"

他猛地站起来，黑大的影子扑向了天花板，他比家还要巨大："你还有什么可说的，广告室的门都锁上了，钥匙我都看见了！"

她不再说话，酒力走遍全身。她望不准东西，说不清话，听不见声音。她好像飘在世界之上。

他还要说很多，但是浑身像喷着火苗的火球。他感到热。他开始脱衣服，开始唱歌："真凉快呀，我的孩子，快脱衣裳，咱们两个洗洗澡吧！"

他在地上滚着，嘴里一边唱，一边呕吐着。

她也扑倒在地上，她看见了一条光明，烛光膨胀成了火炬。她的身体丢了，不存在了。她跟着光明和那歌声飘浮，地和天都没有，只有一条光明。一长条光明，从她心里一直亮到空中。

他的歌声围着她："小妹妹，你看看……我的衣服，你盖上。画广告，挣大钱，有了职业，开门跑……连我也不要……"

她也想唱，但是她找不到舌头，她没有身体，没有舌头。只有光在晃。

第二天上午，萧军在发烧，萧红的胃在疼。

画画的朋友来了，说老板已经另外雇了人。

## 五

"我能写好吗？"萧红睁着大大的眼睛，望着萧军，像一个心里没底的孩子。

萧军坐在地板上，头顶着膝盖。他的手正连接着断成两截的鞋带。烛光跳荡在他的头发上，他有了黄黄发亮、带绒毛的头发。那带明亮绒毛的头发下面，传出了果断的声音："有什么写不好！"

萧红不说话了。她知道他会这么说的。是呵，有什么写不好？她心里，也跟着重复。

"我想写呼兰的那些人！"过了一会儿，萧红说。

他没有细听："反正报馆里的几个朋友都说定了，写了就发表。"

在风雪里跑了一整天，萧军被饥饿怂恿着，揭开火炉上的白铁锅盖："今天吃什么？"

"是面疙瘩汤。"她在铺满了稿纸的桌面上说。

"哎哟，我的孩子！连疙瘩汤都能做出来了，"筷子拿在手上，萧军在锅沿上闻到了面粉和葱花的香气，"比起我姐拨拉的汤还差了一点儿。我姐的疙瘩汤又小又均，那叫珍珠汤。你这个叫什么？棉花套子汤。"

"那你去找你姐，回你的老家碾盘沟，去喝你的珍珠汤。"萧红心里涌起一层不快活。她的手被炉盖烫出的泡，现在给笔磨得正疼。

"你呀，只能说好不能说坏，"他在炉前转着，他心里照样挺快活，"饿了，棉花套子也是珍珠。"他看了看萧红，她并不像平时，轻盈地走上来，把汤碗盛满，端送到他的手上。她正在纸上乱画着云彩卷。她要创作了！

男人必须自己动手，因为女人是能写作的。

萧军打开锅盖，葱和面的香味蹿满了屋子。

"快吃吧，快成面坨儿了。"他催着萧红。

萧红趴在桌前，眼神已经走到了呼兰的那些呼呼作响的大榆树下。萧军远远地看着她。她那种出了神地咬着笔的样子，让他怜爱。


两个人围站在小火炉边，稀稀地喝着发汗的面疙瘩汤。

"你应该写工人，写冒黄烟的大工厂，写劳工被欺压。"

"……可是，我心里一直想写一个地主，手里耍着蝇甩子，有一张长脸，阴狠蜡黄的长脸，"萧红停了停，"这个地主，我要他姓张！"说话的时候，萧红憋着气，她心里的淤积鼓动着。她想到了她父亲。

"拿一个地主当主角，那不好！姓张的也不好。好的作品，应该是受苦受累的人当主角。你写工人阶级当主角，外加一个地主做次角，就像你爹一样狠毒。"

"农民能叫工人阶级吗？"

"可以。我看一本书里说，无产者就是指工人阶级！工人阶级不一定非是工厂里做工的。我看，农村的雇农完全属于工人阶级。"萧军果断地说。

他的话鼓舞着萧红，她感觉她就站在呼兰河边上……一群群人向她走来……带着热的风冷的雨,他们两手空空地过来,两手空空地过去……男人那榔头一样的后脚跟,女人玉米叶一样的裤角儿,都在含着雨的云彩的下面,夹着声响走着……

没几分钟,热汤就喝进了肚子。萧红飞快地把两只碗泡进水盆,忙着去拿笔:"不行啦,我要马上写!"说完就伏到了桌子上。

很快,乡下的男人女人们都散去了……她去用手搓着衣服前襟上干了的面渍:"下回不做疙瘩汤了。你看,这么多面疙疤,哪儿都是,像个干什么的,出不了门啦!"

"小资产阶级呀,虚荣!你扯件破衣裳的后大襟,做个围裙。你看人家厨房里的大师傅,哪个不扎条围裙。"萧军穿上他的玉米叶子编的傻鞋,在地上踩实了脚,"你还是快点写吧。"

"我就是不想扎一条围裙。出出进进,油渍麻花的,写出来的字都是菜汤味儿。"萧红顶着他。

"女人,不能太要强了。明明是做着饭,还想外人看着像个甩手掌柜的?嫌沾了一身面疙疤!扎一条围裙能咋的,变成小团圆媳妇了?太要强了!"

"又是女人,你能不能少说女人!"

男人不说话了,他晃着头,去房东家教武术去。

现在,她才专心回到了她的故事里。

大片大片的荒草甸子……外祖父家的大青骡子,撒着欢儿地跑过来……五婶那只厚硬的手拉着她……身边有麦秆垛的干草味……又有野火燎着人皮肉的煳臭味……

一个悲凉的故事,在萧红的心里奔跑着。

结局是什么呢?虽然有了开头,但结局却更重要。过早地惨死而去?穷人没有第二个结局。

她的主角,是被姓张的地主压迫的农民。男人先死了,女人也紧随着而死。那女人正大着肚子，背景要一片暗红，是半干涸以后的暗红凝血。女人死的时候，逃脱不了血泊的哀号。

她感到生孩子的恐怖在逼近。坟地在逼近。

这篇小说，她要把它写成一根钢锥，扎疼人的心！焚尸。刺痛。流血。送葬。哭声。

萧红的第一篇短篇小说《王阿嫂的死》，在一九三二年岁末完成了初稿。主角雇农王大哥被张地主扣留工钱，气愤酗酒。张地主指使人点燃了他栖身的草垛。他被烧死了以后，另一个主角，雇农的妻子王阿嫂难产身亡，只剩下她收留的孤儿小环。小环的哭声和野狗的吠叫，在大平原上回荡……那就是小说的结尾。

手和脚都冰凉着，那薄薄的一沓纸，全让她给写满了！

"斗争呢？他们就默默地受罪！一声不吭地死了？缺一点斗争啊。看完了就像刮过一阵阴风。要写出斗争才行。我们是什么人？是最底层的无产者。再不反抗，就给踩到雪底下去了。"萧军拿着稿纸，黑色的人形在墙上摇荡。

"怎么斗争呢？拿土炮，拿铡刀？我写不好。"听完萧军的话，萧红糊涂了。她说她写的时候，确实没有想到"斗争"，"什么叫斗争呢？"

"要是我，就写一群胡子，马鞍子，在月黑风高的晚上，拿土炮轰了张地主家的院墙！"

"胡子，我也没见过呀！"

"没见过的，就不能写。那叫什么小说家呢，"他已经把外套垫在了枕头下面，准备睡觉了，"这是第一回写，写成这样就挺好的了。记着，先遭罪遭难，然后就反抗！你瞅我下次写一篇长的，写个厉害的，打他个落花流水！"

已经很晚了,萧红舍不得离开蜡烛,她要等那根蜡烛燃尽了再睡。她的眼前走动着血和火。

"今晚风大,火头乱蹿,跳得眼珠子疼,"萧军坐在被窝里看书,腰板却是直直的,"大作家写小说,印出来给别人看,要气吞古今!笔砚在前,正襟危坐。哪儿像你,窝在床边写。"

"你看一会就睡吧,我今天不困。我就是这样窝在床边儿上,才能写出来。小说还得再改改。"

"再改,也还是两个耷拉着脑袋遭罪受气的人。"

"我就是要写人遭罪!"

云彩下的女人又出现了。

萧红趴在床边的小桌前,她让这个女人抱着丈夫焦煳的骨头,鼓着肚子,胀开肺叶地哭。让她的手撕着衣裳,牙齿咬着嘴唇,像一匹吼叫的母狮子……在小说的结尾,她又加了七岁的孤儿小环。那是一个天然的小流浪者。在墓地里,两手扣在膝盖间,头搭在膝盖上,小辫子围着后脖子,给风吹动着,小环睡着了。

我就是这个梳小辫儿的孩子。她想。

远处有几只恶狗在对叫。

农历年三十的下午,永远是阴的,永远有冒烟儿的雪。

"你猜,"萧军的脚步从胡同口一直响到家门,进了门他就喊,"你猜,我怀里揣的是什么?"

"是煎饼吧?"萧红看他的硬碴胡子上挂着白霜,她去帮他擦着胡子,"哎哟,你的胡子淌眼泪了!是不是冻哭了?快点给我煎饼,我早就饿了。"

"饿了,什么都变成煎饼啦。给你,这一叠煎饼,你都给我吃下去!"

哪里是什么煎饼,那是几张《国际协报》。萧红的小说《王阿嫂的死》，清清楚楚地印在了副刊上！

"万岁！"萧红跳喊起来！

"走，我们下馆子去。我赚了钱，我请你。"萧红扶着萧军带雪花的肩膀，跳着。

萧军摘下帽子来拍，他的脸像喝过了几盅白酒，红到了脖子："他们都说你是个女才子呢！"

"真的？都什么人说，怎么说的？"

"多了，七个嘴八个舌头，'牵牛房'那些朋友呗。"

"什么是'牵牛房'？"

"一个朋友家，今晚就请我们过去，让我领你去串门吃饺子。"

"真的？有饺子吃吗？"

萧红的心情从来没有这样好。不知道几年没有吃饺子了，像一个没有家的人。萧红忙着解开毛茸茸的辫子，木梳上蘸了水，她把头发梳得光光的。

"人家叫我了吗？"她转过身来问。

"专门叫的你。写王阿嫂的大作家，谁能小瞧！快点，拿湿手巾擦擦你裤腿上的那块米汤印儿吧！"

萧军去墙上摘他装月琴的布袋，鼓着腮，吹着上面的灰尘。他要带上月琴去助兴。

萧红不去擦裤腿。她翻开箱子，扯出旧棉絮、旧大褂，找出两条红绸子的头绫子。镜子是有的，用头绳绑扎着的，是破碎了的镜子，她还是想着吃："好几年没吃饺子啦。"

头上炸响着鞭炮，萧红扯着萧军的袖子。她怕滑倒。脚下的冰是一整块光滑四射的镜子。

萧军说："真不想过年，过年又长了一岁，新的一年也不知道能混得什么样儿，要是再和去年一样……"

"一窝鸡蛋孵出来的小鸡儿还不一样呢。有黑的,有白的,怎么能年年都一样,总是应该越来越好呗。"萧红摇摇晃晃地在冰上说。

萧军的背,给月琴的那个长脖子不断地拍打着。远处响起一大阵的鞭炮声,震响着冻土层。

牵牛房的女主人,笑眯眯地迎在门口。所谓女主人,也只有十八九岁,小手上还拿着一块白面团儿。见到了萧红,她开口就说:"是'王阿嫂'吧?"

门口,前一年的牵牛花剩下的老藤,拖挂在柳条障子上。牵牛的种子,像一些小黑玻璃扣儿,被萧军碰了一下,就蹦跳着,向雪地里迸裂开来。

两只红灯笼高挑在门口。大院套里的雪,层层叠叠地都变成了一片红雾。

围着饺子馅儿的盆,有七八个年轻人正站着,都向他们打招呼。

"你就是悄吟吗?王阿嫂就是你写的吗?"拿着擀面杖的一个姑娘问萧红。

萧红拍着旧棉袍上的雪。突然从外面走进热气充盈的房间,使她的脸像桃果一样红。

萧军放下他的月琴,对房子里人声嚷:"我把她带来了,这就是你们要见的作者。"

萧红的脸更加像一颗熟果了。

"小姐的本名叫什么?"一个文质彬彬的青年问。

"叫张乃莹。"她说。

"张乃莹,像个大家闺秀,大小姐呀!"

"真没想到,写那篇大悲大难小说的,是这么个扎小辫子的小丫头。"

站在包饺子的人群旁边，萧红插不上手。包饺子、擀皮儿，她都不会。但是大家都叫着喊着她，说她站在这儿看着就行。

　　"写这么好小说的女人，是不应该会包饺子的。"一个纤细而高的小女孩羡慕地望着萧红说。大家全说对。

　　"写这么好小说的女人，是不应该会吃饺子的。一会儿饺子熟了，你们就让她吃小说吗？"萧军放完了一挂鞭炮，从外面回来，他是高兴的。

　　后来，年轻人都问萧红，那篇小说是怎么写出来的。大家又联想到了萧红小说中写的劳动者的手爪、秋天的山岗和孩子被风吹成了不知方向的蝴蝶……人们又回忆起各自童年的各种细节。

　　躺着或站着的饺子，从人们的手上落下来，又整整齐齐地摆在了用高粱秆扎成的盖帘上。

　　萧红第一次被这么多的人给宠着。她觉得，她是在热得烤脸的云彩上走。那是只有家里才能有的热气。

　　男人们抓起帽子，又到院子里去放鞭炮。萧红到外屋，帮女主人拉着风匣烧水。她问："这儿怎么叫牵牛房呢？"

　　"夏天，这门口开得全是牵牛花儿，可好看了。大伙爱到我们家来。时间长了，都顺嘴就说，上'牵牛房'去！"

　　"这名挺好听。你今年多大了？"萧红问锅台上细腰红袄的女主人。

　　"十八。你呢？"

　　"十八，十八多好哇！过了年，我就虚岁二十三了。老了！"十八岁，正是她逃出呼兰的年龄。

　　"什么老了？老了还扎小辫儿？扎这么好看的红头绫子……你打扮得多么年轻！你看你写的王阿嫂，我不光写不出来，看了都哆嗦！"

　　女主人起身，掀开一寸多厚的木头锅盖，热气喷满了厨房。生铁锅里，水翻滚沸腾着。

"悄吟姐,你帮我搅和水,我下饺子。"女主人小巧灵活的手,把整帘饺子拨进滚水里:"我也想扎辫子,谁愿意在后脑勺上总绾着个卷儿。我的头发放下来才好,可粗可黑了。你看,盘上多显老!结了婚照样能扎两大辫子多好。还是你这么新派的人,要不,怎么会写小说。赶明儿,我也扎辫子。"

两朵红绫子,搭在肩上,红盈盈的两团,晃着眼睛。但是萧红的心却不是小孩子了。她已经感到了苍老。

滚烫的饺子和酒,摆上了桌。酒是从劣等烧锅里打来的,蹿着一股炕洞子烟味儿。酒倒进了粗瓷大碗,现在就端在手上。

一个青年人,大家叫他画家。他讲了他到乡下去,看见树梢上挂着中国人的脑袋。风在树的尖梢上号着,晃着那些"血葫芦",是为反日本鬼子而落地,又冻实了的"血葫芦"。

青年人说:"张小姐,你们拿笔的,要把这些都写出来!"

萧红不知道该怎么说,血在身体里鼓着她。她说:"我记着了,我喝酒!"

天快发白的时候,萧军弹起了他的月琴。那琴声婉转着,很凄凉。大家都想到了那挂在树上的"血葫芦"。屋子里没有了由饺子带来的过年气息。画画的青年,眼睛里闪着水分的光。

萧红到外屋去,她看见墙是红的,万物都是一些液体。她拿着棉袄袖子,使劲地擦眼泪。

月琴声被一阵闷响的鞭炮声盖住了。有人说:"他娘的,这鞭炮是谁放的?像日本鬼子的枪响。"

从一九三三年,我就再没有放下过笔。可是,我的时间太短了。没有想到,那么长的文学历史,我只有八年的机会!

一个感情,一个战乱,这两只手一起撕扯着我那八年。

唯一的一张小木桌,分成了两半,唯一的凳子是萧军坐,他写作时，要正襟危坐。萧红永远坐在小床沿儿上。

写作像热牛奶，使他们温暖、幸福。

那年代，他们的一百个字可以卖一角钱。一角钱可以买一小碟酸辣白菜。

萧军除了写作，还是要出门。他要送稿，要会朋友。男人都是野狼，是在野外活动的动物，他说。


"你写什么呢？"

打开家门，家里并没有热气。炉子上没有火，没有鼓动着热气的小铁锅。

萧红围着棉被，坐在床上，翻着那本暗黄的《康熙字典》。

屋子里只有傍晚的残光。

她的声音从黄纸页上响起："又到了吃饭的点儿了吧？人为什么总要按顿吃饭呢？对不起，我没做饭，家里还有白盐，再去买一块黑面包吧。"

"你起码也该起来活动活动吧，偎在床上，抱着个膀儿，写什么急成这个样儿？"他想怪她没在他回来之前把饭做好，但他又临时把话改变了。他只在心里怪她。

家里有了个才女，连热疙瘩汤也吃不上。

他点燃半支蜡烛，看见她稿纸上的题目《广告副手》："你要是写不出别的，就专门写你们呼兰吧。你写的这是什么？是写我喝多了酒那回吗？我倒在地板上，脱得光溜儿的！可别让女人能写……说不准给你写出点儿什么来！"

她抬起眼睛，她的目光在黑暗加剧的屋子里面行走："我不是也喝了酒？！我不是也躺在地板上，这里也有我呀！"

"我先看看。"萧军拿了稿子，凑在烛光下面，他读得非常快，他读出带感情的声音来：

"芹摇晃着影子,蓓力在她的心里走……

"你不要喝酒!纯理智的这话没有一点感情,没有感情的话谁爱听呢……

"芹恐慌地睁大了眼睛,她的嗓子浸进眼泪去……"

稿纸被推开在桌上,还带着雪的裤腿角也随着萧军上了床,拥抱着一团暖气般的萧红:"我的孩子,你写得还真不错呢。你写得对,不管我去了哪儿,我都在你的心里走……扑通扑通,你听见你的心跳吧,那就是我在里边儿走。今晚上,你想吃点什么呢?是包子还是烧饼?"

她的手在触摸到他冰凉衣领的那一刻里,突然感到自己变得柔软似水。她拍打他的凉口袋:"有铜板吗?"

"有。"

"我不饿,我想要一个铜板的瓜子。"

他跑出冰冷的家,他比进门时愉快了几倍。


"你猜,我拿了什么回来?"一天晚上,萧军进了门就喊,萧红躬起身,正用淘米的水洗头发。虽然一块面碱要不了什么钱,但是用淘米水洗头,是更不费分文的。

她的头发滴着很多黄色的水珠。她不想花费心思去想,一双手直接伸进萧军的衣袋里。

"摸什么?没在这儿。在我的帽檐儿里呢。"他飞机帽的帽檐儿里是萧红的第一笔稿费,六块多钱。

"咱们今晚上就把它花了!去下馆子吧?"萧红乐得跳跃着,头上的小水珠滚到肩上、手上、地上。

"再去小饭馆里吃一顿?"萧军拍着手上的帽子,"留着,能给你买一件新夹袍呢。你不是想穿红袄吗?"

"买什么夹袍?我想吃酱鱼了。我们现在就走吧,唾沫都快淌出来了。"

去吃馆子的路上，萧红的湿头发在肩上冻成了一层硬帘子。曾经洒到萧军身上的水点儿，也晶莹起来，成了白亮的冰珠。

酱鱼，主要是酱。酱汤里有一些小鱼头和细刺儿，咸得嗓子冒火。

"加菜！"萧红大着声，叫着跑堂的。又加了雪里蕻豆腐，又加了辣白菜，又加了炒土豆丝。

她趴在萧军的耳朵上说："我一点也不怕花钱，多吃一点吧。大肚子汉。"

萧军反趴在她的耳朵上："孩子，你真大方呀，这一共也不过几角钱。"

为了显出大方，又为了下饭，结果两个都齁着了，嗓子里烟火齐冒。


"开水没了吗？"萧红迷迷糊糊地问萧军。蜡烛已经吹了，但是口渴还不能遏止。

"喝凉水行不行？"萧军问她。

"行！"

他的影子跳到地上去。

走廊里，靠着墙的缸面上结了一层薄冰。要用葫芦瓢砸了冰，才能舀到水。

"一大瓢。"她在屋里说。

带着冰碴儿的水，喝进去，正困的觉也给冰镇醒了。

萧红说："有了稿费，还给齁着了呢，真是没出息。"

两个人为了齁着了笑，给萧军垫枕头的《康熙字典》也笑落在地板上。

冰水到了胃里，嗓子又开始干渴。萧红坐在起来，她说这回轮到她去砸冰。她想再喝一瓢："今晚豁出去了！"

但是萧军把她按回去。他白亮亮地跳下了地。

159

早上，下着蒙眼睛的雪，萧军爬起来给萧红买胃药。她的胃是受不了冰凉的凉水的。

药铺门口那两串木头鱼的幌儿，藏在雪雾里。天是蒙着眼的，路人只能看见自己的脚。萧军敲着药铺的门板，门板插死了。又去敲栅板上手掌大的小窗。敲了很久，才有人应了声。

"敲什么呀，敲！"

"买药！"

"知道你买药，三更半夜地买什么药。"

"你卖不卖？不卖我砸了你药铺！"

小窗开了一半，卖药的看见了萧军的气势，声音也软弱了："买药就买药，正睡呢，给你大爷这顿敲。"

吃药的时候，萧军对萧红说："真想砸了它那个破药铺。"

萧红说："怪不得你几个叔就是上山当胡子的，根儿上就不正！"


春天和夏天，萧红一直在写作。

两个人的稿费，使她的厨柜上有了酱油瓶，一开厨柜的门，瓶子们就磕碰着，一阵脆响。

想着她的人物，去捡豆腐。想着她的人物，炸出了肉酱。她和他，像小说中的人物，用酱蘸着新鲜的小根蒜和青葱。

这段时间，萧红开始正式抽烟。

一支烟，带来的愉快，像手摩挲着她心上开裂着的那些痛处。

萧军盯着她："把烟掐了！一个女人抽烟，像什么！"

**我们每天好着，又每天恼着。**

**他恨女人抽烟！**他告诉过我：他母亲十九岁嫁了他父亲。因为忍受不了毒打，她吞食了大烟土自杀身亡。临死前，她在七个月的萧军嘴里，也塞了烟土。后来，萧军被姑姑救活。

对女人抽烟,他一直很反感。是不是由这儿来的呢?

他是一个什么人呢?在他当年曾徘徊在一个十四岁病死的小妓坟前,为她写诗,写什么"相逢梦里"。因为这个,我和他吵过……他还有过明媒正娶的妻子,有过一把手枪。因为反对他藏枪,他把她打发回了辽西老家。

他是一个鲁莽、任性的好人……

"我的脑子胀满了,这边儿鼓,那边也鼓。"她站在秋天的院子里对萧军说。

萧军手里抖落着一件湿衬衫。想让风快点吹干它:"你怎么的,又脑袋疼了?"

"什么脑袋疼?我这回也要写一个长的。你能写长的,我也能,"她是指萧军正在写的《八月的乡村》,"很长很长,能出一本厚的书。我这回要写大小说了。"

萧红兴奋地追着萧军在院子里转圈。她讲着罗圈腿的孩子……麻面的老婆子……丢了山羊的瘸子……眼睛里淌着眼泪,紧跟着主人的老马……童年,她所熟悉的那些挣扎在土里的农民,都一个个活起来,充满了她的脑子:

"我要写出他们活着的艰难和自生自灭的悲剧。"

萧军把潮湿的衬衫穿在身上。他说:"你这故事还缺一条筋,这条筋就是那个。"他用手做了一个动作。

她知道,那条筋是反抗。

秋天的哈尔滨,公园里跑着秋风。秋风斜歪着,吹落了一九三三年最后的树叶。中国东北的三个省份,沦陷在日本人手里,已经将近两年。

在公园的小亭子里,萧红和萧军看见几个女学生在吃冰淇淋。

"那东西是什么味儿?肯定是甜的,你看她们舔的那样儿。"萧红对萧军说。

许多铜子,在女学生的嫩手里哗哗地响。她在高声地问一个同伴:"还要吗?"

"不要了。太凉了,冰得牙根儿疼。"女孩子们这样说。

"听见了吧,那东西是冰凉的,胃受不了。"萧军说。

萧红随着萧军走向树林,反正是凉的东西,她不再想了。

顶头的太阳使树上残余的叶子更加火红。他们选了一处僻静的地方,萧军给萧红讲什么叫作"杀鸡盟誓"。

"土枪'啪'的一声拍在条桌上。人们一看是枪,就跪倒下去。心里有枪壮着胆儿,他们跪直了,向天盟誓:心不诚,手不软。丢了脸,天杀我,枪崩我。枪有灵,地有眼……"

"在书里,还要再加上一句,生是中国人,死是中国鬼!"萧军的小眼睛也熠熠有光,空攥着手,他说:"想从前,我也是有一支枪的!那家伙,是真家伙呵。"

萧红拨开他的手:"这就完了吗?"

"完了,还有什么,就是缺一支枪。"

"没有再细点的了?"

"没了,就这么回事,剩下的,就看你写的功夫了。"

萧军走到了一棵粗桦树下面去,拍着它瓷实的躯干。他说:"我这个人,还是想干大事儿,干点真事儿。要是能上山去,真刀真枪地打日本鬼子多好!"

萧红听了这种话已经几回了。她不想听这句话:"我们那儿的农民不是这样的,没看哪家杀鸡拍枪的,光看见跳大神的。"

"那你写什么?写中国人都呼啦呼啦地举一个膏药旗,欢迎日本鬼子……写跳大神?嗨,你要是能跟我上山多好!"

一听到上山,萧红就向林子外面走。

她生气了。


巨大的轰鸣，在天空和大地之间冲撞。画着"膏药旗"的飞机，压在城市的头顶上。

人们慌乱地躲避："那是什么？铁的老鹞鹰啊？"

"妈呵，又是日本鬼子的飞机！"

"看见坐在天上的日本鬼子了吧？还戴个铜帽子，你看给他威势的！"

飞机斜过上空，撒下红红绿绿的纸片。纸片翻卷着，挂在树杈上，挂在瓦片上，落在鸡窝狗穴上。

日本人的传单，是宣传王道乐土的传单。有的人捡了，又扔了。有的人捡了不敢扔，揣在怀里，隔着大襟捏揉它。更多的传单随着风疯跑。

萧红被飞机的轰鸣声惊得跑到小街上，飞机震得人骨节发麻。

日本鬼子走了，只剩下紫蓝紫蓝的天空，这还是中国人的天吗？她的心异常地扑动着。

捡破烂的人用了一根细钎儿，扎了窝在墙角的一团绿传单，日本鬼子给他送来卖破烂的铜子啦。

回到房子里，萧红把桌上的纸撑开，她要写日本鬼子到乡下的那一段。


穿着黑袍子的客人，随着萧军进了门。客人是客气的，脸有些消瘦而黑。不是哈尔滨的口音。他不停地喝着热水，而且两只手捧着小碗，好像他给冻透了。他讲着老林子里的冒烟儿雪，他讲他化装成挖棒槌的进了城。

萧红听了一会儿才明白，这是南满游击队的人。

他来干什么？是要带萧军走吗？

她的心扑腾着。

客人说:"大妹子,火上什么玩意儿,煳了吧?"

那是她的饼。她飞快地跑向厨房。饼也给听得煳了。她用铲子翻过来,已经是一个圆的黑炭。

他没有跟客人走,看着天上满满的火烧云,他自言自语:上山,这儿还有一个家呢?

# 六

稿纸的格子横竖错乱。

萧红的眼睛,给跳动的烛光晃得直流眼泪。

为了两个人的合集《跋涉》能出版,她伏在桌上已经抄了几天。

萧军从院子里回来,手上提着长柄的斧子:"天黑了,歇歇吧,明天再抄。"

"后天就要把稿子送印刷局啦。"

"那也不能不要眼睛。我也不劈了。瞅不着了,怕劈到脚上。"

现在,满屋子都是萧军带进来的松木桦子的清香味儿。

萧红放下了笔,活动着右手几个僵硬的手指头:"我想,《两个青蛙》这篇不抄。两个主角都进了大狱。虽然没写明是反日本鬼子进的大狱,谁也能猜得出来。"

"谁说的?"

"有人说呗,在'牵牛房'。他们提醒我,弄到最后,别因为这么一篇,出不了册子,不合算。再说,又是朋友帮的印刷费……"

"真他妈的黑暗!两个青蛙有什么不行!连自由写作也没有了,真是逼着人上山,逼着人扛枪打游击去。"

木桦子不劈了,斧头还给萧军倒提着。

萧红马上说:"小声点,白天,房东家又来了日本朋友。这两天马路上日本鬼子多。"

风迫使着烛光,忽左忽右飘摇,带着一层黑烟。眼睛一再被眼泪充满着。

狗叫。大门响声。皮鞋响声。

萧红下意识地停下笔,她细软的神经紧跟着那声音由远而近。它快走到人心里去了!

"谁来了?你不去看看!"她说。

萧军打开门。光,把黑暗的走廊打开一个无底的洞门。

是熟人,那个画家。萧红在牵牛房里见过的。画家裤角上还挂着一大条油彩。

萧红盯着画家的脚:"你的鞋是不是太沉了?"

画家愣了:"我就这么一双鞋。雨天晴天都是它。"他不能明白坐在死静中的人,会特殊地恐惧他脚下的这双旧皮鞋。

"还忙着出册子的事吗?"画家只是站在门口。并且,画家的手臂碰了一下萧军的袖子:他在示意着什么!

萧军预备走了:"别抄了,你先睡。我一会儿就回来。你不用等我。"出了门,他又返回来,"我得把蜡烛给你吹灭,要不,你还是不听话,还要抄。"

房子里顿时只有黑暗。街灯永远照不到他们的窗口。能传进来的,只有狗叫。她想,可能是焦黄的狗和花白的狗。在这样没月色没星光的晚上,黑狗一定吞没在黑夜之中。夜是无光泽的,低沉的,潜藏的,欺压人的。

萧红的心随着一阵阵的狗叫,收紧成一颗水嫩的小核桃。

最近,她的心一直紧缩着。街上,跑着拉满日本宪兵的卡车,像大青石头碾子一样,轰隆隆地经过。市民们在传说,日本鬼子心黑、手黑,连日本鬼子的兵器也邪乎。日本人铮光的刺刀,在铁匠炉里就留出了一道专门为了淌血用的槽子。

那是什么血?中国人的血。

房门越是小心地开,越像受了惊吓的黑鹅一样怪叫。萧军从夜色里摸回来。

萧红并没有躺在床上。她的声音在半空中:"有什么事情吧?"

"没什么,你怎么还不睡?漆黑的坐着干什么?"

"别唬我,你们两个人一碰胳膊,我就看出来了。你们有事儿!"

萧军把两只鞋甩在地板上:"跟你说你别害怕。听说,我的名儿上了日本鬼子的册子啦!真他妈的怪!我们自己出一本小书,费了这么大的劲,书还没出来,人倒是上了日本鬼子的花名册。上得咋那么容易!"

"日本鬼子想干什么?想照着花名册抓人吗?"萧红有些慌。

"凭什么,他们凭什么来抓?再说,我怕他们日本鬼子吗?!脑瓜上箍个钢盔的小鬼子。要是他们进了门,我看都不稀罕看他们。我还坐在这儿,盘着腿儿,抓进去倒好了,省了一天忙这三顿饭。"

他身上的各个骨头节突挺着,铁床在颤动。

"那……我怎么办?"她像霜里蔫下去的花,两只手在黑暗里摸索着。

"一起进去!你小说里不是都写了吗?像两只相爱的青蛙,一个进男牢,一个进女牢。"

她越过了他,去摸索。

"你摸什么?我的手在这儿呢。别怕,我吓唬你呢。"

"我要抽一根烟,把火递给我。"她用残败的声音说。

夜凄厉地在外边走。连狗也安静无声,毛耳朵贴在安全的泥地上,不再吠叫。

从那天晚上起，全哈尔滨城，再琐细的响声，她都想听清。

夜里，她会突然坐起来，倚在窗口倾听。风在秋冬交替之中尖利鸣叫……鞋底的胶掌和铁钉敲打地面的区别……警察清理嗓子……流浪汉的叹气……她都听得详细。

扯掉一件厚夹袍的袖子和领口，她缝了一条厚闷的窗帘。

"你何苦呢？自己吓唬自己。这夹袍拿上街，还能当它五角钱。还能吃几碟小菜呢。"

萧军好像坐在牢里也能弹琴和写小说。她却不能。

"你别管我。不堵严了，我坐着都害怕。"

"女人呵！真是不禁折腾，不丁点儿的事儿，当成天那么大。什么事儿也别让女人知道了。"

萧军站起来，去摘布袋里的月琴。

他在弹一支古曲，还兼着唱。呜呜呀呀，没有词儿地唱。萧红越是怕，他越要做出松弛的样子。


危险正在走来。

她看见了危险，带着血。

有时候，走在路上，她感到日本鬼子马上就会冒出地面来。马上，她就迎着兵，兵的手上亮闪闪的刀。她的手或者脚落在马路上，像玻璃正粉碎着的响声……

在特殊的时候，萧红是一只紧张的耳朵。

从南满游击队来的客人有信来，说他的口袋里一张纸条给宪兵搜去，上面有萧军的名字和地址。

"又出了一个事儿！两个名单联系在一起，还不抓你？"萧红更加害怕。

他们共同的危险，来自什么方向？它还有多远？它究竟有多大？她心里不停地猜。

眼睛酸疼，里面好像生了锈。

床上满是校对样。《跋涉》是最后一次校对，他们的小说集马上就能出版了。

"我们真的也能出一本册子了？印着你的名儿、我的名儿？"她问萧军。

萧军停下他的笔："这话，你已经问了几遍了？"

突然，萧红从床上跳起来，吹灭了桌上的蜡烛。

"你要干什么？"他问。

"外面好像有人！"她气喘着。

撩开窗帘的细缝儿，有一个人影在墙角，抖擞着。

萧军站起来，看了看，笑了："一个撒尿的！"说完，扔下她一个人在瞭望。

"你呀，什么声儿都听。"萧军笑着去找火。

萧红还是闪在窗口后面，嘴里说："他在这儿转了一阵儿了。"

"尿憋的！"火柴烧燎着萧军的手。

四野里都漆黑无声以后，萧红终于累了："我困。我想先去睡。"她说眼睛里都是疲倦的眼泪了。

"你睡吧，我要写到十二点。"萧军不抬头。

萧军看见她的身体像孩子一般地蜷曲。他没忍住，他对那个孩子说："牵牛房不能去了。听说这两天门口总有人探头探脑的。"

"什么？"

"罗峰给抓进去了。正排剧时，就来了便衣。"

"把灯灭了！"她赶紧说，"我怕。"

"就这么丁点一个亮儿，你怕什么？"

两个铅字疙瘩给萧红拿在手上，那是"夜风"两个字。是萧红在

168

《跋涉》这本集子里一篇小说的题目。

她很喜欢这两个敦实可爱的字,还有那轻盈的笔画:"你看,这就是'夜风',还是两个反字呢。'夜风',这两个字反着看,也好看。"

印刷局里的工人抱着捆扎好的沉重铅版,他们说,要上机器了。

萧红对萧军说:"我们是不是要庆祝呵。"

机器里伸出几只长爪,翻动了纸页。

为了他们第一本书上了机器,他们跑到了街上,萧军请萧红吃了一次外国包子。扎着四只油手,萧红又请萧军喝了外国的酒。然后,两个人快乐地跑进了公园。

可惜进了公园,他们开始口渴。只有跑回家,才能喝上不花钱的水。

从家里再跑到马路上。他们摸遍了全部口袋,一共只有两角钱。

"去松花江上划小船,我们!"她雀跃着提议。

秋天的松花江,滔滔的一片。白花花的水,不间断地流。大太阳慈眉善目注视下的松花江,水光接着天光。

小船靠上一块沙洲。萧军说:"我要下去洗澡,你帮我看住衣裳。"

十月,风是凉的,水却还有些温暖。江水这么遥远,也拿到了太阳的温度。

萧军围着沙洲游。等他钻出水面,萧红并不在小船上,也不在沙洲上。他加快了划水,他怕她失去了。

她在水里,白亮的手臂被江水和阳光荡漾着,波影粼粼。

"游呵,我们围着沙洲游!"

"不,你游吧,我不敢。我怕水流把我冲走。"萧红看见萧军来拉她的手,慌忙抓紧了小船。

她就是这样,见到了水,一定要下去。进了水,心里又怕。萧军打着"狗刨"。他撩动水流,看着她狼狈求救。

萧红慌张地爬上沙洲,像一条钻在沙石里面银色的鱼。

出小册子,又游了松花江的这一天,萧军脱在沙洲上的衬衫丢了。但是,他们捡到了一条死鱼。

晚上,就煎了那条鱼吃。

萧军说:"请吃鱼吧,这是我请你的,因为你出了册子。"

她也说:"请吃鱼吧,是我请你的,因为你也出了册子。"

说完,两个人就大笑。

萧军最后说:"还是我请你呀,请你吃我那件衬衫吧!"

秋天雨,阴冷。

脚下踩着泥,泥溅得裤腿上生了许许多多的"麻子"。萧军和萧红赶到代售《跋涉》的商场时,他们的册子已经摆放在门外,淋着看不见的雨。

商场老板迎出来。他的那双手和那副面颊都在哆嗦:"你们整个什么车,快弄回去吧。稽查队里的人刚才又来了。再搁我这儿,我可担待不起。他们拿着枪顶着我的腰眼子,要带我上局子里去。你们可没看见,一大帮,可邪乎了!"

"马车,马车!"老板朝泥泞的街面招手,身上的哆嗦仍不见弱。他一边回头说,"车钱算我奉送!"

十天前,刚从印刷局运来的新书,曾让他们心跳和喜悦,又游江又吃鱼。现在已经成了一批废纸。

它们,因为"反满抗日"的倾向,被查禁了!

一招手,马车就打着弯儿转过来。马车夫开始抱那些册子。再不像运来的时候,萧红盯着人说轻点轻点。书捆跌在车厢板上,她都不去理,好像它们一点也不值得怜爱。

商场老板亲自卷了袖子来装书。他对萧军说:"快点快点,快点拉走,听说还要捕人呢。"

萧红的脸惨白如雪。

萧军的手在口袋里摸索,有几个铜子在棉布缝隙间窜着。

商场老板马上从袢子里拿出了钱,塞给马车夫。他深怕这装了《跋涉》的马车夫跋涉不出他的店门,就被稽查队碰上。

书卸在院子里,房东的男孩子绕着书堆跑,问他的先生萧军:"这些是什么呢?"

萧红在旁边说:"是点火的纸。"

男孩子不想离开点火的纸:"这么多纸,也给我几本,我上后院点火。"

"不行!"萧军狠狠地喊。

这个夜晚,萧红把《跋涉》的封面都一一扯下来,填进了小火炉。她扯得飞快,好像她的心里很痛恨纸上那两个字。风抽着火炉,像一个病人,呼噜呼噜地喘。

萧军想引她笑起来。他想,她不管不顾,手舞足蹈笑的时候多好,像是个没心的孩子。

萧军说:"刚才我出去倒灰,看见我们家的烟筒里冒出一股股'格路'的烟,闻到一股反满抗日的味儿?"

他幽默的技巧太差。她不仅没笑,反而哭了。随着呼噜呼噜作响的火炉的节奏,呜呜地哭。

她的高兴,就这么快地被她自己扔进了火里。

又是一个冬天,卷着白毛儿的雪,封住了全哈尔滨的门。

雪使白天灰暗,晚上却一片白亮。

雪把人间倒了过去。

"好像有人跟着我。"她从外面进来,气都喘不够。一直走到房间最里面的墙角去。

萧军拿了一把扫帚,假装到门口去扫雪。

有一个扛着长条板凳磨剪子的关里人。有一个吆喝着"油炸大麻花儿"的小贩。除了他们,街上没人。

"谁跟着你呢?又是自己吓唬自己!"他又拎着扫帚回来。

无论什么,都使她不能安定。

走在路上,她会突然停下来,急速地返身向回走。她怀疑每一个和她同方向的人,猜测每一个狗皮帽子遮挡了眼睛的人。她在关着门、捂得严密无光的小屋里,排列着充满阴霾惶恐的字。

她的《生死场》,就在这种心境中动笔。

她写得很缓慢。写一会儿,就停下来。她钩开小火炉的盖子,烧掉一些废掉的草稿。那只火炉在一九三三年冬天最末尾的那几天,还烧掉了一部分《跋涉》,也烧掉了高尔基的书和一些照片。

"这过的算什么日子呢!"她并不是在问萧军。

萧军已经很久没弹他的月琴了。他的小说也时写时不写。他像笼中的困兽,不断地由东向西走,再由西向东走。他的黑影,晃在昏黄的墙上,他说:"这要是没有女人,我说什么也一个人上山了。上山,打日本鬼子,钻老林子,吃野狍子肉……真是没招儿,人一有了女人,就胆小,胆突儿地,思前想后。要是我一个人,怎么不是活着,我怕什么?!"

他像一捆痛苦燃烧的红高粱。


她也在同一只铁笼里,但是已经没有力气抗议。萧军诋毁女人,她也不作声,像陷在兽群中的小动物,警觉地听着周围的风吹草动。

她怕哪一天,萧军会给日本鬼子带走。也许,他铺盖也不拿,就上盘石去,过他一直向往着的生活。她知道,他向往着,连他身上的血都向往着。那时候,她该怎么办?

在惊慌失措的时候,《生死场》里的故事,就像一个温暖湿润的地窖,让她的心躲避一会儿。

她不往远想了。她的未来是什么样子,她一点也不敢幻想。

萧军回家的时间越来越晚。他常带着紫红的、散布着酒气的脸回来。从破烂市买回来的飞机帽,抓在手里。那是一顶在雪地里滚了成千上万个滚儿的飞机帽。他醉了,倚在墙角。

他说:"山上的人人都是英雄,城里的人人都是狗熊。人家都走了,为了女人我不能走。我走了,女人交给谁呢?"他不断地重复着类似的话。

她似乎是一只大包袱,拖累人,又不忍甩下。

**我的遗传里,在软弱的基因之外,是不是还有果决的基因?**

那次,他醉得最凶的一次。他走进门,脸比戏子还红。一进门他就说要打游击去。我一股火冲上来,把他的衣裳一件一件全甩到地上!

"你走吧!我一个人也能活。别整天念叨什么上山,走!你现在就走!"

门板不遮风了。整个冬天都被灌进了屋,冷风直通通地逼迫人。

"这么冷的天儿,你一个人等着冻死、饿死!"他起身去关门。他上床抱棉被。他把萧红包裹起来。

她发了火。他从酒里出来了。

春天,一九三四年的春天,柳絮迷眼睛的季节。他们再也不能留在哈尔滨。

朋友们都劝他们快点离开。萧军被写上了黑名单,被捕走的可能分分秒秒。

最初,他们打算去上海,投奔一个同乡。后来,连续接到舒群从青岛写来的信，要他们一起去办报。

他们决定去青岛。

旧货商人随着萧军进了他们的家门。

很快，商人的一只手上，就提了萧红亲密的小白铁壶。他转着眼珠，想搜索到更加廉价的东西："瞅瞅床底下，没有别的了吗？"

床下踢出一双破皮鞋，带着前一年春天的干泥。

"不要。"旧货商人说。

投进屋子的豆腐块儿大的太阳光里，浮起一个灰尘柱儿。小白铁壶随着商贩走到门口了。

它一贯都被萧红擦得锃亮。如果来到太阳光下面，它更会闪闪烁烁，亮得她心疼。

这个家，如果让她带走一件东西，她就只拿走这把小白铁壶。可惜，小水壶不能吃，不能穿，空有一片亮光。本来就是从破烂市上买来的，今天又要再跟着商贩到恶味扑鼻的破烂市场上。

"哪一天走？你说个日子吧。"萧红对着萧军说。

"十三号吧，十三号走，还有十天。"

"再有十天，我就要离开了吗？"她突然觉得很舍不得哈尔滨。

房子空了，像一只空箱子。她的咳嗽震得四壁嗡嗡空响。

现在，她的家里只有一张铁床和她的半盒香烟。

火在哪里？她找不到火。

在房东的门廊里，萧军正和房东的小姐有说有笑。那个姑娘笑的时候，牙就龇出来，耳坠子晃晃摇摇，他们是在道别吗？

火没有了，她连烟也抽不成。哪怕能抽半支烟，她的心里也不会这么慌乱。

春天，蜻蜓翅膀一样透明的黄昏，一层一层褪着它片刻的辉煌。

"明天早上，六点就起来拉床。"他进进出出都敞开着门。这只住了这么长时间的大"箱子"里，已经没有隐秘。

它已经不是家了。

早晨的天还黑着，铁的大门就轰响。

是来拉床的朋友。萧红马上把被子、枕头掀翻在地板上，还带着体温的床，也给人拖出了门。

"我困。"几乎一夜失眠，萧红的脸肿胀着。

萧军跑到松花江边，去洗他唯一的衬衫。等他回来，她竟然蜷在地板上睡。他用大手势席卷着她："我们走吧！"

拿着箱子出了家门，萧军看见她浮肿的脸在流眼泪。

"有什么哭的？这么个破家，哭什么！"

她还是流眼泪。为这么个破家里的寒冷、饥饿、等待、烛光、稿纸和小白铁壶……

哈尔滨火车站。萧军化装成农民，肩上还搭着个褡裢。萧红拖着、挪着两个人的行李。她不断地停下来喘气、咳嗽。

这时，两个宪兵在指着他们脚下笑。

萧红赶紧低头：是她自己的脚，不断踩着自己的鞋带。

火车向着南走，火车是最没有感情的东西。哈尔滨一眨眼就给抛下了。四面是比天还宽阔的平原。路轨旁的地上，青草绿着。大自然那么轻松地轮回着。

但是，人却不能岁岁枯，再岁岁荣。

萧红一直望着窗外。

她觉得她被架空了，没有脚，没有腿，悬在半天上。她是一片火烧云，被天空扯成了碎片。

两年前，去北平，也是坐火车，也是往南走……这一次离开了，什么时候回来？

一排排小小的村庄，像鸟巢一样闪过去……泥房子、鸡鸭猪狗、白亮亮的村前大水坑……都像她的家乡呼兰……

我永远地离开了哈尔滨，离开了生养我的地方。

哈尔滨，我永远宽阔地想念它。但是，我不敢细想它的每一条街道，它每一次的冷和饿。

人挪活，树挪死。也许我这一挪，能挪出活路来。

远山，出现在天边。树木像茂密直竖着的猪毛，萧军说："瞅瞅，那林子，里头都是藏人的地方啊……"

## 第四章 逃亡 服了毒的一生

台风浩荡而过的后半夜,萧红一直在油纸灯伞下面,飞速地写她的《生死场》。借着风的力气和势头,她写了日本鬼子的刺刀和乡下人恐怖冒突的眼珠子。

血。火。遍地流光。

# 一

太阳在天上，只是一簇云烟。

"大连丸"号日本货轮，即将离开大连港。五等舱里，满是操着山东话和东北话的人。细杆儿的烟袋叼在女人和更多男人的嘴上。因为是最下层舱，舷窗降到了吃水线以下，从窗口只能看到光影恍惚、肮脏的海。

水警的黑皮靴，从舱口踏进来："查行李，查行李！都给我麻溜儿地把行李打开！"

正在擦舷窗玻璃的手停下来，萧红惊恐的大眼睛望着黑皮靴后面的黑制服。

枪口下垂的武器。几张水警的脸。

她不自主地抓紧萧军的胳膊。他那黑色的俄国衬衫袖子耷下去，肩膀都裸露出来。

还没有安顿下来的人群，更加混乱。草筐里，鸡鸭在扑飞，夹杂着枯瘦老人快断气的咳嗽。

水警高站在舱里："他妈的，连下脚的地场儿都没有，快，这是谁的行李，打开！"

萧红被撞击着，那是她的自己的心跳，慌乱而有力。眼前的景物人影都如同漂浮在不定形状的水里。她看见萧军的手在抓柳条箱。

柳条箱！那个写着"西湖龙井"的铁茶叶盒！

他们的小说手稿和一些照片，都装在盒里。那是中国人被日本鬼子怎么点了天灯、怎么切了头颅的照片！

把茶叶盒藏起来！

哆嗦着，从柳条筐里抓到茶叶盒，萧红把它藏在了棉袍下面。这使她不能直起腰。她看见水警手里的枪，对着她，闪着乌光。

两只半大的鸭子，跑散在船舱里。灰色的羽毛在空气中飞。

水警本来走向另外的方向，可他们突然掉转过来，有一只手拨拉着萧军的手臂。

"打开行李！"

萧红觉得背后有很坚硬的骨头，猛地撞向她。她的手抓不住任何有根的东西，猛地跌倒。脸接触到了泥水。她清晰地看见水警的皮带扣在发光。撞倒她的是个赤膊穿着空心破棉袄的乡下人。

茶叶盒滚在地上。

水警推搡着萧军："你，叫你呢！有几件行李？"

萧军四下望着，他不知道萧红在哪儿。他的头上也出了汗。

"让你打开行李检查，磨蹭什么！"

萧军辩解着什么话，她听不见。她拿到了茶叶盒，仿佛它是最危急的炸弹。这时候，她看见舱门极其明亮！

"废什么话！带走带走，上宪兵队说去！"

"凭什么带人！"萧军的声音远没有平时那么响。他好像也怕。

萧红迎着翻花的破棉絮和一只只草筐，慌张地向着舱门走。她想，只要没有了茶叶盒，去宪兵队也不怕了！

茶叶盒，轻飘飘地，落在了苍白无力的海面上。它旋转着，浮荡着。

萧红飞快地转身，回到了船舱。她几乎撞到了一个水警的身上。他们并没有带走萧军，也许他们再忍受不了五等舱的臭汗和叶子烟味儿。

"这小子又臭又硬，看他这身打扮像个什么？俄国老毛子衬衫，还扎根皮带。"

"我看这小子像个臭拉车的。"

船舱里，仍旧飘着鸭子羽毛。

"刚才站这儿的那个女的，瞅见没瞅见？"萧军问穿空心棉袄的乡下人。

"不知道。"乡下人把手伸进胸膛，摸索着，捋着六月天里生出来的汗水。听口音，他是一个唐山人。

萧红拨开一个大包袱，挨到了萧军身旁："我扔到海里去了！"

"什么？"

"那个。"

"什么那个？"

"茶叶盒。"

萧军居然还能狡黠地笑。他的身体擦过她的手臂。她感到硬硬的一卷东西："啊，在你身上！"

"还茶叶盒呢，那是空的！你不知道，你拿着都不知道它那么轻。"他几乎是得意地说。

"天呵，吓死我了！还在你这儿。"她感到整个身体像突然松脱了捆绑的一团细草，完全瘫下去了。

"怕什么，大不了一条命。跟他们走我也不怕，拿宪兵队吓唬人，谁没见过宪兵队！"

一个老人忽然回过她那白发飘舞的头："孩子，可不中这么说，好汉不吃眼前亏。"老人的小鞋像两只黑面蒸的糖三角。她就用这双小脚支撑着身子和硕大的烂包袱。

船身上的某一个部分，闷声地叫唤了。那是汽笛声。挂着日本国旗的"大连丸"号，缓慢地离开了大连港。

站在甲板上,一眼就看见了天幕上的青岛。它端坐在青翠的大陆上,在白茫茫的太阳光里。

这回没有日本鬼子了!

萧红裹紧了披在肩上的线毯,线毯满鼓着风,背后是他们长途跋涉过的海。日夜兼程,都是白滔滔的海水。它阻隔了萧红走过的二十三年岁月。从今天起,她能自由地看海,自由地写作,再也不用躲避和逃脱了。

从船上一扇窄条玻璃窗里,萧红看见她自己,特别是她头上扎的蓝绸绫子。在这个初夏的早上,轮船靠拢在青岛港的时候,她看见自己轻盈,并且漂亮。

"我们住的地方能看见海吗?"还在码头上,萧红就拉着舒群问。

新租的房子就在小山上,是一片石头盖的小楼。石缝里吐着青苔和细草,小楼的两面,都向着海。

萧红第一次这么近地贴着海。

海是个活物儿,海的嘴里吐着白沫儿。海的皮肤时黑、时白、时蓝。海是一个老人,它的额头,翻着永远不同的纹。

萧军和舒群站在一块光滑的大石头上。在他们观察小楼地理方位的时候,萧红已经围着石头房子,跑着看了两圈。沿着回廊,她摸遍了它的白石栏杆。她把一只藤编的小桌,搬到白石栏杆边上。她大声说:"我这回要看着海写!"

在青岛,萧军负责编辑《青岛晨报》文艺版。他每天沿着石路下山去,头上戴着短沿毡帽,一闪一闪地不见了。萧红就拿着笔纸,坐到藤桌前面。她操持全部家务的同时,写作她的长篇小说《生死场》和一些短篇。

海的表面很蓝很蓝的下午,萧红都在写作,压着纸的小闹钟有力地走着。在傍晚五点钟的时候,它会闹响,催她去做晚饭。

他们的新朋友,《青岛晨报》主编张梅林和萧军从石头路上出现了。梅林的手上拿了他们送的、早被扯掉了封皮的《跋涉》。

在那个蓝蓝的下午,张梅林郑重地对萧红说:"你的小说写得很好,事情、人物,都跟正在眼前演出着一样。北方原来是这样的呀!……还有,你的笔法也好,一看就是个女作者写的。"

"又来了,又是女作者……"萧红打断了梅林。她用眼睛瞟了瞟萧军。两天前,他们还为女作者的文弱笔法争论过。

"女作者怎么了?这是人的特点呀。你以后要多写!"张梅林说。

梅林是广东人。萧红听他话的时候,总去取笑他浓重怪气的广东调儿。

在那个天与海都透明,如同蓝绸子的下午,她非常认真地望着梅林。她被一层层兴奋的波浪推动着。

**那个下午,我被鼓舞着,好像我已经写了惊天动地的大作品。我幻想着功成名就,不再忍受饥寒。今后,我要发奋地写。**

她轻快地放下稿子,随着两个男人一起去海滩。

她演示着她的泅水方式。吸足了气,捏着鼻子,闭紧眼睛,沉到水下面去。她从来不敢在海里睁着眼睛,她说眼睛能被海咸坏了。等她蹚爬到没有了最后一丝气,才跳起来,拼命地甩着脸上的水:"我游得很远了吧?"她睁开眼睛。

蓝得让人感动,又让人恐惧的海,它完全倾斜在她的胸前。她又喊起来:"我已经游得很远了吧?"

张梅林不知道在什么方向,他用广东调喊:"一点点呀,你回头看看先,岸还是那么远吧。"他习惯把"先"后说出来。

她没有看到岸,只是看见太阳灿烂辉煌,像一只巨型金盘。

活着是多么美好!长大了之后,她第一次这么想。

向左看，再向右看，自己的手臂，像鱼那灵活银白的长鳍，自由地漂浮在海面上，什么绳索能绑住这么自由的灵魂和自如的肢体？她心里涌满了好的句子，像太阳和海的透明。

萧军在更深的海里叫她："海真好看呀，你睁开眼睛试试。"

她不听。她只要以为海水能咸坏眼睛，这想法就不会改变："我不想看海底，我要看天！"

当萧军再次从海水里潜上来的时候，他看见萧红坐在海滩上。她拿着一支香烟，她在极力地把烟吸进身体内部去，仿佛她要从那缥缈的气体里，取得一种世间没有的东西。

一个人坐在蓝天和海之间，就能漂亮了。何况她又抽着一支烟，她比她身边的什么都年轻，都飘逸。

萧军带着满身的沙子，跑到她的身边。他说："梅林的话提醒了我。我们应该重新安排生活。我们应该再振作，抓紧时间写，我们都是能写出点东西来的。从明天起，我们两个按时间表写作……但是你不能再抽烟了。"

"抽烟妨碍什么了？"

萧红站起来，她说凉了，她要穿衣裳。

"上面冷，海是热的。"萧军把她向海里推。

这个时候的海，蓝得不能更蓝，那不是人间能有的颜色。

上午九点到十二点，写作。

下午三点到六点，写作。

晚上九点到十二点，写作。

萧军的时间表，已经列出来了。

她说："晚上十二点？我怕盯不到那么晚。我可能要困。"

萧军清理着书报混乱的桌面："这是我的时间表，你就参考我的吧。知道你天一黑了就困。再说，你还要做饭。我上报社的时间，我们吃饭的时间都要保证。"

"……那，我也订一个我自己的时间表！"萧红的声音明显地灰暗、有刺儿。

她不再说话，埋下头在桌上。她在一张折纸上画出一排小花朵，并且用镂空的字体描上了"我的时间表"几个字。

字和花都画好了。她站起身来，把纸揉成一团，扔到窗外的黑夜里。

"时间表还要画上花？！你可真是个独立的人，新女性的代表是不是？"看她不回答，萧军就把和解的手伸过来。

"我其实是不要什么时间表的。我随便儿写。"她推开门，到外面的长廊上去。

石壁在晚上变得阴森冰冷，咸苦的海上之风，从海的里面吹进土壤和石缝，吹进人身上的布丝。

海的那一边就是东北，眼睛看不见，星光却都一样照耀着。

夜晚，海的叫声，使萧红想起呼兰河上那大块的冰排。

她，一样能把名字印到书上，被人在油灯下阅读抄写。……呼兰自古多奇才……她要写下去。她的故事一定能动人。他有一篇《八月的乡村》，她也有她的长篇《生死场》。

她绝不比他矮。

萧军严格按着时间表写作。小闹钟被他折腾得每天闹好几次。

早上，萧军拿着闹钟坐到桌前："你就是我们上尉脖子上挂的哨儿。"他始终不忘他是当过兵的。

无论萧红去择菜，去买包子，去钩火炉，去烧水，他都一动不动。一直到"上尉"的哨响了十二点钟，他才站起来，伸展四肢。

而萧红瘦小的身子陷得很深，那只小藤桌太低矮了。看着这个身子，萧军有点心疼："你也停一停吧！"

她还是不动:"饭在锅里,你先吃吧。"

"十二点了,停了!"

"那是你的时间表!"她继续写。

下午,房间鸦雀无声,只有萧军的小闹表在咔嗒咔嗒地走。

突然,萧红从凉台上跑进来。她光着两只脚,跑到萧军的前面:"我要把我上午写的这段念给你听听。"

她念的是《生死场》中,王婆服了毒药那一段。

"写得不赖,就是太阴森了。听得肚子里好像得了绞肠痧,麻酥酥的。"念完了,萧军一字一句地说。

"对呀,我就是要写出这种味儿啊!人活着就是'服毒',我就是这个意思。让人一看这段,从骨头节里冒冷风!

"别冷风了。快六点了,下黑儿吃什么?"他问。

"又是吃饭!"她光着脚跳回到小藤桌边,她不想提吃饭的事儿。

"该吃饭就吃饭,该睡觉就睡觉,人都得守个规矩。你就是不用我的时间表。"

她打断他:"又是时间表。我不喜欢规律,不喜欢时间表。"

不喜欢归不喜欢,说过了,她还是要回到小厨房,锅和碗都在等着她。

"人呵,要是能不吃饭该有多好!不吃饭,也不分男女,不分高低贵贱。"搅动着锅里的米,又去拿半干的大煤饼。指甲里,全是黑的。她咳嗽着,望着自己的一双"鹰爪"。

就在这个晚上,台风逼近了东海沿岸。平时和蔼的海风,突然间在黑暗里席卷着每一棵树的头发。能看到的世界,疯子般地飘摇。

萧红从床上坐起来,她看见每一扇门都开裂着。海正像她所写的、服了毒的王婆,裂着、翻腾着它疼痛不安的皮肉。

在这种响动下,她没法儿睡。

台风浩荡而过的后半夜，萧红一直在油纸灯伞下面，飞速地写她的《生死场》。借着风的力气和势头，她写了日本鬼子的刺刀和乡下人恐怖冒突的眼珠子。

血。火。遍地流光。

早上，萧军给她烟味儿很浓的手推醒。

"刮了一夜的风，你知道吗？"她钻进被单里。

"好像听见四处都响。"

"我写了一宿。你知道吗？"她相当得意。

"一宿？干什么，你不怕头疼？我不信，你写不了一宿。"

"不信，给你看看，我写了多少页！你看，都是这一个晚上写的。"她把一沓稿纸放在萧军眼前，近得他几乎不敢睁开眼睛。

"要是房后凉亭里住着的不是卖包子的，是个摊煎饼的就好了，我借他的秤来约一约。看这么厚的纸有多少斤？你掂掂，"她把《生死场》的手稿都塞在他的手上，"试试，都是一个字一个字写出来的。一张纸是四百字，这得写多少千多少万的字！"萧红高高地扬着脖子，"你说，我是不是了不起？！"

"了不起！"萧军认真地掂了掂，"快写完了吧？"

"快了。这足够出一本册子的。"

"你晚上写的是哪一段，我看看。"

"杀鸡盟誓的那一段，把你讲的都写了，还喊'生要做中国人，死要当中国鬼'。"

"你做饭吧，我先看看。"他披上衣裳就到凉台上去。

海一片苍茫。

整个一夏天，萧红都在咳嗽。

刚发觉的时候，并不严重，以为自然就会好。结果日益加重，像阴风追着人不散去。她常常在夜里不能睡踏实。要把冬天的棉袍、萧军的飞机帽，都垫在枕头下。她在晚上要半坐着入睡。

"把烟戒了，就不咳嗽了。"萧军说。

"谁说的？我停了几天，咳得更凶。"

"在文明的地方，哪有女人抽烟的？你看电影上，抽烟的女人都是坏角，抽烟就是堕落。"

"我就是坏角，堕落，乡下人。"

萧红正要去拿烟的手，迟疑下来，但是，嘴上却要强硬。

"你和我顶没用，你咳嗽厉害了，你那小说就得停下。"

"还有三天就煞尾，绝不超过三天！"


萧军从山下跑上来，石板给他踏得很响："你的小说呢？"

萧红的手里拿着笔："在这儿，我都已经钉好了。"

"艺人书店的孙乐文从上海回来了。你猜他见到谁了？"

"在上海，他能见到谁？"

"是鲁迅哪！"萧军脸上发着光，蹦着高儿地喊。

"是吗！"在萧红听来，鲁迅比法国总统还要大。

"孙乐文说鲁迅还和他谈了话，一点也没有大文豪的架子，像个教书先生。他跟我说，应该把你的小说送去给鲁迅看看。"

"怎么送呢？去上海？"

"是呀，可以呀！真跑一趟上海，明天我就可以走。"

"鲁迅那么有名，又不认识我们。再说，他哪有时间看这么长的小说？"

"试一试，不试怎么知道他看不看呢。"萧军说着，在凉台上，就动手脱了身上的衬衫长裤："快帮我洗一洗，这回要去见鲁迅先生了。衣裳不能不干净，多放点香胰子。"

"可是，还有很多错别字呀？怕让人家笑话。"好事情刚刚露出一条小缝儿，萧红反而发起了愁。

说走就走。

第二天，萧军约了舒群，从水路去往上海，带着萧红手抄的《生死场》。

现在，萧红一个人站在房子里，她突然感到空旷无助。身后，石匠们打击石块的声音，好像在敲打空了壳的世界。

过去，她不都是一个人吗？

一个人钻进后园子，一个人走出呼兰，一个人游荡在哈尔滨和北平。无论这破落的世界多狠毒，她不都是独自一个人吗？

是萧军，从旅馆的长走廊里走过来，他，拉住了在峭壁上的她！可她终究还是一个人。一个人是不能进到另一个人心里去的。

然而，她整夜都失眠。

没有萧军，没有那沓《生死场》。一直看到青岛的天空从小窗户的左下角变淡，变亮，变红。

第二个傍晚，她到山下去。她想，让自己跑累了，也许能睡得安稳。

傍晚的海，闪动着浑身的碎金。

她奇怪，为什么连夕阳临海的辉煌也感觉不到。海面颓败沉重，只是用最孱弱的力气，反映着太阳的最后一线疲倦。

天黑以后，海就是恐怖和恫吓。黑暗没有缝隙，月光浮掠而过，像坟茔里闪烁跳蹿的磷火。她前前后后都看不见人间的气息。

萧红仿佛看见了她的一生。她这个人注定要面对这种时刻的海天和大陆，面对没有光的世界。她将孤身一个，渺小孤凉。她看见闪电一样的预谋。

海鸟在看不见的海天之缝里叫。它们发出的是孩子的哭声。

越听越是孩子的哭声！

好像逃避着地狱的手，萧红向着小山上跑，石板路在脚下砰响，整个小山，都喘着不均匀的气。

天和地都震动着肩，天和地都在咳嗽。

住在小石楼二楼上的，是个虔诚的基督徒。那个三十几岁的孤女人，正跪在她的窗前祈祷。

摸到了灯绳，她看见了萧军的月琴和长剑。好像他刚刚还在，他桌上的书纸整整齐齐，心跳得温和了。她总是有一个人可以依靠的。

**人，就不是一个好动物。为什么总是不平静？**

石路上响起几天都没有的脚步声。萧军的衬衫，带着太阳的光斑。萧红看见他的脸上一点笑也没有。他没有表情地从上海回来了。

"没有见到吧？"

"嗨！……"

"没见到就没见到吧。那么大的上海，又是那么大的文人。"萧红接过了萧军的小包袱。她知道那只包离开家时的分量，那是《生死场》在她心里的分量。它又被带回来了。

"臭上海！"萧军把头伸进秋天的凉水盆里，把头和脸都沉进去。

"是他不见吗？鲁迅。"

"他妈的，那家书店里的人，都说不认识鲁迅！"萧军气急败坏地说，"还跟旁边人叽里咕噜地讲日本鬼子的鬼话。"

萧红说："他们肯定撒谎，孙乐文不是亲眼见鲁迅了吗？"

"操，什么鬼地场儿！"萧军还在骂上海。

《生死场》坐过了日本鬼子的海轮，又回到了萧红的小藤桌上。

"写书卖字也不是个活法儿，还是不如上山哪。想当年我还当过准尉呢。"萧军扑打着头上的水珠。

萧红又咳着，咳的力量带动着全身。萧军又说要上山这种话，使她很不高兴："你走吧，你也不用说你是因为我留下的。"她转身到厨房去弄晚饭。尽管她嘴是硬的，还是给萧军切了很多山东大葱，齐整整地摆在碟子里。

早晨，萧军说："不能这么就算完，我给鲁迅写信试试，我不信书店里那些人说的鬼话。"整个上午，他都面对着海，斟酌着怎样给鲁迅写信。

傍晚，信就发出去了。

谁会想到，几天之后，鲁迅的回信，就拿在了萧军的手上！

"他说，他能看我们的稿子！"

"是鲁迅写的吗？"萧红把梳子插到浓密的头发里，"快，先给我看看！"

《生死场》和《跋涉》，他们都准备寄给鲁迅。萧军突然想起来，要让鲁迅知道他们两个的模样。他找出了他们在哈尔滨合照的一张照片，把书稿和照片一起打成包裹。

萧军手里的毛笔小心翼翼地写着：内山书店转周先生收。

"他能收到吗？"一天之中，有好几次，萧红都停下笔这么问。她望着海上的细浪，心里却想着自己那篇手稿，摊开在大作家的桌面上。鲁迅会说什么呢？是不是会说：这么多的错别字呀！

透明的秋天。满山的落叶。天也正在走着下坡的路。冷风从山后吹撼着他们的家。

咳嗽在加剧。

萧红忙着炉子上的米饭。它们总是糊住锅底，要不断地搅动。现在她的家里有一个客人，很年轻的青岛女大学生。今天他们要留这位客人吃饭。

盖好了锅盖，萧红咳着跳到床上去，围上线毯："就一件毛衣，让他给穿出去了。"

女学生说："你买点杏仁露喝吧。"

萧红把毯子再拉紧："是该买的，我喜欢杏仁的味儿。"

"杏仁露止咳很有效。"

"是呵，等报馆里发了钱，就买一瓶来喝，"以萧红的口气，杏仁露根本不再是药品，倒像是滋补长寿的奢侈品，"还以为离开了东北哪儿都不冷了，不知道青岛到了秋天也这么冷。"

锅里又传出了煳味。萧红扔下毯子，再跳到地上去。

萧军回来了，手上提着待客的小菜。他一进门就脱下身上的绒线衣递给萧红，她可以下地做饭去了。

在小厨房里，她断断续续地咳嗽着。

"你听听，她一天到晚就是老长病。"萧军站在阳光里，倒一杯热水来喝。他对女学生说，"你看我多结实，几年前，我是东北讲武学堂宪兵教练处的学生呢，哪儿像她，不是这儿疼就是那儿疼。"

由林间而来的风呼啸着。萧红感到，就是钻进火炉子里，也克制不住的冷。

晚上，萧军赶写他的小说。绒线衣披在他的肩上。萧红一直望着那件半灰半黄的衣裳。

她想出去买一盒最便宜的烟。没有那件衣裳，怎么出门呢？这么长这么黑的晚上，没有一支烟，怎么能过去呢？没有烟头上的明灭，怎么能让她知道自己还是活着的呢？

"你在看什么？这几天你好像一个字也没动。"萧军回过身来，绒线衣的背后抽起了大条的皱纹。

"我写不进去。"她不敢提想买烟的事，他又会说是堕落的女人。

一个朋友扑打着门，是在鸡和狗都没睡醒的夜里："快，出事儿了！准备离开青岛，舒群夫妇被抓了！听说城里也抓了很多人……"

"为什么抓人？"萧军一边穿着衣服一边问。

"听说要查共产党。"

"我们怕什么？我们又不是共产党。"

一天以后，萧军进门时，神色也十分慌张："我们必须马上离开青岛！"

"为什么？"萧红问。

"报馆出事了，人都跑了。门上贴着封条，城里抓了不少人，我刚刚看见梅林，他也要走……"萧军把平时围在脖子上的围巾，在手上绕来绕去，人也在地上来回不停地走。

"那我们到哪儿去？"

"去上海，找鲁迅去。快收拾收拾吧。"萧军满屋子地看，好像抬起腿就要走的样子。

"去上海？鲁迅还没回信呀？"

"不能等了，"萧军已经开始在收拾桌上的稿子，"先到了上海再说。"

"没有钱，去上海坐船要不少的钱吧？"

"先卖东西，再借点。船票不贵，"萧军说，"我们的稿子可要放好，什么东西都不带，也得带着这些稿子。到上海，我们一个人也不认识，就靠它们啦。"

没有钱，萧红见识过。

破烂市她也见识过。

但是这么快地就要远走高飞去另一个地方，她没遇到过："就这么走了？"她的两只手，空空地伸着。

张梅林和萧红推了一辆小车，车上罗列着桌椅和一些木头。

破烂市上,梅林挨着一个卖单衫长褂的,把车停在旁边的空地上。

"吆喝呀!"萧红看了他一眼,在旁边催着他。

"怎么吆喝?我……我还真吆喝不出口……"

"卖桌椅板凳嘛!怕什么,你不吆喝,我吆喝!"萧红说,"你这男人呐,比女人还胆小,没有钱还要面子。要是萧军来了,一嗓子就震了他们!"

"这些木头没人要吧?"梅林缩着脖子,望着天上奔腾的云彩。

"哪能不要,萧军装车的时候不是说,还能卖个七块、八块的吗。他要是有时间,说不定把门窗都拆下来卖了。吆喝,怎么也比没钱的滋味好受。"

卖掉了她心爱的小藤桌以后,凄冷的雨,一刻钟里打湿了破烂市。卖褂子的老汉,连烟袋也给打灭了,四处讨要着"滋拉火"。讨到萧红跟前,老汉说:"回家吧,闺女,大雨泡天的,谁还买破烂?明儿个放晴了再来。"

对于她,明儿个已经不在青岛。

## 二

日本旗又舞动在天上。船离开青岛,驶向上海。

海像半死的灰色兽皮,在风里抽动。甲板上,萧军和张梅林目送着飘摇远去的青岛。船头传来嘤嘤的日本语。一个娇小的日本女人,仿佛一只刚刚吐蕊的葵花,上扬着脸,仰望一个商人打扮的男人。遇到人经过,她就有意低垂收拢花盘般的粉脸。人们能闻见她头上喷香的油。她的声音也连绵持续,细嫩如同水白的豆腐。

萧军碰了碰张梅林:"你看,这才叫女人。"

他们说到女人的时候,萧红不断地咳着,从船舱的窄门出来。她的脸,没有日本女人的粉红雪白。那是一片黄绿的叶子。

萧红问:"我们到上海是白天还是晚上?黑了就不好找住处吧?"

萧军的声调里有一种厌倦:"那谁知道!"

"什么叫谁知道?"

"你去问船上的人,我怎么知道。"

"我现在问的就是你!"

"那谁知道!"他又重复了一次。

萧红气愤地走开。

沿着溅满了水的甲板。她一个人到船的最尾端。看白而疯狂的浪花,紧紧尾随着她们。轮机的响声,震得人麻木。

**人何苦要这样?无缘无故地互相生着气。人天生就是恶言恶语的吗,见异思迁的吗?**

上海的码头上,翻飞着万国旗。上海简直成了他们生命中最后的岛屿。

新租的房子几乎没有优点,窄小、阴冷。只是从小窗口可以看见一畦菜田,在初冬的野外,它绿得完全不真实。

"我要去看看那儿种的是什么菜?天冷了,还能这么绿。"萧红把松散了一天的辫子,梳得光亮溜滑。

一块菜田,使天真和快乐又回到她的脸上。

萧军正在给鲁迅写信:"不要乱跑,上海这么大,跑丢了,都没处找。我们去找邮政局,快点把这封信邮了。"

"可是我想看看那些绿菜叶。"

不能出去,她就趴在极窄小的窗户,大惊小怪地叫着萧军:"你看,我们窗外很有诗意呀!这个时候哈尔滨早下雪了,哪有一个绿叶?"

大上海不仅极少诗意,而且缺乏温暖。它冬天的脸上没有太阳。愁苦凄冷,日子衔接着日子。连痛痛快快的雨都不落下来。这样的冬天，在亭子间里闷着，还不如到街上走。

迎面走过一个挑担子的，吆喝着汤圆。

萧军想问他邮政局，并没有开口。卖汤圆的连忙摆着一双短手，弯了身子，猫一样钻进人缝。萧军愣了。他站下来，让萧红审视他："是我的礼帽怪，还是破外套怪？能咬人吗？他怎么躲着我？"

"因为这是上海！"萧红说完了，真想骂一句脏话，但是已经看见了路口的邮筒。

听到信落进邮筒的底部，他们才放心地往回走。

漫漫无边的大上海，他们怎么举目也无亲。他们只知道鲁迅，而鲁迅，也不过是书上的两个汉字，见都没见过面。

像是从遥远东北隔海飘过来的两片树叶，萧红与萧军在上海的街上走着。

"我们编小说吧！"萧红说。

萧红说了她的一个构思：一个从东北来上海逃亡的青年，没有钱，没有住处，没有熟人，身陷绝境。他想抢劫为生，可惜在上海，拿一只空铁碗的叫花子都躲着他，因为他有东北人的嗓门和相貌。

"我这个故事怎么样？今天回去我就把它写出来，写它五六页，邮到报馆，兴许能卖几块钱呢！"萧红拉着萧军的胳膊，可惜萧军被卖汤圆的拒绝了之后，心情正在变坏。

第一个主动向他们迎过来的，是个报童。十四五岁，瘦成了一只麻秆儿：

"先生太太，看报呀，今天的新闻，交交关，交交关……"

他说的是叽喳尖细的上海话。他说新闻真是很多很多。

"说的是什么鸟儿语！"萧红一听见上海话就气。

听出了他们是北方人，报童就住了嘴笑着，把报纸递过来。

萧红有几天没看报了，她用手翻副刊。在几个作者的名字上一略而过，都是不熟悉的名字。

正看着，那整张的报纸就被报童硬塞过来，一直塞进她的怀里。萧红把它推出去。报童嘴里乱七八糟一阵上海话。可能他说萧红看了他的报，又摸了他的报，之后居然不想给钱，是想看报还是想捣蛋。

报童的两只细脚跳着，他要欺负眼前这个北边来的女人。

"干啥？干啥！"

萧军走前一步，伸手过去拨拉报童的那只手，还没触到他的皮肉，报童突然醒悟了：她是有大汉保护的。慌忙揞着报袋跑了。

报童再枯瘦，也是瞄着人的眉眼高低的。

"他妈的，臭上海！"萧军骂了一句。

"他妈的，臭上海！"萧红也跟着骂了一句。

"卖报的也他妈的欺负人。在这儿，我们啥都不是了。找不着邮政局，找不着报馆，没有名气，没有熟人介绍。要是发表不了小说，两个大活人扎脖儿挨饿吗？"说着说着，萧军几乎停下脚不走了。

也许这个时候，萧军想听到一句安慰。但是萧红一直不说话。

她竟还有心思玩儿着走路。她跳着踏人行道上方砖的接缝儿，隔一个跳一个，横着走，然后斜着走。

她是可以一下子就关闭了心思的。

什么也不想！一个孩子也可以扬起拳头威胁她。这个世界不费劲儿地就能把人踩在脚下，就像石头缝儿里的灰土。

"活着就是抽筋儿。"她边跳边说。

"往回走吧！"萧军真动了气，情绪还一时回不来，他冷冷地说。

萧红就紧跟着。回去的路鸦雀无声。

上海没有太阳，上海没有雪。

亭子间里，萧红跪在床上，翻掏出每一件衣裳的口袋，哪怕从青岛带过来的短裤子也抖过了。小床铺上一共有十八块五角钱。

萧军在床和小桌之间一遍遍往返地走："你邮到报馆的小说有几天

了？"

"一个礼拜了。"

"一个礼拜都没有个回话，市内的邮件当天就能收到。不能指望它了。"

"你一遍遍地走什么，转得我头晕。"

"我走犯法吗，我还想控告这个房主犯法呢！这么小的房子是住人的吗？纯粹是困兽的。"

萧红把每一只铜板都收好。现在她又望见窗外那畦有诗意的菜田。它不再新鲜翠绿，嫩叶已经被农民摘去，只剩下满目苍黄。

她对萧军说："你别转了，实在没事干，把你的书稿拿出来……"

"什么书稿，早写完了！"

"写完了就完了，错别字就不改了吗？"

没有了日本鬼子和宪兵队，书稿就摆放在柳条箱子里，伸手可取。萧军仍然不停地走。她越说他，他偏要走：

"一会儿，我就把它扔了，甩到下面的水坑子里去！"他没有对手，只有示威着给她看。

"你想干什么！"萧红开始做饭。她把小盆里的全部面粉，凑在一起，向里面搅着水。

"我要走！你把钱全都给我。我拿它做盘缠投军去！我再等几天，看有没有鲁迅的信？我这趟来上海，只等见他一面就走！"

走，这种话，从哈尔滨就粘在萧军的嘴上。在他辽西的家乡，对打家劫舍的"胡子"是崇尚的。现在又有了日本鬼子，有了反抗的对象，他心里的"胡子"在向他鸣枪放炮了。

你走了，剩下我该怎么办？

话就在牙齿的边缘，但是萧红不想说。她不想承认她是别人手下的一件行李。

她的身体里，还有一个萧红。那个萧红自认为一切都没什么，一切都不值得惧怕！哪怕还是一个人，再用脚尖儿站回到绝崖上。从十八岁，她不是就能出走吗？

萧军停在床前："他妈的，这个狗上海，虎狼之地！谁也别做卖文章的梦！把小说稿给我，我烧了它！"

她挡住萧军，用沾满了面粉的手，抓紧了萧军的前襟：

"不给你，万一鲁迅回了信，问你写了什么，你拿纸灰给他看呀？……"

光听着声音，萧军就知道她是准备哭，果然后来就有水珠滚落在她的小手背上。她的手上还挂着面粉。他的心软了，跟在哈尔滨的时候一样。他甩下她一个人，怎么办呢？

寄出去的给鲁迅的信，是他们唯一的希望。

可是，一直没一封信回来。

这是一个没有电的晚上。吃过了缺少油的干面饼，萧军调着松脱了的月琴弦。萧红坐在他身边。她想，对弦的声音比弹曲子还动听。

萧军说："弹什么？"

"弹《苏武牧羊》吧。"

《苏武牧羊》弹了两遍。萧军说，要是有一支箫就好了，你吹箫，我弹琴。我们就是个小乐队了。

萧红拨着月琴那根最纤细的丝弦，她说她可没摸过箫。按她的力气，怕吹出声都很难。

"那你就给我唱吧。《苏武牧羊》是可以唱的。"

"我可不唱，你想上大马路去卖艺吗？"

"卖艺还不如上山打游击，你要是个健妇该多好！"

"健妇？膀子像你这么粗，腿像你这么短，跟梁柁似的。那我不但能吹动箫，连大炮都能吹。"

"刘军！"

大上海在喊萧军的名字。

萧红从床上跳起来:"你听!喊你的!"

"整个上海,还有认识我的吗?再听听,是不是听岔啦?"

"刘军!"没错,声音又一次传来,这一次喊得很急很烦。

"会不会是邮差?萧红一下子惊醒。

"鲁迅回信啦!!"两个人一起喊起来。

一个小小的信封,上面用毛笔工工整整地写着"刘军先生启"。那娟秀的小字,他们认识!

果然,萧红和萧军收到了鲁迅的回信。

"别抢,让我先看一眼!"萧军甩着手里的信,一边郑重地盘腿坐下来。萧红站在他的肩膀后面,四只眼睛贪婪地寻着信纸上的字。

鲁迅在信上说,这几天他正在忙,不能马上见面,但是信里透着一片希望的光。信写得很客气,很友好。

鲁迅说,他已经收到了萧红的《生死场》。

"今天什么也不干了,马上看稿!"萧军来了精神,把纸和笔一阵风儿地全部放到了面前,再也不提烧掉手稿的事。

他开始伏在桌子上,修改《八月的乡村》。

"把前边改好的给我。"萧红挤在桌子的一角,给萧军誊抄。

已经死了的火,被一阵风吹亮了!

鲁迅要看他们的稿子啦!

一九三四年的第一股寒潮漫过大上海的时候,萧红当掉了一件带着体温的毛衣。七角钱,拿在冻得全无知觉的手上。她去买复写纸。

路上,她还是平静的,钻过小弄堂,也是平静的。看见了家的门。

她突然非常想哭,她要惊天动地地哭。

门,被萧红没有顾忌的哭声撞开。

"你怎么了?哭什么?有人欺负你了?"

"冻手!"她大声地哭着,僵硬的右手上,还钩着一卷复写纸。

"冻手也值得这么哭吗?你可实在是个孩子。"

"这手不是我的了,我的手冻掉了,我没有手了……"越哭越凶,萧红似乎是不能劝解的。

"别哭,鲁迅都给我们回信了。你的《生死场》稿子,现在就摆在鲁迅的桌子上,能写大小说的作家还哭吗?"

说到她的《生死场》,说到她的小说已经被鲁迅看着,萧红又揉着手笑了。


萧红和萧军,互相拥着抱着,两个人拿着鲁迅的回信,一起滚到了床上。萧红差一点滚到地上,萧军一下子把她歪下去的身子扶住了。

下一次寒潮降临的时候,鲁迅又一次来了信!

鲁迅的信很简短,却是约他们见面!

地点就是在内山书店。

谁会想到,名震中国文坛的鲁迅,对两个青年人会这么精心周到,连约会那一天是星期几,坐几路车,下了车走几步,鲁迅都写得明明白白。

这一天是十一月二十七号,距离他们到上海二十多天。


"去吃花生米!"他们要庆祝一下。

怀里揣着鲁迅的信,去吃花生米。吃了几粒就把信拿出来看。开头写着"刘、吟先生",最后面写着"迅上"。每一个字都是确实的。

他们真的快见到鲁迅了!

鲁迅的信上还说:两位可以到书店里来一趟吗?小说如已抄好,

也就带来，我当在那里等候。

"还要三天，小说还没抄完，我们要加快呀！"萧军和萧红又坐到了小桌前。

内山书店门口，站了一个小店员，眉清目秀的，迎着他们进去。

书店的一个套间里，有一个穿了长衫的老人，坐着，正和旁边的人讲着日本话。他的声音低沉，并且没有什么穿透力。店员躬着身子叫他"周先生"。

这一定就是鲁迅了！

看到他们进门，鲁迅站起来，走到萧红与萧军的面前。他的脸比书上的照片还要疲倦一些：

"你是刘先生吗？"

他在问萧军。

**在他们一问一答的时候，我一直在看着鲁迅。我绝没有想到，鲁迅这么平凡，这么矮小，这么干瘦。**

他们两个人，随鲁迅去了附近的一家咖啡馆。鲁迅的夫人许广平和他们的孩子海婴，已经在那里等候着。

谈话就在孩子身前身后的旋转中进行。孩子非常喜欢萧红的辫子，还有扎辫子的绸带。

鲁迅问了他们一些东北的事。萧军也向鲁迅介绍了他们从东北出走的情况。鲁迅答应帮他们向上海的刊物推荐作品，并且答应帮他们批改《生死场》和《八月的乡村》。在咖啡馆，萧红把抄好了的《八月的乡村》交给了许广平。鲁迅把萧军写信向他借的二十块钱，轻轻放到了桌子上。

鲁迅的声音一直那么平静，那么低沉。而萧红看到他的脚一直微微地抖着。

那一天，鲁迅一直发着低烧。

再后来，天色暗淡，他们就分了手。

萧军兴奋地拍着萧红柳叶一样的肩："终于见着他了，这回。"

萧红躲避着那往往过重的手："可是他的钱，我们怎么好用呢，你看他多苍老，多衰弱。这钱是他一个字一个字写出来的。"

"抓紧写吧，我们只有往好了写，不辜负他，我们还有什么呢！"

听到鸡叫的时候，她起来，房子里还是完全黑的。萧军已经不在了。点了灯，她放大了声音说："今天，我要把这些稿纸全写满！"

他果然在很近的地方，听到萧红要把稿纸全写满，提着他的长剑推开了门。

现在，他们是两个"战场"了。租来的小桌子上，分别摆了两个人的纸笔。墙上钉了钉子，挂着萧军的长剑和月琴。这不正是他们的家吗？

十多天后，鲁迅又一次来了信。

"周先生又邀我们去吃饭，还要给我们介绍一些文人朋友呢！"萧红高兴地扬着新收到的信。

"可是，我穿什么衣服去呢？"萧军看着自己身上的旧罩衣。

萧红什么也没说。

下午，她从外面乐呵呵地跑进来。手里拿着一大块黑白相间的方格布："这就是你的新礼服！"

"你要是能做出衣服来，我就吃啦！"萧军一百个不相信。

"你不要看。你就等着吃吧！"萧红孩子一样地笑着。

"闭上眼睛！"几天以后，萧红把手藏在背后，对萧军下着命令。

萧军乖乖地闭上了眼睛。

一件新的衣服，真的出现在面前。

"太阳从哪边儿出来了？我的孩子也会做衣服啦！"萧军一边穿着衣服一边说。

"就是照着你原来的那一件做的。照葫芦画瓢呗，今天晚上你别吃饭，吃衣服吧！"

**我们到了上海，幸运地认识了鲁迅。他对我们两个破例地热情。他介绍我们认识了茅盾、叶紫、聂绀弩、史沫特莱和很多朋友，还答应帮我们向刊物推荐作品。**

没有雪的冬天，手脚上生了冻疮的冬天。他们不停地写，不断地把小说寄给鲁迅。

没有回音，报馆和文学杂志都没有回音。虽然有了几个朋友，上海仍不认识他们。像两个没娘的孩子，他们只认识鲁迅。

不是一般的石头，是镂了纹路的石块。投进上海这个海里，转眼便不见了。一点回声都没有，水花都没有。几个月过去了，他们一篇稿子也发不出，连上海滩文字匠的行列也挤不进去。

"写呀！多多地写！"萧军整天就是这一句话。

到了上海后，稿子发不出去，萧红一直找不到写作的感觉。她的创作像一个受不到表扬的孩子，无法亢奋："写了有什么用，也发表不了。"

"别急呀，认识了鲁迅，人家那么帮我们，我们能不好好地写吗？"萧军自从认识了鲁迅，又通过鲁迅认识了一批作家，情绪转好，而且外出的活动也多了。

"鲁迅也不好使呀，他真是帮我们。但上海这个怪地方，对鲁迅，我看也是阳一套阴一套。"

"我们要坚持住。现在，鲁迅的处境也不好。他的信件文章，都被审查。不管发不发，我们还是应该多写。"

但是萧红就是写不出来。

头疼。箱子里的小药瓶空了。萧红最怕这种头疼，是完全不敢移动的头疼。

药瓶里只剩最后一片药。家里，热的水也没有。喝着冷水，萧红吃了药。她的头还是抵在桌角上，等着那药力与疼痛之间一寸寸地争夺。药那么缓慢，愚钝。

可能有什么东西跟着我。从东北跟到了上海。活着，不是一种挣扎嘛！

小闹钟停了。萧军又出去了，说是鲁迅让他去考察上海。

她不知道是几点，反正天是亮的。很远的地方，有农民在田埂上赤着脚走。萧红在这间屋子里一刻也坐不下去。

把门窗都打开，萧红感到满屋子里全都是南方特有的那种瘴气。风穿过来穿过去，风才是真正自由的人。她一直看着稿纸，一个字也写不出。

萧军现在在哪儿呢？那么凄冷无情的上海，考察什么呢？

为什么我一定要写？我现在只想睡觉。

她在醒和睡之间的夹缝儿里。她看见满屋子都长着蘑菇，密布着。这是她呼兰的家，她祖父的屋子。炕上地上，墙上和吊棚上，长满了由小变大的蘑菇，充满了威胁和悸动。她一次次地看见有人进来，却都没有看见她自己……

最后一个进来的人是萧军，他一下子变得很大。他说你还在睡？睡到下晌了。他的嘴唇那么宽阔，脸上带着外面的气味，带着和很多人在一起兴奋之后的气味儿。

她醒不了，意识比碾子还沉。

萧红穿过一条细窄的弄堂。她闻到茶叶蛋的香味。她加快了走，那味也加快了走，一直到弄堂出口。叮叮当当的电车，才把这场饥饿的追逐切断。

南方的冬天怎么这么阴冷。这种冷天，在街上只有缩紧了身子小跑，回到家里，萧红一下子钻进被窝。窗口上夹着一封信，给他们写信的只有鲁迅。

鲁迅在信中说，他这几天要出去，把萧军的小说再拿出去试一试。

萧军看到了信，高兴得宽脸上一片光彩。

"快起来！你怎么总是睡觉，你不写小说了？"

"我不想写。"萧红懒懒地说。

"写不出来，也不能这么窝在被窝里。快起来，你穿着棉袍子就睡。大白天，长拖拖地躺着，像什么？"

他哪里是心疼棉袍子的人，他只是想让她振作起来。

"我头疼。"她说。

"又是头疼，你还有好的时候吗？"

"我当然不是你，你像一头健牛，天天出去跑，也不知道跑的是什么？"

萧军坐在床边，他的手的确比萧红的手热许多："在上海这种地方，我们一点根底都没有。现在有了鲁迅，我们刚刚稳住脚。我们得想想，到上海干什么来了？睡觉来了？"

萧红站起来，走下地："这里没有日本鬼子，可是有出版检查官呀，一样，也不是个好地方！"

站在门口，萧军盯着她看，突然他说："你怎么胖了？怎么好像个大肚子蝈蝈？"

这种话使她气了好几天。因为他居然在信上，也对鲁迅这么说了。

鲁迅的回信上写：吟太太的小说，送检查处无回音。我不想用鞭

205

子去打吟太太。文章是打不出来的。还是不要催她……如果真是胖得像蝈蝈了,那就会有蝈蝈样的文章。

看了鲁迅信的最后一句,连正生气的萧红也笑了。

## 三

叶紫进门来的时候,在房间里没见到人。

萧红蹲在低矮的小厨房,洗着一些衣裳。有一件衣裳见了水,变得铁甲一般坚硬。她把它拉出木盆,捺在小板凳上,拿一只马莲根刷子,拼力去刷。她的两条长辫子拖下来,像大江边上的粗索。江边的绳索是江水荡着,她的绳索是被她自己的力气荡着。

叶紫喜气洋洋,两只眼镜片上是白亮亮的太阳光:"你们转运了!"

抬起脸,萧红透过黑密的刘海儿,看着明亮的叶紫:"你说什么?"

"说你们转运了。三月份,你们两个都有小说在上海的文学期刊上发表,这不是好运来了吗?"

"真的?真的转运了?"萧红甩着手上光滑的碱水,推开木盆,"走,我们到房子里抽根儿烟去。"

"萧军又没在家?"

"他,不写作的时候,在家里坐不住的,总要出去跑。"

"我今天要等他回来,你们两个转运是件大事,要商量商量庆祝一下。"叶紫拉开长衫,坐在凳面精窄的高脚木凳上,"等拿到了稿费,你们先买一张安乐椅吧。作家,怎么能没有安乐椅呢?"

抽完了烟,萧红又不能坐。忙完了木盆,她的手上又在找针找线:"萧军不喜欢安乐椅。他说人就不能安乐,安乐了万事不成。他这个人坐石头墩子也不怕。"

对着太阳,她纫一根细小的针。然后坐在床头,缝萧军的粗布袜子。叶紫带来的好心情,感染了他们的家。水瓶里的野花和桌面上的纸页，都在风里瑟瑟舞动。萧红的脸上有一层病人的红润："来上海五个多月了，要是我们两个真的都有小说发，那运可真的转过来啦！"

"上海这种地方，我太清楚了。要它承认两个外来的作家，太难了。这回，你们两个的小说一发表，就说明上海文坛接受你们了。"

线，在粗棉布的间隙里穿过，不像她家乡的女人们，萧红不会使用顶针儿，不能在针和顶针之间磕碰出响声。但是她仍旧缝得很快。熬过了半年的寂寞，能在上海站住脚，新的运气正向他们走来。

太阳向着中午走。萧红放下袜子，她留叶紫吃午饭，她说萧军在吃饭的时候准能回来。

叶紫离开高脚凳，望着萧红围着火炉上下忙。叶紫说："如果你们能宽裕一点，就雇一个用人吧，洗涮缝补这些，不应该你来做。你用了一个时辰做这些，就少了一个时辰的写作。你首先是一个作家呀。"

"作家？我常常忘了我是一个作家。自己不做这些，谁做呢？衣裳不能自己干净，饭不能自己熟，袜子不能自己补自己。什么事儿都得人来做。"

"是要有人做，可不一定是你呀。"

"不是我是谁呢，谁让我是女人！"

她拿一把蒲扇，鼓舞锅底下的火："你到房子里去喝茶吧，别让烟呛着。"

**我是作家？谁把我当作家呢？我先是为人女，后来为人妇，谁让我是女人？**

正午的时候，萧军回来了。饭和菜都用纱笼罩着。他们都在等他。萧军也被转运的说法激动着。叶紫提议，要写一封信给鲁迅。从推荐稿件、校对手稿，到资助生活，鲁迅一直无偿地帮助这两个从东北流亡来的青年作家。今天他们转了运，鲁迅是该请客的。在饭桌上，他们决定这封信由萧军写。

收拾掉了碗筷，男人们在房子里措辞。萧红又回到小厨房，木盆里的衣裳，案台上的碗，都等着她。

什么是转运呢？

运，是能用手拨得转的东西吗？运，是走马灯吗？接二连三地走过黑人黑马，突然间过来一个白亮鲜艳的小人儿，一个小红媳妇，骑着花毛驴儿？转运的说法，萧红将信将疑。但是能在上海站住脚，发表小说，再把《生死场》印成书，他们就真是作家啦！

鲁迅的回信很快就到，他欣然同意请客。虽然一九三五年的鲁迅深居简出，但是对萧红、萧军两个东北青年，他付出了超常的热情。可能他们是用东北人的坦诚、直率和热情，打动了这个穿着长衫，因为善于笔战、待人严厉而处境维艰的老人。

上海的太阳，在春天里露出了脸，暖和的风，掀着上海所有人的衣裳。

去赴鲁迅宴会的，除了萧红、萧军、叶紫，还有在路上遇见的几个新朋友。这是一个好天气。萧红喝了不少花雕酒，因为鲁迅是喝花雕的。鲁迅敲着瓶子说："这酒不会害人。在当今社会，不害人的东西太少了！"

花雕使萧红的脸色又好看起来。

满头油汗的萧军，挪开椅子，呼呼啦啦站起来，要去开窗。许广平告诉他，这些可以叫女招待去做。萧军便坐下来。他实在是热，两只手心都攥着湿汗。想敞开衣襟，又知道不合适。萧红低着声，让萧军忍耐一点，别吃得太快，讲话那么大声。他不以为然："东北人嘛，哪有那么多讲究，自己管自己。别小声嘀咕！"

这话，整个饭桌上的人都听到了。她不再说话。她看见他的两只耳朵，都是红的，而且红到了半透明。

一个朋友端起酒杯，他说恕他直言，他认为文人应该有文人的风格气质，萧军给他的印象，不太像一个文人，身上有一股野气。说完了，还看了看萧红。

在座的朋友稍稍有些愕然。

坐在上座的鲁迅，不说话，脸上发出一种含蓄不定的微笑。

这时候，她看见萧军的脸色急速阴沉下去。他在一条餐巾上擦着手，他在准备反驳，嘴已经张开。她知道，他将要说出来的那句话，能让桌面上的气氛骤变。她是不是该阻止他？她有没有阻止他的分量？

许广平站起来，提议为萧红和萧军的创作干杯。

萧红恍恍惚惚地感觉到，桌上的人都以一种另外的眼神看待她，好像她也粗俗、野气，她是那身上带着野气的人的一部分。

为什么我要和他一起呢？我不可以是自己吗？

把镜子从墙上摘下来，萧军在灯光下面仔细地照着自己的脸。他不明白，是什么表情，妨碍他像一个作家？是什么地方露出了野气："比起在讲武学堂念书，我不是好多了。文人还有一个固定的坏模子吗！他妈的，真是想不通。上海这种地方不是人待的！"

野气，这句评价，刺痛了萧军的表皮，更刺痛了萧红的内里。

萧红坐在床头，突然用一个旁观者的角度去注视萧军。他阔大的步伐，拿镜子的粗手，弯在书桌上的宽背。和这个人生活了两年多，一种奇怪的感觉把她拉向很远。虽然她与他离得这样近，可是又忽然很远。她是站在深谷的这一侧，望着深谷另外一侧的陌生人。

这个浑身散发着野气的男人，热情、粗犷。除了这些，他身上还有什么呢？

萧军伏在桌上，闷着头写信。折起信笺，正好遇见萧红的目光。

"你这么盯着我看什么？他们说我野气，我要问问鲁迅先生，让他

209

给评一评是非。"

他真的在给鲁迅写信,问关于野气的问题。

"转运"后的一九三五年,让萧红精神一振。那一年是她写作丰沛的一年。

那年底,《生死场》正式出版。她的自传体散文《商市街》和一些短篇,使她在上海的文坛声名鹊起。很多人都知道从东北来了抗日的作家萧红、萧军。

她的《生死场》,出版时由鲁迅作序,鲁迅预言她:"是我们女作家中最有希望的一位,她很可能取丁玲的地位而代之。"与萧军的《八月的乡村》相比,鲁迅认为"在写作前途上看,萧红是更有希望的"。鲁迅向美国记者史沫特莱推荐《生死场》,称它是当代女作家写的最有力的小说之一。人们看着这个时候被印在封面上的"萧红"和"悄吟",是发着光芒的!

人们很少看见,她还是留着扎头绫的长辫子,还是孩子一般爽快地笑。人们更很少看见,她还是几小时几小时地蹲在小厨房里。

早晨起来就写,她不梳头也不洗脸。

脸是给别人洗的,头也是给别人梳的。她披上一件毯子,点一支烟,开始写《商市街》里的篇章:饥饿。胃疼。寻找工作。喝醉了酒。

萧军从外面回来,她还停在风雪抚过的"商市街"上。萧红抬起头来看萧军,他好像是被文章分裂成了两个完全不同的人。他的上唇,并没有霜,仔仔细细地看,也没看见带着霜回来的萧军。

"你怎么了,又胃疼了?你看你那样,披头散发,窝着个毯子,好像刚出冰窟窿。快起来!我的校对稿拿回来了,一人看一半。局子里等着印刷呢。"

萧红放下手里的笔,接过《八月的乡村》的校对稿。这本书比萧红的《生死场》提早半年出版。

外面是下着雨的,雨从萧军的鞋子,汪进了屋子里。他脱下长裤,向门外拧着裤腿里的雨水,宽阔的腰,就横在门口。这使她想起了"一夫当关,万夫莫开"。野气那句话再次被勾起来,它好像一颗弹头,把坚硬牢固的门板砰然射穿。世界带着光、气流、尘土、飞虫,从那弹孔中自由出入。

"你又盯着我看什么?"他转过身,"我看别让你写《商市街》,你应该去写童话。写童话最适合你这样的人。"

"我是什么样的人?"

"你,写肚子疼,就跟着肚子疼。写喝卤水,就跟着喝卤水。你拿写这些东西当成命啦。"

萧红把眼前的一沓校对稿推开,推开到桌子最远的边儿上:"我写的是命,你这些全是废纸。你自己校对吧!"

"别,我还靠你呢。你是大作家,行吧。快点校对完,今晚上早点吃饭,晚上有一个聚会。"

"又是出去!"萧红突然感到委屈和孤独。她把窗户推开,雨正一层一层扫过街面,"这么大雨还出去?为什么总是你一个人走?为什么我要一个人在家?我还要放下我的事,给你校对稿子!"

"人家没请你,再说,也没有人带家眷出门。"

"我是什么?我是你的家眷?抄抄写写,不花钱的老妈子,做饭的,洗衣裳的,焐被窝儿的!"她把声音放高放亮。

"喊吧!你自己在家里喊,喊什么都行,反正我不听,我走!"

萧军抽着湿裤了,两条裤腿儿,上半截浅色,下半截深色,他仍然把它穿上,走到雨里去。好像外面就全都是快乐,只有家里全是痛苦。

他什么也不怕,挨饿受冻、刮风下雨、孤独凄凉都不怕。

"晚上聚会,现在你走什么?"

"去通知人哪。"

"走吧,走吧!你永远也别回来了!"

萧军一摔门就走了。萧红立刻后悔:是怪我朝他喊了吧?

萧红什么都怕。

天空已经是蓝黑色的时候,萧军回来了。校对过的稿子,摆在桌上。萧红正在厨房里。菜,热在火炉上。

一看见萧军进门,她马上又感到不顺畅。

他没事儿一样:"饭还没好?我不是说了我要早点吃吗?"他又站在门口拧那条湿裤子,和中午的姿势一模一样。说话的口气好像是对着一个保姆。

萧红突然间感到,被一股强大的火气冲撞着,理智顿时消散。她看见脚下有一盆水,不知道为什么,她掀起那个水盆,把一盆水全泼在火炉上。

厨房里立刻升起一团白色的水汽。

"吃什么饭!进了门就喊吃饭,都是你一个人说了算,饿着也死不了!在商市街都没饿死,在上海也饿不死!"

两只手都在发抖、冷麻。萧红向房子里走,她看见脸盆架,真想一挥手就推倒它。但是忍住了。

萧军甩下裤子,狼一样紧跟着她。他好像知道萧红对脸盆想过什么。他一抡胳膊,脸盆架就七零八落地塌下去。脸盆带着一些清水,在地上跳。萧军抡起来的手,十分巨大。

萧红没有任何地方可以去。外面漆黑有雨。她只有扑上床,把萧军的枕头扔在地板上。萧军紧跟过来,弯下腰抓起那只倒霉的枕头,踢开门,一直把它甩到雨夜里:"摔吧,你能摔过我吗?!"

如果能把整间房子都推翻,让木头瓦片都砸在身上,让自己身上所有地方都不能忍受地疼,可能会使萧红好一点,但是她没有力气:"你摔吧,把床也摔了,被也摔了,人也摔了,你真是个强盗!胡子!

你们家里的人都是当胡子的,你长的是胡子的魂儿!"

萧军听也不听,在雨里进进出出,拿回两块青砖。枕着青砖,他躺下去,稀里哗啦地翻他的校对稿。

从深夜起,萧红开始胃疼,头疼。

天不亮,萧军起来,他把潮湿的裤子又穿上:"又犯病了吧?用上海人的话说,你应该识相点!你和我这种人斗气,不是白吃亏吗?你要是生气,也得有生气的资本。连身板都不行,还生气呢!说吧,是买药片,还是买药水?"

雨连绵着,他什么也没吃,就出门到药铺去了。

"商市街"逼着她,走进过去的一个黑门洞,重复那些凄惨的故事。她为那个饥饿如狼、寂寞无着的女人,伤着心。

萧军拉起她,去看镜子:"你看你的脸,跟灰似的。你是五岁还是十五岁?写小说也要伤心,写是写,犯不着动真的。"

"你不要管我!"她说。

冷酷的故事,威逼着她,把过去再经历和忍受一次。这是劫数,躲闪不开的。

一九三五年的冬天,鲁迅第一次邀我们到他的寓所里做客。不久,我们就搬到鲁迅家的附近。我几乎每天都要去看望鲁迅。

当时,在鲁迅家,像我们这样的常客,只有鲁迅的弟弟周建人一家。

我死以后,有的评论家说,我是一生都渴望着父爱的人。我不知道对不对。

有了鲁迅和许广平,我不再是只能躲到床上了。

种了小树的天井里,鲁迅的儿子海婴挖掘着土。开始,他想种几颗蚕豆,后来就忘了目的,和萧红一起在石板上拍着烙饼。

许广平在长廊上叫萧红去包饺子。但是孩子甩着泥手,不让她离开。

"他以为你是个小孩呢?因为你有两条长辫子。"在饭桌上,鲁迅这么说。

"我明天就把头发盘起来。我都这么老了,还冒充小孩吗?"

许广平笑着说:"你如果老,我们不是更加老!"

更多的时候,萧红和许广平在小餐桌上,忙着菜。萧红把她和萧军之间的细枝末节都讲给许广平听。鲁迅从楼上下来了。他说:"你们两个说不完的话吗?整个下午听的都是你们!"

树影过了门楣,又过了门框。长廊上静静的。萧红望着天井里瘦弱单细的树。她想,什么时候,也有这样一个家?安安稳稳,男人斯文又体贴,她还有很多的东西都能写。有了《生死场》的出版和鲁迅的帮助,有了这么好的开头,长的篇幅和厚厚的书,她都能写。

可是,出了那条幽静的长廊,在家里等着她的,还是厨房和洗衣裳的木盆,还是萧军那硬硬的话。

女人都更想安定,男人却期待着波动。《八月的乡村》给萧军带来了一些声誉,声誉的后面就来了朋友。他越来越热衷于社会上的活动。

萧军带着兴奋回到家,往往是说:"我们的家跟死水一样!"

萧红在死水的最深一层。门外的光非常刺眼。

这个时候,正好有朋友寄放一张小床在他们的家。萧红说:"晚上我想搬到小床上去住。"

萧军愣了一下,仿佛没听懂。

"我搬到小床上去睡。我们在睡觉时间上,谁也不用迁就谁。"

但是,萧军在夜里听见墙角有哭声。灯并没有开,就看见她那大颗的眼泪闪出的微光。他突然觉得这发亮的眼泪,非常非常宝贵!这眼泪,是因为他而流的!

"你怎么了?"萧军探过身子问。

黑暗中,她的手抹了一下,宝贵的眼泪都不见了。她的牙齿,白亮着。她居然在笑:"我没什么,就是觉着太孤单了。我已经不习惯自己睡了,好像两个人给隔得很遥远。"

新的宝贵的眼泪,又流出来。

"我的孩子,就因为这个哭吗?"

"因为和你隔得太远了……"

"傻孩子!那你就明说嘛,还逞什么强?"

连着被子,她被抱走,像半空中飘荡的云彩。

和好与风暴,间隔着。不过,他们之间的坏天气越来越多。

"你为什么总是走,我的身体不好,你不能多陪陪我吗?"

"为什么陪你?你又不是五岁的小孩!我有我的自由。"

"那我的自由呢!"

鲁迅本来还在译着果戈里的《死魂灵》,但是他的肺病突然发作。现在,许广平拿了一张X光片,对着光,给来探病的萧红看。在右肺一侧,那里都是黑的了。

鲁迅不再下楼,只有医生到他的房间里去。听说热度一直不退。医生认为,鲁迅的肺病已经二十年,这次发作非常严重。再不退烧,人是很难抵抗的。

在没有客人的时候,许广平的脸上,流满了眼泪。听到客人来了,她慌忙地翻找手帕,装作倒茶,擦着脸。那么冷静的人,眼泪也是止不住的,刚擦去就又流满了脸。

海婴轻着声说:"爸爸总是睡。"

老妈子也踮细了脚尖儿走。

鲁迅的家里只有人影。萧红想到了祖母死后家里的空荡。

案台上,摆了很多黄色的小药瓶。海婴对他的小朋友们说:"爸爸打针的小瓶,你们能有吗?"

楼上传来空洞的咳嗽,所有的人都仰起脸去听。

在七月里，鲁迅的病有了好转，客人们可以上楼和他短暂地谈话了。萧红和许广平上了楼，停在他的门口。

鲁迅黑瘦，几乎不是原来的那个鲁迅了。

"你们看我瘦了吧？这样瘦是不行的，今后我要多吃点。"

萧红想，一定不能哭的。但是她的心和肺都憋闷着。从生病到死亡，人像冰面上疯转着的陀螺。

从鲁迅家里出来，靠在灰暗的墙角，她点了一支烟，像一个流浪的人。萧红在渐黑的天色里，依着墙，心里一片灰暗。

**我这一生看见死的次数不少。但是，鲁迅病重的那次，我看见了生命的软弱。多么硬的文章，多么强的人格，谁能禁得住病，禁得住死。**

行人在街上走过，说说笑笑，踢响了一只空罐头盒。他们是生在一个无痛无痒的世界里吗？

"他的病怎么样了？"萧军问。

萧红说："我想好了，从今以后，我不愿意再吃任何苦！一点苦也不吃。不再忍受任何折磨。我已经忍受够多了。"

她一点也不躲避萧军，点燃了一支烟。

过了很久，她说："死是很容易的，比掐灭一支烟还容易。"

早上，萧红在门廊前拿到了一封信。信上的印花写的是日本假名。这是从东京来的信。

萧红拆开信，先去看末尾的署名。是张秀珂，是她的弟弟。自从在哈尔滨的咖啡馆分手，她再也没见弟弟的面。信上说，他一直在找她。现在得到了她的地址，并且知道她已经是个作家。他现在在东京留学，靠父亲的钱继续着学业。

为什么不到日本去，为什么不去找自己的自由呢？

"出逃"的想法又涌上来。

"我们不是有一笔稿费了吗？我想我们分开一段。"萧红对萧军说。

"分开？你不是每天睡小床吗？你还想分到哪儿去？"

"我想到日本去，花销和上海差不多，又能学习日文，看日文的翻译作品，船票也不贵。我弟弟在那儿。我们的朋友黄源的夫人也在那儿，都能照应。我要换一个地方，写出点像样的东西来。"

萧军是不大同意的："上海的情况你也知道，都是那些写不出文章来，又不大得意的文人才去日本。你又不是那种情形。"

"我才真是不得意。身体不好，心情烦躁。你又经常要出去。在外面不顺气，跟我大吵大喊。我有什么地方得意呢？我要独立！"

七月十四日，萧红动身的前两天。鲁迅一家为她设宴送行。

萧军刚刚和萧红吵过，阴沉地坐着。萧红翻出一件大红的上衣，她说："你别去了，你去了也不会愉快。我也有自己出门做客的自由。"

两天以后，萧军提着箱子，送她去码头。看见日本客轮上旗帜的时候，萧红说："你不用给我写信，啰啰唆唆的。我们说好，一年以后见。都拿出点好东西来！"

轮船拉响汽笛，在薄雾里转动了它笨重的身体，船头，朝向着东方。

## 四

睁开眼睛，萧红看见一些白色的方块，排列整齐，是真正纯白的。她坐起来，仿佛坐起来才能确定方位。两扇凸花玻璃的拉门，太阳把它们照得灯一样白亮。一种奇怪的鱼味儿，散布在房间里。

这是日本的早上了。女房东正在经过门廊，她的影子是色彩斑斑的一团，可以听见布袜底儿均匀地摩挲着地板。

**究竟为什么到日本来？是我的生命中有"出走"这根神经吗？**

她的心像一只空悬的铜铃，四周没有着落。

满屋子都铺了席子，满屋子都是平展的床。如果现在萧军在，他肯定要先在这宽敞的席子上连打几个滚儿。但现在，他上楼的一通脚步声，再也不会响起。

她静止下来，想听听东京和上海的早晨有什么不同。能听到的，只有寂静。

翻遍了箱子和被子，她在寻找烟盒。没有了萧军，现在起码可以自由地抽烟了。外面有一串急急的打板儿声，是一群穿木屐上学的孩子。

虽然几天前在上海的码头上，她还不让萧军写信来，嫌写信啰唆。现在她却趴在席子上，急着给萧军写信。

到东京的第三天，萧红按弟弟给她的地址发了信，约定在附近的饭店见面。等过了时间，只是见到急急忙忙的日本人，没有任何人在她身边停下来。像一个聋哑人和迷路者，萧红按照原路又摸回了住处。

中国是活人的地方，日本是死鬼的地方。

天还没有黑，每个家里都闭紧了门窗，一点光亮和声响也不透出来。迎面遇见了一个方脸的男人，哇哇地向她讲话，那些话都喷着酒味儿。萧红不敢回头，只是沿着来路跑。

她不甘心，又按弟弟的地址上门去找。

门里走出一个老太婆，她说着一连串的日本话。萧红站在那里不知怎么办。

后来，萧红在一张纸上写了汉字，后来又画图，再后来是打手势，终于明白了：这儿是住过满洲人，姓张的，走了。

萧红画了一长串日本的岛屿，一只箭头从东京伸出去，在几个岛上绕。

老太婆摇头。

萧红又画了一个中国地图，她把一个大箭头从日本射向了东北。

老太婆弯腰点头，接过笔，写了四个汉字：十日。满洲。

弟弟回东北了。刚刚走了十天。她为什么不早些动身，接信后为什么没马上联系他呢？

萧红极不情愿就这样走出去，她尽力地向屋子里看。

密密的竹帘子低垂着，帘子后面一点声音也没有，好像正有人午睡着。门廊上，一只瓷花瓶插着西番莲花，紫红的，大绒球一样的那种。只是没有弟弟。

弟弟回国了。朋友黄源的妻子很快又要回上海去。东京立刻变得跟陷阱一样可怕。一个人也不认识，一条路也不认识，一句话也不会说。她该怎么办？

席子上，有一块白色的纸片，面朝下静卧着。那是一封信。萧军的信！

急着去拆信，把信纸也撕破了。萧红掩好拉门儿。把那封信的每一个字都看了。如果他的信里有这样的字样：不要斗气了，逗什么能呢？要什么独立自由呢？还是回来吧！如果有这些，她马上就去订船票！

把信纸的背面翻过来，纸封的里衬也是全白的。哪怕他多写一点也好。多写半页就能累着他了吗！萧红想着，心里生闷气。

东京是一服苦药。我自己抓的，孤独的苦药。只有自己默默地喝下去。喝药这种事儿，别人帮不了。

把稿纸堆在小桌上。她想,她要工作了。只有不断地写,才算没白到东京来。

白纸刚刚码好,又被她搬下来。她在席子上一页一页地数。假如每天写五页,十天写五十页,一百页一沓,一共七沓。要写一年的时间。这么多的纸都写满,能出好几本书了。背着它们回上海,他难道不刮目相看吗?

她要卧薪尝胆,让他大大地吃惊。

东京的夏天也是热的。趴在小桌上写,不久就要擦汗。她觉得身上所有的关节都在酸疼,写了两页就不再能坐住。捏着膝盖,又托着肘,难道骨头节里都灌了醋了吗?

终于借了一支温度计,她知道自己在发烧。精细的温度计,那高高的水银柱一下子打击了她。口干,胃胀,头疼,心跳。她再也起不来。眼看着拉门儿变白又变黑。

房中那盏蓝色的电灯,日夜都没有关。它是全屋中另一个活着的东西。她每天无数次睡,无数次醒,醒来就看见世界还为她蓝着。

我这是在发烧呀,睡昏了头,她想。

默默地躺着,只有日月守着她,等着病像一块黑云彩一样过去。烧得最难受的时候,她非常想看一本书。她想起祖父读唐诗的时候拉出来的长声儿。

她写信给萧军,要一本唐诗。可能只有唐诗才能陪伴她度过东京死一样的晚上。唐诗像唱歌一样,像天上的家雀一样。念起来,像一点病也没有的好人一样。

房子的四周,像是长了灰的瓦片。雨水敲打着发烧的屋瓦,雨也变成了四四方方的。回上海的想法儿,像不断的雨,不停地敲打着她。安安稳稳地活着,安安稳稳地写作,不正是我所要的吗?为什么总是想上海呢?她不断地批判着自己。

在孤独和病中，萧红写完了几个短篇和优美的散文《家族以外的人》。后来，集成了一本书《牛车上》。不写小说的时候，她给萧军写了许多信。

大清早，房东女人在门廊里讲话，吵醒了萧红。本来那话听不懂，萧红也从来不听。但是房东女人讲得非常大声，非常快和不祥！好像在阻止什么。萧红披上衣裳，看见拉门儿上有好几个人影，都是高大的男人。

拉门被推开，几个日本男人，一起涌进房间里来。他们好像浑身都带着眼睛，是有铁钩那类阴险毒辣的眼睛。哇里哇啦，满天都是日本话。他们指着箱子，又翻着桌上的纸。房东女人恐惧地守在门口，赤露在外面的金牙，好像也打着战。

萧红被挤在墙角，像一个囚徒。她想骂，赶他们出去。但是她不会讲日本话。

他们把房子里翻腾过了，连压在枕头下面的裙子也抖搂起来。大皮鞋们傲慢无礼地离开，好像这是杀人重犯的家。

萧红听说过，日本是警察国家。日本的"刑事"就是这种便衣警察。他们有无边的权力，可以监视、检查任何一个本国人和外国人。

那一天，本来是晴朗的，太阳刚刚红了树的顶梢。院子里散布着明亮的斑点，像白猫踩过来的脚印。

日本"刑事"破坏了全部好心情，萧红一直追到大门口，那几个男人不知道拐进了哪条巷子。萧红朝着三条巷口，大声地骂。

"他妈的！"

"混账王八蛋！"

"谁稀罕这个臭地方！死人的地方！"

"他妈的！混账王八蛋！"

把棉被和稿纸不分顺序地塞进箱子。这样的日本，她一天也待不下去！虽然回去也不一定好，两个人磕磕绊绊，但是总有一只手撑扶住她。吵吵闹闹，才使人不会像鬼魂一样孤独。

箱子鼓着，立在门口。萧红坐下来，点了一支烟。烟，把被日本"刑事"剖裂的心稳下来。

回去干吗？即使回去，也不能就这么回去，就这么几天，又拎着箱子回了上海，算什么呢？败下阵来了吗？"回去"这两个字，应该是由萧军说出来。

卧薪尝胆，当然是要挨得住苦的。

"什么人什么命儿，吓了一下，不在乎……不回去了！来回乱跑，啰啰唆唆。想来想去，还是住下去吧。"她在给萧军的信里，是这么写的。

我在日本，给萧军写了三十多封信。它们都不太像信，更像自言自语。比如我写过：

"你亦人也，我亦人也，你则健康，我则多病，常生健牛与病驴之感，故每暗中惭愧……"

我想过，经过这么长时间的交流和思念，我回到上海，我们会紧紧地拥抱在一起。

天凉着，小雨又浇在瓦片上。这种晚上，萧红就写不下去。拿起日语课本，也读不下去。她克制不住地总想回头，看那被风吹着的拉门儿。她总以为萧军能端起那拉门儿，拉开它，忽然迈进屋里来。

坐在小饭馆里，萧红等着笼里蒸的包子。她随便翻到一张当天的日报，看见了几个中国字："鲁迅"！后面是"の亻思"。"の"的意思她是懂的，但是"亻思"代表什么？

有一种不祥的直觉，使她的心狂乱着。

飞快地扫过报上的那篇文章，文中有几处"逝去"的字样，又看到"损失""殒星",这些都是中国字,她是看得懂的。

再也不想等什么包子。萧红拿着报纸跑过了街,回到住处,翻遍了字典,"亻思",不是一个中国字。她赶紧出门去搭车。全日本,她只有一个熟人。她要去问问,这张报上写的是什么?

熟人的脖颈上,还敷着药。也是一个容易生病的人。熟人也不懂日语。两个人一起查了《日汉字典》。熟人说,"亻思"的意思只是印象、面影儿。

"但是,是谁逝世了呢?这文章中,好像还有枪弹的字样。难道是枪弹射着了他吗?还有静的、摇的椅子,这都是什么意思?"

熟人说:"你不要往坏了想。一定是鲁迅在议论别人的事情,在静静地摇着他的躺椅。他家里是不是有躺椅呀?你是想家了吧?什么事儿都往坏处想。"

从熟人那儿出来。她的心仍旧是慌的。她不相信鲁迅安静地摇着躺椅,议论枪弹杀人。一定有什么大事情发生。但是她不愿意再细想。

慌乱地到了第二天,又有了新的报纸。萧红已经知道:鲁迅在10月19日病逝。

**人这么快就能死吗?我来日本才三个月。三个月前,鲁迅还在为我送行,还在抽烟,还在同一张桌子上吃饭。**

现在,鲁迅却站在了报纸上,被一些黑粗的框子圈起来。

他的眼神,还是紧盯着人的。

相同的想法,不断地重复又重复。10月22号的夜里,她整夜失眠。嘴上起了泡。

在日本语学校的课堂上,小个子的教员突然向萧红的方向走过来。他用汉语问:"鲁迅这个人,你觉得怎么样?"

萧红愣住了。她很怕会一下子哭起来。整个日本,没有一个知道她和鲁迅的关系。中国的左翼作家，在日本是很不安全的。为什么教员直接来问她呢？

这时候，坐在萧红旁边的人慢悠悠地站起来。

她太紧张了。她不知道教员是在问那一个人。

"你说说吧，鲁迅这个人怎么样？"

"我看，鲁迅这个人也没啥的……"

这是一个满洲人。东北口音浓重。

萧红向上望着他。那个人的年龄不小了，头发是黑白相间的。他左右地摇晃，左脚支撑，又换到右脚支撑，像个扳不倒："是没啥，没啥了不起。他的文章就是一个骂字。而且人格上也不好，尖酸刻薄……"好像还没有说完，他呼地就坐下了，引起满屋子的笑。

她看见，没有一个人是悲伤的。中国来的学生们，时髦地甩着围脖，用眼睛瞄着窗外的日本女学生。她们也同样大胆地望着中国男人。

从学校出来，萧红一路上都在哭。满街的人没有一个看她。那天是靖国神社开庙会的日子。头上扎着毛巾的日本男人，光着膀子，扛着"无人小轿"一样的道具，跨着夸张奇怪的舞步。女人们前仰后合，掩着嘴大笑。每个人的嘴里都有几颗金牙在闪光。

她看不清路，街上的所有色彩模糊成一片。眼睛好像一只被泼进了水的调色碟。

关上拉门儿，死寂又涌上来。

远远地，有什么日本乐器，像箜篌。乐音孤单单地响起来，似断非断，似连非连。她还是想哭。

没有鲁迅，她和萧军没有今天。但是，他还是死了。

更多的人，读过鲁迅文章的人，崇敬过他的人，斥骂过他的人，都很好地活着。在这个世界上，就连死，也不能打动谁。

火盆里的炭，亮了又暗，暗了又亮。她还是不明白，本来是活人的，这么快就死了呢？

一场大病来了。

萧红在席子上躺了两天。她想一个人的死就是这样。力气从身上一点一点地走掉。人就成了一只空躯壳。像鞋盒子，靠在墙角。鞋，跟着脚走了。盒子还能放多久？

拉门儿上，有一个小影子。凸花的玻璃，把房东孩子的眼睛出奇地放大。

"你来，进来！"萧红摆手。

孩子真的进了门儿。身后又拖来一只木头狗。

"你几岁？"她用日本话问。她慢慢学会了简单的几句。

"五岁。"孩子把手伸出来。手指上黏黏的，好像粘着豆沙。

她扔在哈尔滨的孩子，应该是四岁多了。她的孩子不知道是不是也能长到这么高？一个没有妈的孩子。

听说，死了的人，都能在阴间见到的。她昏睡了很久以后，再醒来，只看见拉门儿敞开。风吹着木头狗的耳朵。


病，一点一点放松了手。

萧红又能去日本语学校上课了。

她在铺子里见到一张画：一个小孩睡在农家的屋檐下。是女孩。她的母亲正从黄昏里走过来。她的父亲扛着刈刀，从田里，也正走过来。天是红的。红的光，照着孩子安详的睡态。

萧红把画买下来，贴在墙上。她想那个孩子就是她自己。她借了剪刀，想把另外两个人裁下去，只留下孩子。但是画剪破了，晚天就不再辽阔。她想让那个孩子，躺在广大的天地里，而且孩子是应该有父亲和母亲的。

女孩睡在墙上，使萧红想到呼兰河。呼兰河使萧红一下子想到巴黎！到巴黎去学画。她本来是可能做一个女画家的。

一九三七年的黎明，把死一样静的东京照亮。

萧红感觉有一股突如其来的悲伤，跟着新年一起降临。她的心乱成了一盆沸水。

一九三七年，对于中国人，这是怎样的一年，没有人会预先知道。

一月中旬，萧红接到了萧军的急信，让她速回上海！

冒着小雪，萧红就跑着去订了船票。

只要是他叫我，我马上就会朝着他的喊声去。我一直是等着他的声音的。

## 五

船靠向码头，萧红就看见了人群中的萧军。他被一个穿皮毛大衣的高个子遮挡着，必须左右晃动，才能看清他头上那顶飞机帽。

没法确定他的神情有什么变化。他望着船的样子，有点陌生，也许是心不在焉。连他的外套，他抓帽耳朵的手势，也有点陌生。

"这是回到上海了？！"萧红兴奋着。

并没有想象的拥抱，他只是抓住了萧红的手。一月的天是冷的，但是他却那么热。

"我好像不认识你了。"她小声地对萧军说。萧红感觉一到了上海，她就变成了一个没见过世面、没有主见的小姑娘。

他们的肩，互相摩擦着，在上海寒冷冬天的街上。

"新家在哪儿呀？"

"你不是喜欢长的回廊吗？新租的房子是有回廊的。"萧军说着说着，就走到前面去了，要加紧了步子才能赶上。半年的时间，连他的步伐都陌生了。

"是什么样的回廊呢？"

他不告诉:"他们都说你在日本这半年写了那么多。杂志上总是能看见你的名字。今天晚上准备好了,要给你接风呢!"

萧红的心为上海而热着:"今晚上有酒喝了吗?我很久都没尝到花雕的味道了……你还喝酒吗?他们写信告诉我说,你喝酒就是为了报复我抽烟。你没想过,我不过是才抽几支烟。我一个人在东京,比咱们刚来上海还孤独。在上海,起码还是两个人。我已经孤独得跟一根草叶似的了。你不能跟一根草叶分什么胜负的。"

"咱们之间,哪分得出胜负呢?"萧军笑了一下。

他的笑,为什么是很浅的,很恍惚的?

沉实烫手的小坛子里,盛着的是酒,是热的酒。酒香随着热度,飘满了饭桌。萧红对着几个朋友说:"今天我反客为主,我来掌杯!"

喝过了几杯花雕,她的眼睛闪着亮。她的牙齿、辫子、嗓音和笑声,都闪着过去少有的光亮:"在日本半年,也没有这一个晚上说的话多。"

她又同桌上刚从东北来的老朋友回忆起当年,学萧军弹着月琴的样子。为了学那样子,她笑得晃着,像一个转着的尖底坛子。

萧军低声对萧红说:"你喝得慢一点,别失了态。"

"你别管我!把你一个人送到东京半年,你回来也得这么高兴!"像以前萧军大声地呵斥她,现在,萧红的声音也响彻全桌。

酒的力气顶着人,使人登上了平时不能想象的山顶。酒使人美丽。

朋友都散了的深夜,萧红坐在新家的回廊上。她叫萧军出来。她说她闻到了空气中有一种上海味儿。

"什么叫上海味儿?"

"有点亲切,有点愁人。像乱麻线一团团搅在一起,乱七八糟的。"

萧军想进屋里去,他说:"你再闻上海味儿,上海就把你冻着了!"

"这次回来,我们要大写一年!我要写一本长的、厚的书。"她在灭了灯后说。

有一个小伙子,站在回廊的另一端。他穿得太少,几乎是萧瑟地站着。

"荣子姐。"他叫她的小名。

这是她的弟弟张秀珂。苍白、瘦弱,迈着细长的腿。是当年在哈尔滨请她喝咖啡,问她为什么不去理发店的孩子吗。

现在有多少东北的青年,都在逃亡。弟弟从日本回国后,在东北没什么好做,就流亡到上海来。日本鬼子逼得这么瘦弱的孩子都没有了家。他来上海找萧红,已经有几个月了。

太阳照着回廊。弟弟给她讲,祖父的坟上长了一棵树。

"是什么树?"

"不知道。好像是榆树吧?也可能是杨树。"

"你为什么不记住是什么树呢?"

"都差不多的,反正是一棵小树。自己长出来的……还有,父亲的头发都白了。日本鬼子叫他进了'协进会',当什么董事。他一天天躲着找他来议事的人。有时候,还来日本人。他整天躲在厢房里。"

"漏粉的那一家人呢?"

"走了。好像当了胡子……现在咱们老家那儿,都把日本鬼子叫'小口口'。日本的'日'字,不就是两个口吗!"

一切离得那么远,她的家、后园子、呼兰河……隔了多少条山河,再也没有办法看见了。

"姐,你这些年好吗?"

"我能自己照顾自己。你呢?"

"我什么也没做。上海的工作不好找。"

从清早,到晚上,已经没有阳光的家里,只有表针在移动。花盆、床铺、桌椅和姐弟俩,都静止了。只有他们的家乡在天上和地下走。

夜深了，黑色在移动。

弟弟站起来："姐夫还没回来？我走了。姐夫好像是个很忙的人。"他说到这儿，突兀地走下回廊。她一直能听到那纤细的脚步声，越走越远。


萧军对社会活动的兴趣越来越大，出去的时候也越来越多。连两个人想去万国公墓看望鲁迅陵墓的事，也拖了几次。

墓地，永远经受着凄风和颓败。再鲜艳的花也受不了墓地的冷清。

在看不见的雨中，他们走进公墓。草都枯黄无力。

萧红看见了鲁迅墓旁立着一只熟悉的花瓶。过去，它是摆在鲁迅家客厅长桌上的，翠生生地养着万年青。那是一只有两只耳朵，一条颀长脖子，身上布着网丝的花瓶。现在它孤零零地站在无数墓碑之间。而且没有花，它是空站着。底座已经不见。

一个人就这么死了吗？他生前无论是什么样的，都变得极端简单和荒凉。

萧军把自己的手帕递给她。她的手帕，在进入公墓的小路上，就迷迷糊糊地掉了。

大上海，没有比万国公墓更静的地方了。萧军低声给萧红讲了他为鲁迅守灵的三天三夜。讲了在鲁迅送葬的那一天，他是十六个抬棺人中的一个。他形容一万多人的送葬队伍，怎么样经过了上海的闹市区。

"我在信里，都告诉你了。就在这儿，"萧军指了指墓碑下面，"鲁迅逝世满一个月，我来扫墓的时候，在这儿烧了二本杂志。有人化名'狄克'，在小报上做文章讽刺我。说我是'鲁迅家将'、'孝子贤孙'。说烧刊物是'封建迷信'。"

"我知道你烧刊物。心情可以理解。不过，我看真是农民的做法。"

"你也这么说！和那些臭知识分子比，我就是要更像一个农民！你看着，我饶不了那两个人。"

另外有一些扫墓的，拿了红蜡、纸钱，就在附近的一个墓碑前点起了火。烟像一条青白的卷龙，把鲁迅的墓碑缠绕起来。

离开墓地的时候，萧红说："你看那些人，是给他们长辈烧纸的。儿儿女女一大帮。谁像鲁迅啊，在世上，只留下那么小的儿子，那么弱的女人。一个人还是要有后代呀。子子孙孙，你想要传下去的东西才不能绝了。"

"你那么有文化，怎么能说出这种话来。传宗接代，那不也是农民的想法，你不是也很庸俗吗？"萧军瞪着眼睛说。

"你这是报复我。"

雨真的落下来。萧军的背后，出现了一些湿的麻点。墓地的土泥泞了。在这个时候，萧红想：她要有许许多多的孩子该是有多么好。许许多多地围在膝前。一伸手就摸到他们毛茸茸的头发。

"你想有一个小毛头吗？"她问萧军。

"不想！"萧军连一秒钟也不愿意想，"连自己都活不好的人，哪能养活小孩子？"

"我是怕呀。"

"怕什么？"

"怕我们在命里就没有孩子。"

"今晚上，你给我当见证人去。"

"干什么？"

"和那两个匿名的小子比武去！上回因为烧杂志，写文章骂我的那两个。一个张春桥，一个马吉蜂。今天，我找了你，还有聂绀弩。你看着，我非给他们摔趴下！"

"我不去！我不想又看着你打架。"

"什么叫打架?这叫斗争。你不去?为了鲁迅,你也不去吗?"

在房子中间,萧军横跨着马步,一副要去决战的样子。

为了鲁迅,萧红没有什么话说。

天黑的时候,在徐家汇一带的农田里,萧军喊着萧红到菜地里来。她不说话。一只脚踩在泥里,另一只脚还在路上。

这场在菜地里进行的搏斗,只打了两个回合。所以,萧军也只是赢了两个回合。他身上还有无限的力气。

马吉蜂半跪着,甩着手上的泥。

"甩什么?快起来!装什么熊蛋!"

突然,黑夜里响起了哨子。是外国巡捕配的专门的哨子。菜地的另一头,跑过来两个黄毛蓝眼睛的法国巡捕。马吉蜂和他的见证人张春桥,遇到了救星,踩过深深浅浅的菜田,跑掉了。

"你们有小报,可以天天写文章骂我。我没有别的,只有拳头。今天要是没有那两个老毛子,我不揍扁了你们!"萧军拔出陷在泥里的脚,对萧红和聂绀弩说:"这小子不禁打,不是对手,"他朝着萧红与聂绀弩挥挥手,"没完!你们两个去把他们叫回来,我们没比完!"

萧红瞪了萧军一眼。

"你快去,快喊!"萧军的手,很大力地拨拉着萧红的胳膊。

"你疯啦!"从进了菜地,萧红就一直沉默着。她早就不耐烦了。她一甩身,就独自往前走,"这算什么能耐?撒野!"萧红谁也不等,头也不回。

萧军正威风着,在聂绀弩的面前又丢了面子。他甩着脚上的泥:"你有什么能耐?你不就是能写几个破字吗!"他快跑着,追上萧红,阻挡了她前边的路。萧军的眼睛里跳荡着蛮武的光彩。

萧红想拨开他:"你还应名叫个作家呢?你看你那样子!"

"我也不想当什么作家!你以为你当了个作家,你就美到了天边儿

231

了。我不以为,我不以为作家算个什么东西!我就是这个样子!"萧军的手伸了一下,他想动手,但是被控制住。

"粗野!强盗!胡子!"萧红反而更理直气壮,她拨着萧军的胳膊。

萧军腰上扎着那条不伦不类的皮带,鞋上的烂泥,方脸上赤红的怒气,萧红都不能容忍。她想:这回绝不能软!她要拨开他,让他主动让路。

聂绀弩不知道该劝解哪一个人。

一个推小车的商贩,带着满街的鱼丸子味走过来。萧军哼了一声,扭头便走,把萧红他们远远地甩在背后。

再没有鲁迅的家可以去。萧红的最后领地,还是厨房和床上两条死尸一样的棉被。

他是真的陌生了!

一清早,他赤裸着上身,扑扑地洗着热水澡。地板上都是他扑腾出来的水。他的皮鞋踩过水就走了。

萧红胃疼的时候,他说去买药,但是几个小时以后才回来。胳膊里夹着杂志和信件,药却忘了。

**回到上海,我一个字也写不进去。我又回到了那个倒霉的角色中去。看着别人的脸色,忍受着别人的白眼。**

**小的时候,祖父就对我说,人心隔肚皮。我不知道,在我们之间隔了什么?**

弟弟又站在回廊上。太阳从东方照着他。天暖了。他显得更加单薄,像青竹竿一样。

"姐夫又没在吗?"他每次都这么说。然后,弯下腰脱皮鞋。再穿上萧军的便鞋。他那么年轻,眉和眼的高低,是分辨不清的。他看不清萧红和萧军之间发生着什么。

萧红不想说话。有的时候，整个上午，她看着眼前的纸，心里颠来倒去地想：我该怎么办？我受他这个吗？

弟弟以为她在创作，就在回廊的长椅上睡着了。

面具，戴在脸上，用画出来的笑容和不变化的热情，应付着外界。其实，每个人的脸上，都可能满是眼泪，都可能惨不忍睹。

一九三七年的前一半。萧红几乎什么都没写。买了颜料，没画成画。买了宣纸，没练成字。她只是不停地戴正她的面具。她紧张着，怕它松下去，怕自己的眼泪给人看见。

春天，脱掉了衣服，萧红轻巧地出门。她想到一个朋友家里坐坐。朋友家是有楼的。楼下都看了，没有人。她到楼上去。上面房间热烈的谈话声，突然静止。跟快刀斩豆腐一样，齐刷刷地静止。房间里有三个人，萧军在这儿，还有房子的主人和他妻子。他们的脸都奇怪地看着她。

萧红觉得那把快刀的寒光，就落在自己的身上。她的脸色灰白，像一只蛋清。

如果不是关于她的恶的话题，他们不会这么噤声！

萧红尴尬地站在门口。她想找一个话题："你穿得这么少，不冷吗？"她朝着女主人说。

房子主人冷冷地说："这种天，还冷吗？"

萧红转身离开了：我惹着了他们吗？他们为什么这么对我？！

以草叶儿一样的敏感，萧红知道了，这中间肯定有着什么！

就在她去日本的时候，萧军和那房子主人的太太，产生了爱情。这种爱情，像藕，和刀一起摆在砧板上。萧军和那女人都已经意识到了，决定斩断它。

萧军发了急件，把萧红从东京叫回来。就是为了这个。

萧红回来了。那个爱情的形态，是断的。丝却粘连着。

都说患难与共。他们的难关，一道道地过去，他本身却成了一道难关。

为了那么一个不值得爱的女人吗？！

萧军回到家里，是天色将黑的时候。回廊上，有许多烟头。好像故意摆在最显眼的地方，好像一些挑衅者。

"又抽这么多的烟，能不咳嗽吗，你！"萧军朝着屋子里说。

屋子里没声儿，没亮儿。

萧红的弟弟脸上盖一本杂志。他又来睡觉。这个青年经常是困倦的。

转到厨房去，看见萧红在洗菜盆里翻洗着油绿的菜叶。她站在灰暗中。

"你抽那么多的烟？烟头到处乱扔。你是不是还想犯咳嗽病？这还像个女人吗？"

她似乎是没有知觉的人。低着头，响亮地捞起水中的菜。她的手，和菜叶一起在抖。

听到了声音，萧红的弟弟坐起来，高高细细的。他说没想到天黑了。他该走了。

纱的门，被弟弟关上的那一刻。萧红从厨房里冲出来，端着一大盆水淋淋的青菜。她把盆举到最高，然后，狠狠地摔到地上！

水和菜叶，都颠颤着。

"你说，你想怎么办吧？我不受你这个了！你和那个女人！"

萧军甩着脚上的水和菜叶儿，他松树明子般的脾气，被烧燎起了烟："我！我受你这个吗！"

他发出的，不是人声，是狂吼。

萧红向他扑过去！

她想：有一颗炸弹才好，把全世界都炸塌了才好……

朋友们都回避着他们。有人说，这些天萧红脸上的青肿，是被萧军打的。

这样的家，受这种气。我一分钟也不能待下去。

当时，我又想到了走，一走了之！我不想看见他为一个不值得爱的女人，做出赴汤蹈火的架势。

我不想看，我可以走。

我逃出呼兰的那一年，我父亲不是说，饿死、冻死，都不算他张家的人嘛。但是，我并没有饿死冻死，我活得挺好。

我真想到巴黎去学美术。

萧红数过了家里的钱，她非常失望。全部的钱，还不够买去巴黎的船票。

非常阴沉低闷的一天，萧军找到了几个朋友。他说，萧红出走了，已经几天没有消息。

"是真的吗？她拿了什么东西走的？"

"一只箱子。她可能带了几件衣裳。家里的法币，她拿走了一半。"

"出走了？！她能去哪儿呢？问过她弟弟吗？"

"他也不知道。"

是春天，梅雨频频的日子。男人们望着窗外的雨。在他们看来，新式的女人太不像话了，动不动就要出走。

萧军回忆起来了——前几天，他曾经和萧红在路上走个碰头。

"没说话吗？"

"那时候她还没走呢。没说话，跟不认识一样。一个走左一个走右。各走各的路。那是最后一次见她。那个晚上她就没回来。"

"是哪一条路,你快想想!"

在一家私立画院,他们找到了萧红。三天前,她偷偷报名,成了这个画院的寄宿学生。现在,她正和两个学生在画室里,背后是石膏的鼻子、眼睛、嘴唇。

画院的老板,是外国人,说着串了调的中国话:"你怎么不说你是有家的,有丈夫的。你在表格里也没有写明。现在,你丈夫不允许了,我们不能收你的。"

萧红知道,萧军就站在画室门口。她尽可能慢地收拾纸笔。

"又要回到那个家吗?我不想!"出了门,她看也不看萧军,好像对着天说。

"先回去,我们再谈。"

出了画院的门,她看见门口还站着萧军的几个朋友。

**我倒霉,我是一个女人,一个软弱无力的女人。谁都可以像押解一个囚犯一样,逼我回家。**

萧军打开房门:"进来说吧。"

"你不答应我,我绝不进门。我要问你,我有没有人身自由?如果我有,我明天就到北平去!我要一个人住一段。"

"怎么都好商量。你不能不说一声就走哇。"

家,是被努力打扫过的。瓶子里还插了新鲜的花。看见那些黄色的小花,她的心立刻变得宽软。她说:"我想哭。"

坐下来,她便真的哭出声来。

火车向着北开。她又看见北方平矮的土房和绿油油的葱地。马和犁杖,都在田里。火车好像是被巨大的石头硌了一下,沉重地停下来。旅客们把头伸到窗外去:"这也不是个车站呀。前不着村后不着店的。

是错车吗?"

很快,有闷罐车经过。车门敞开着。人的腿,都挂在车门外。有人说,那不东北军张学良的队伍吗!

兵们,是愉快的。有人光着膀子,有人唱着戏文,有人在脖子上赶着汗泥。

"这是朝啥地方开拔啊?老总?"隔着钢轨,旅客们大声地喊。

"哪有猪头肉,就朝哪儿开拔!"

兵车过去了,火车向着北平,疙疙瘩瘩地一直向北。


临行前,萧军和萧红缓解了。

萧军决定切断被他称作"没有结果的爱情"。他们谈定,萧红先北上,萧军安顿琐事,过两个月,也随后去北平。两个人都开始安心写作。


北平也改变着。七年前,她来求学时候的神圣,都消失了。黄风,无遮无挡地刮过城市的面颊。在每一条胡同的转弯拐角里,风窝着,打着旋儿,发出凄凄的干哭。

萧红住了下来。开始,她想象着自己将要写作的长篇小说。她想把萧军一个人留在上海。她想,这一次,是她把自由像一个宝物一样地派给他了。

她怎么会想到,那自由是一把两头带尖的锥子,扎着他的同时,也扎着她自己。

望着桌上的稿纸,她写几个字就停下了。她好像又在重复刚到东京的那种心慌,而且比那时候更坏!她只是不断地淌眼泪,又给萧军写信:

"都说女人的狭小、自私。为了恋爱而忘掉了人民。但是男人不是这样吗……不但忘了人民,而且忘了性命。"

"感情,为什么压抑不了,批评不了呢?正在口渴的那一刹,觉得口渴的那个真理,就是世界顶高、顶尖的真理。"

"痛苦的人生啊!服毒的人生啊!……"

"我常常怀疑自己,我怕是忍耐不住了吧,我的神经或者比丝线还细了吧?"

"我哭,我也是不能哭,不允许我哭。失掉了哭的自由了。我不知为什么把自己弄得这样。连精神都给自己上了枷锁了。"

"这回的心情,还不比去日本的心情。什么能救了我呀?上帝!我一定要用那只曾经把我建设起来的手,把自己打碎吗?"

萧红翻来覆去地在北平小旅社的床上翻腾着。她不断翻腾,不断写信。

她梳光了头发,把给萧军的信投进了邮筒里。那邮筒是铸铁的。朝阳的一面,被春天的太阳晒出了温度,另一面还冰凉着。谁能知道,这个寄信的女人,心里正经历着服毒一样的痛苦。

在小旅馆里住了几天,萧红找到了当年的朋友李先生。

快七年没见面了。当年的事,他们谁也不提起,像两个平静的朋友。现在,萧红已经是一个成人了。

在心烦意乱中,她掩饰着,居然还在为李先生和太太调解着感情,重复着人人皆知的道理。

她看见槐树上冒出了嫩绿的新叶,像婴儿流着口水的嘴里鼓出的小牙儿,与她七年前看到的一模一样。

树,来来回回地绿,人只能越来越弯黄。

李先生和太太去看戏的时候,她留下来给他们照看几个大大小小的孩子。

她把小泥人一个个摆在板凳上,有的头朝天,有的脚朝天。

"摆错了,你心里想什么呢?"小的孩子问。

"我想，小泥人是谁给你买的。"

"不对，你蒙人。你是在这儿等信呢！"大的孩子说。孩子们都知道，萧军是把信寄到他们家的。

萧红到北平，只有二十多天，萧军寄了一封简短的信，说他身体不好，让她"束装来沪"。

她好像是在等待着这么一封信。

女人，天下最没有耐力，最怕孤独的女人！萧红心里骂自己。

李先生送萧红去北平站。京城里的骆驼铃声响得很慢。它们一队一队地经过前门箭楼。

李先生说："乃莹，你变了。"

"变得老了。"

"不对，是变得复杂了。看不太透了。"

"人的心，本来就是看不透的。"

她认真地看着他。

他用嗓子在讲话，他的心是不动的。虽然它跳，却不是为着他以外的人跳。

## 第五章 离乱 还妄想飞吗

写一本关于呼兰河的书,像等待装谷子的口袋。那口袋,一次次被萧红提起两角,掂量着,瞄着它,想着怎么装进去得劲,想着谷子在里面的充盈。可是口袋里一粒谷子也没有。

## 一

萧红又回到了她上海的回廊上。

一块花的布,把她的双脚以上都包围住。她的脸因为那块布的鲜艳而明丽。太阳晒在她的右侧面、右脸颊、右肩膀、右手背,以及充满着皱褶的花布。

"我知道你见了信,就马上能回来,我一说我身体不好,你就能回来。"萧军笑着,眨着狡猾的小眼睛。

他哪里有病,他壮得像一头活驴!

从火车站被迎回了家,一路上,她平静得像一幅画。

女人,怕气又怕哄的女人。

在缝着这幅窗帘的时候,她想着即将动笔的长篇小说。

弟弟昨天告诉她,呼兰的家里有信来,说今年的樱桃树,结了满树的红。"小口口"的事,没人敢提。"小口口"是杀人不眨眼的。

写一本关于呼兰河的书,像等待装谷子的口袋。那口袋,一次次被萧红提起两角,掂量着,瞄着它,想着怎么装进去得劲,想着谷子在里面的充盈。可是口袋里一粒谷子也没有。

"怎么写不进去呢?"阳光现在被她转到背后,她带着热的光进屋去。

萧军坐在桌前。他已经写了一上午。

萧红在一张纸上写了一个开头,下面却画了一幅萧军戴着压头发小帽的速写。

"像不像？"她跑过去拿给他看。

"真有点像啊！"

"你怎么就能写进去呢？"

"有什么写不进去的，坐下就写呗。"萧军低下头，又去写。

几天以后，谁也不能再坐在书桌前了！

一九三七年七月七日，北平附近那座蹲着二百八十只石狮子的卢沟桥，笼罩在硝烟里。日本人掀翻了中国的版图。大战，以超过野火的速度，向南烧燎。

在满天星光的夜里，萧红的弟弟说他要去参加抗日的军队，到西北去。他穿着一身白的衣裳。在夜里，弟弟就是细白的一条。

"你也没跟我商量商量，你能行吗？"

"我怎么不行？"

萧军从屋里出来："有种，像一个中国人！"

弟弟连屋子也没进，就要走了。他说，队伍正在等他。打鬼子的信念闪烁着，许许多多的青年找到了活着的目标。

萧红和萧军站在回廊上。看见弟弟走向军人的行列和炮火硝烟。

"参战，就是去赴死呀！"萧红心神很不安定。

"都像你这么想，日本人早把中国灭了。"

"今天的报纸呢？"每天吃午饭的时候，她都去问萧军。萧军抓起报纸，嘴上总要骂着："真他妈的中国人，孬种。真他妈的小鬼子，纯属疯子！"

八月十三日，上海的空中，出现了飞机。像大海涨潮一样，天空轰鸣着。虽然上海的云层灰暗成块，飞机仍旧俯冲下来，穿到云层以下。它紧盯着大上海。

连飞机座里的日本飞行员都看见了!

飞机,把一种说不清的恐慌带到了人间。萧红感觉自己的身体像被拆卸开的钟表零件,七零八落着。她是破碎残缺的。

萧军趴在窗口,哪怕飞机已经消失,天空完全宁静的时候,他也把脸紧紧地贴在窗口上。他是在等待着命和命的撕打吗?

外面有人像受惊的鸟一样喧叫:"这是在炸我们的虹桥飞机场呀!日本人要去炸我们中国人的飞机了!"

萧军突然吼叫:"不对!那是我们中国人的飞机!"

萧红站在回廊上,不由自主地抽搐,止也止不住:"中国的飞机怎么能带炸弹呢?我看见飞机都带了一排一排的,黑的,一定是炸弹!你没看,就在飞机肚子下面!"她的声音有些变形,松松垮垮的,好像掺进了水分。

"看错啦,他妈的,带着膏药旗呢!在飞机翅儿下面。那是他妈的日本飞机呀。"萧军真想天空上的飞机都是中国的。

"是谁家的锅糊啦?"萧军猛地回头喊。

萧红突然向厨房跑。

火炉上的小锅,已经像一块黑炭了。

到了下午,天空上又出现飞机。四处都有炸弹在响。大地波动着。人在家里,反倒像在海涛中漂浮。

她的眼泪涌上来。天空变得精湿。凡是能看见的万物,都一层一层重着影儿,被许许多多的眼泪泡着。

"日本人的飞机就这样,在中国人的头顶上横行霸道吗?"萧红说。

萧军弯在门口,飞速地穿着鞋子。他的大手,也随着炮声震荡了。在萧军的眼睛里,萧红看到了一层亢奋的光,好像他的时代到啦!

"你上哪儿去?"

"哪儿放炮就上哪儿去。"

等他回来的时候,他绝不温善的眼睛里,也涌出了眼泪。他在回廊上,来来回回地走。他看见了血,中国人的血。

听说就要断水断电。回廊上,萧红守着两只锅、两只盆,都盛满了水。萧红守着水,脑袋里一片空白地站着。一九三七年八月十三日,她在回廊上站了一天。

"我刚才想要干什么呢?我全都乱了。"

"你听,这是从飞机上打下来的机关枪声。这种枪一响,人就得一排一排地倒下去呀!"萧军又把脸转向窗外,仿佛想一步走到战火里去,"你听,这是日本人的枪!我一听就知道是日本鬼子的枪,可他妈邪乎了。他妈的,我以前也是有一支枪的呀!要不是给女人坏了事儿,我那枪到今天就用上了。"

"我们中国人就没有办法吗?这么大个中国……"萧红顾不上反驳他的女人话题,只是一遍遍地说着一句话。

鬼来了,日本的厉鬼!

从东北把他们逼赶到了上海。现在,鬼又跟着,追杀到了上海。

汽车浑身都插满树枝。红十字的小旗,从车窗口探出去,急火苗儿一样飘舞。

"昨天,天上是有中国飞机呀,"萧军拿着报纸,指给萧红看,"黄浦江大空战!日本飞机把淞江桥给炸了!"

"那火车不是开不出去了吗?"

"你看这大照片,只炸断了几处。已经搭上了几条木板。人还可以走过去。瞅瞅,在江上,人显得这么小。"

"几块小木板,这么一大城人,怎么往外逃啊?"萧红抢过报纸去看。

245

上海的大街小巷，都中了狂魔。四面八方，人们不知道该向着什么目标走。女人们恶着眼珠，骂着四处钻跑的孩子：疯吧，不怕枪子了。这下，你们可得了疯的机会了。

逃难的人，望着空中，又望着地面。贴着楼房的根脚，溜溜地走。

装饰了绿树枝的汽车，呼啸着，载着伤兵。汽车走过，红得刺眼的血，留在路面上。被伤兵和血惊得"呀呀"尖叫的上海人，不断提着箱笼包裹，从英租界搬到法租界，再从法租界搬到英租界。上海，整个是一座仓皇的乱城。

萧军说："真他妈的中国人，日本人的飞机在天上，能认出什么租界吗？日本人认，炮弹也不认。真他妈的孬种！"

萧红到街上，她抢着买到了一点白米。其中，加了老鼠屎一样的黑沙子。她看见一个穿着黄军衣的兵，肩头像被瓢泼大雨淋透了，那全是他自己的血水！红的，滴滴答答的。

她被那血吓得整夜不宁，什么声音也听不真细，只是听见自己巨大惊慌的心的跳动。


第一天的炮声和第十天的炮声，是不一样的。

人终于被震得麻木了。

在睡不着的晚上，萧红说："什么时候再能回东北呢？现在，都打到上海了，不容易啦！我真想我们家的后园子。我们家的门前全是蒿草。早上，带着露水珠，水灵灵的一片……"

萧军说："你们家不行！我们家那门前，是两棵大柳树，都朝里头弯着，弯成了个拱门儿。出了门正好就看见山。那山，是金字塔形的山……"

"我们家不那样，出了城，一马平川的好地！我们家没有山，可我们家有大杨树。"

两个人各说各的。开始是躺在床上，后来开了灯，去看床头上的那张东北富源图。那图是彩色的,有黄绿的草原,油黑的土地,上面印着小羊、小马、骆驼和小人儿。海上有鱼。绿色的山脊上,还有结着小红豆的人参,胖孩子一样斜躺着。

他们像两个孩子,分别推挤着对方,在图上找着自己的家。

"大凌河呢?我们家门口的那条大凌河都没印上,这富源图印得也不细呀!"萧军没找到家乡的河,就赶快灭了灯。

几乎在天亮的时候,枪炮声稀了,他们才睡。

在睡梦里,萧红被抓住了手,她听见萧军在她的耳朵边吹着热风:"我想,将来我回家的那天,先买两匹毛驴。一匹你骑着,一匹我骑着……先到我姑姑家,再到我姐姐家……买黑色的毛驴,挂着铃铛,走起来,那声儿!……咣啷啷,咣啷啷。身上再挂一个烧酒瓶子,还是咣啷啷,咣啷啷……"

她在萧军的咣啷声里醒过来。天是完全亮的。她问:"你们家那边儿,对外来的媳妇好吗?"她坐起来,又听到了日本军队攻打上海的枪炮声。

家乡比任何时候都遥远,远得没有边儿……

那天,萧军专门跑到街上,买了一本中国行政区图。在他们各自的家乡,真的画上了小人和黑驴。

"这么好的图,你就给画上了?"萧红心疼。

"画!做个纪念嘛,画吧。也许有一天还多个回忆。"


当日本人鹿地亘夫妇站在她门口的时候,她的腿一点也不哆嗦。

窗子立刻被厚布窗帘挡得严密,门上也加了竹篾帘子。萧红在地板上,为他们搭着临时的睡铺。鹿地亘夫妇因为公开主张中国人起来抵抗日本人的侵华战争,正被日本人当作奸细追捕。

铺在睡铺最下面的,都是八月里的报纸。大幅的照片,都是人倒在血泊里,配着大号的铅字:惨哉!惨哉!

又过了一些天，关于上海守城军队的种种消息，漫天飞着。人们都在说：上海守不住了！

鹿地亘夫妇决定去中国内地。萧红和萧军一起去为他们送行。日本夫妇穿着中国的长衫和旗袍，装扮成逃难的中国人。

火车站，变成了真正的难民营。黑压压的，只能见到人头，都是逃难的人。连风，都找不到人和人、箱子和箱子之间的细缝儿。火车要等到天黑了才能来，因为怕日本人的飞机轰炸。

"前面的淞江桥断了，坐到半路，还要下车走过桥。当心啊。"萧军的话没说完，火车就在黑暗中开进了站。

整个站台像炸了营一样，拼挤呐喊。

人在这个时候，并不是人。人是没理性的，没慈悲的，是自己顾着自己的动物。摔倒了的人，就尖叫在别人的脚下。

目送着鹿地亘夫妇在夜色里消失，萧红小声地说："听说有不少的人从桥上掉下去……我们走水路，离开上海吧。"

萧红在地板上装着箱子。

萧军的手上，拿了两张去汉口的船票，翻来覆去地看："给日本追得到处逃，这算什么事儿！有能耐扛枪去死，也死个光彩！"

萧红不仅装上了药瓶，又装了许多稿纸。

"纸你也拿？"他问。

"没有纸，往手上写呀！"

"这种时候，还写什么字？字见了炸子儿，也得淌血，也得没命！"

## 二

人生的颠簸再一次开始。

大上海被红得可怕的炮火围绕着，随时可能七零八落。这个远东大都市，沦落的日子已经迫近。

船，本来是载一百多人的。但，现在是战时，它载了逃离上海的五百多仓皇的人，连厕所里也挤满了人。危船，颤巍巍地漂在长江之上。

妇女、儿童、老人横竖躺卧。哭号声，像秋水里的蛙叫，四处掀起。长江的沿岸，失去了全部的美景。五百多乘船的人，都揪着心，昏昏沉沉地看着吃到了船沿的混浊江水。汽船的大烟囱，向着乘客散落着细小的煤灰。浓浓的黑烟，卷着，沉坠到水流湍急的江中。中国的河和山，都美丽而不敌枪炮。

我的一生，不都是坐在一艘危船上吗？人类最大的一次战争，被我迎面就遇上了。

自从上了这条船，萧军就正襟危坐，孤落少言。他几天几夜也不躺倒。人是在逃路上，身体的势态，却要区别于那些逃难的。

萧红拿着一只牙缸，想漱口。但是四处都没找到水。这时候，船在风波里横过身来。

"你说，这船是不是要翻？"她问萧军。

有年迈的小脚女人听见了，转过一张抽搐的脸："闺女，这话不能说的，出门犯忌讳，别让船老大听见了！"

萧红马上坐下来，靠在萧军旁边。

萧军继续望着很远很远的地界。船身掉转，使他的视野也转着，能看到更多安静的天和远方的水。

她知道萧军心里的想法儿。他自认为他正是为这时代而生，为这兵荒马乱而生。炮火四起的关头，他最不情愿和这一船人向着中国的腹地撤退。没有她，萧军会在十分钟内打紧背包，上前线去。至少他自己要那么说。

249

"这些逃难的人呵！要逃难，又要享受，还要喝茶，要吃饭，这是什么年景……"船主穿一件汗透的绸布褂子，他一脚就迈过两颗半睡半醒的脑袋，那是一个失了神的女人和一个枯瘦的孩子。

船主要查船票。

萧军恶狠狠地瞪着船主的脚，敢迈过他的人，一定要挨拳头。

把生命交给这么一只破船，不是疯狂的吗？是日本鬼子把人都糟害出疯癫。萧红点燃了一支烟，一边抽着，她就剧烈暴跳地咳嗽起来，整个人都像跳蹿在浪花尖儿上。

船主走到船头。几个身上包扎着白纱布的兵，靠在船舷。他们穿着兵的黄衣裳，下身裤角都卷起，露出黑炭棒一样精细的腿。

船主说："老总，有票吗？"

这一问，那几个兵就炸了："去你妈的！老子打鬼子挂了花，你没长眼睛吗？！"

船主遇见了强人，就溜溜地闪过去："对，对，老总是有功的，打鬼子的功臣，是病号啊。"

"什么你妈的病号？是伤兵！从前线上下来的，你们算干什么的，逃难的，见了日本人就拔腿逃跑的！"

战争，使所有的人都凶恶残暴，理直气壮。

萧红靠了萧军，她担心他。但是，他一直不出声，两只眼睛炯炯的。他是想用眼睛说话吗？萧红一再靠紧了萧军。她闭上眼睛，她就听见耳朵里残存着的枪炮声。她坐着就睡着了，头一顿一挫。


汉口，一片平展展的大地。

江汉关的大钟楼，在十月的早晨，高高地出现在江雾里。近了，又看见，还有一条"誓死保卫大武汉"的标语，从大钟楼顶上一直垂下来，扬鼓着江上的风。

慢慢地，船停了，停在江心。

"船上有病人没有？"检疫处的白色小船，把江水搅起一溜白浪。

"没有。"船主站在甲板上向下喊。

"进港！"那检疫官一挥手。

船头一靠到了江岸边，船上的人们就骚动不止，连几个患了"赤痢"和"虎列拉"的病人，也挣扎着站起来，晃着往前挤。

"中国完啦！他妈的。"萧军斥骂着。

萧红用袖口擦着脸上的煤灰。手绢虽然还在口袋里，但是已经黑得不能再用。

在船上困了几天几夜的人们，看见了祥和的陆地，突然生龙活虎起来，拥挤着，哪怕先一步跳下船也好，好像汉口是他们等了几辈子的宁静乐土。

江岸上的人用湖北话说："你看，又来了这么一船。武汉快吃不消了。这些逃难的！"

萧红拢着蓬散的头发，她的腿变成死榆木的了："腿麻了，等我一会儿。"

但是，他回头说："你到底走不走？"

萧军先提起箱子，一个人紧贴着前面一团互相踩踏的人走。

船主也在催赶："快下，快下，我的船还等着往回返呢！"


他们在武昌的朋友家住下。这里已经住了好几个逃亡来的作家。

武昌是静的，没有枪炮声。

萧红心情低沉地把箱子里的稿纸拿出来。

一九三七年已经快过了十个月。这么一想她就急。

"我想写作。"她说。然后，趴在床上，她马上翻找出了一支铅笔。

萧军冲过凉，短楂如铁的头发直竖着。他一只脚站在门里，另一只脚在门外："别拉弓射箭地摆架势了，现在是打仗的时期。写作在这种时候一钱不值！"

她抬起头来:"我们从上海来到武汉,不是为了写作吗?"但是,他已经走到外屋去了。客厅里有几个作家,也是刚从内地来的。他们茫无头绪地每天讨论战事。

像咽下了一只干馒头,胸口堵着,她把门用力地推上。

纸是白的,笔是削尖的,白纸上却没有黑字。

从第一声枪炮响起之后,萧红心里就明白:萧军正在离她远去。他正站在门口,两只肩膀上都是辉煌的日光,他的灵魂之核正在向远方飞去。

而她,一直希望他坐在自己的对面,两个人静静地写作,双双做真正的作家。

现在,战争的狂魔,在空中向他召唤。他的心,正慢慢地拧成一根死硬的绳索,绞到了战争的巨型绞盘上。她知道,什么也阻挡不了他。

在武昌渐渐变凉的秋天里,两个人一直纠纷着。

"我这么一年了,一篇像样的文字也没写。武昌这么宁静的地方,全中国都难找。为什么整天讨论那些没意义的事儿?"

"没写就没写!谁说人活着就一定要写?现在日本鬼子的炮都快轰掉中国的房盖了,你还写什么?"

哪怕在很多人的面前,萧军也这样气急败坏地抢白她。

朋友家的门打开了,萧红就是在那个漆木的楼梯旁遇见了端木蕻良。

他把手急急地从手套里退出来:"你就是萧红吗?我真的看见萧红啦?!我是端木蕻良,名气当然没有你大了。"

他热情又急迫地握住了萧红的手。他的手是文静、微细和能传达知觉的:"没想到,你就是创作了著名的反满抗日小说《生死场》的萧红呀!"

萧红看出,这不是一个老成持重的人。

端木蕻良没有去向房子里的其他人打招呼。他看见萧红望着他的手套,就把退下来的手套递给萧红:"你看,我这双手套怎么样?麂皮的。"

萧红试着戴上那只手套。它是带着温热的,五只手指里都有热度。

她说:"他的手可真小。他的手套,我戴上正合适。"她向着客厅里的众人说。

"'端木'这个姓是少见的。姓司马,姓诸葛的,倒是听说过,端木,就没听说过。"

"我本姓曹,旗人。东三省的辽宁人。"

"那我们也算老乡了。你和他是同乡。他是辽西大凌河边上的人。"萧红指着萧军,他正拿三只斟满了茶的茶杯,在桌上布着阵。

"《生死场》,我是在清华大学念书的时候读的。我现在还能背出来王婆去卖老马的那一段。"他的目光望着萧红,那目光是直视不避的目光。


她的敏感告诉她什么?

和萧军在一起五年来,她觉得她一天天成了一个妇人。妇人是和柴米油盐连在一起的。所有的男人,他们都是萧军的朋友,都是用一种关照锅灶们的余光看着她。不管你写了什么作品,写出天花乱坠来,你不就是一个小妇人吗?

五年之中,从来没有别的目光。

除了写作,她自己的目光里,确实也只有柴米油盐。另一种目光,另一种俊俏的目光,异样的目光,被吃饭睡觉杀死了。

现在,端木蕻良微白的脸,长长的头发,都变化成一束目光,直向她射来。他使用溢美之词的时候，一点也不紧张。他狭长的眼睛，并不是先去望着萧军。他直截了当地、全不回避地赞美一个女性作家。

五年来，萧红第一次遇到这样的人。

微风过去之后，是没有声响的。但是，树叶伸展转动了，树叶知道。

夜深了以后，萧红披上衣服，出了门。她想到那棵枇杷树下面去。

离开了上海，她一直睡眠不好。她的脑子像一只魔盒，装满了战争的声响。只要一闭眼，枪炮声、飞机声就响起来。

但是，她为什么要看见那棵树呢？

她为什么在一个人的晚上，不知不觉地留心和分辨走廊上的脚步呢？

抽烟！她只是想抽烟。身子在树的阴影里，大口向肺里吸烟气的时候，她才发觉吸进的是秋天的冷气。一种干冷，从四面八方刺到骨头里。她不知道萧军出去讲演，什么时候回来。她反正不想坐在屋子里。

她好像鼓胀的种子。暖风、雨水和土，她不知道她等待的是什么？

这个时候，在身后边，她听见端木蕻良的皮鞋声，是一种松散的声音。他已经搬到他们这里来住了。

在香的枇杷树下面，她听见门在背后被推开。萧红感到了心的蓬乱。

端木蕻良出现在灯光和黑暗之间。前身是暗的，后身是亮的："这么冷，你还没有休息吗？"

这个晚上，萧红连续地抽烟。火柴划过的光，把她的脸照得红亮。

端木蕻良和她单独在一起的时候，从来不问萧军在做什么。

"这么晴朗的晚上，谁能睡着。我这几天一直在观察你。你的身体好像不是很好。你这种情况，需要很好地疗养。一个作家，特别是像你萧红这种鲁迅都推举的作家，又是从东北流亡来的，在国难当头的时候，要为你的读者们保护好身体啊。"

"你夸张了吧？"萧红的心里还是舒服的。

"不对，绝不是夸张。我那儿有些维他命丸。我去取来给你吃。"

"老毛病了，维他命也不行。我是有药的。是慢病，只能慢慢调理。"

"我有亲戚在北平。家居环境都是很好的。我可以介绍你去亲戚家住一段，疗养一下身体，那里是可以写作的。他们一家人都是你的读者呀。"

"是真的吗？"

"当然真的，我还听说你能画画。我也喜欢画画，还有我那北平的亲戚。画画，他们一家都喜欢，文房四宝都是总摆在案头上的。"

在战火连天的岁月，萧红真想有一块能安心写作、疗养身心的净土。呕着心血，写作了这么多年，能听到这样恭敬的话，还有这样的读者，她真动了去北平的心。

远处，树林里有人唱着进行曲，五六个人唱出五六种调门。是萧军他们讲演回来了。

端木蕻良想返身回去，从他游移的步伐就看得出来。但是现在抽身，有点迟了。

萧军走到了枇杷树下，他看了一眼萧红手上的火头："你回屋吧，这么晚了。外边不冷吗？"他对着萧红讲话，眼睛却盯着端木蕻良。

"我抽完了烟再回去。"萧红突然非常平静，而且坚决，她甚至带着挑衅的笑。她的牙齿在夜里亮着光。

"你不怕咳嗽吗？"她突如其来的变化，让萧军气愤。

"我已经不咳嗽了。"

萧军忍耐住火，先进了屋。

255

"冷了，我们也进去吧？"端木蕻良说。

"你怕了吗？怕他吗？"萧红像开着玩笑。这玩笑是藏了针的。

"你这是中了邪魔吗？"萧红一推开房门，萧军正在房中间立着。他的话，全楼的人都能听见：

"那个什么端木，说话跟个鸭子似的！溜秃的扁鼻子，抽巴抽巴得跟一个小口袋嘴儿似的嘴片，一张青脸，我看他像一个奸臣！还整天把自己打扮得像个大学问家，见人就说他念过清华大学，清华大学算个屁！我憎恶他。你！给我离他远点。"

"我怎么做，我自己能决定。"萧红说。她坐回床上，在怀里用力地扑着她的鸭绒枕头。

"你要干什么？你要跟着他吗！"

"我想跟着谁，就跟谁！"

"那你还回到我这儿干什么？"

萧红不说话，把床上的毯子、被子都抽下来。

她就睡在地板上。

萧军醒来的时候，她正很近地望着他："你答应我，你不要再想什么上山，什么投军的，只要你答应我这一条，我们还是在一起，在一起写作。"

"你别这么逼我，我还没想好。"

一九三七年十二月十三日，日本军队攻陷了国民党南京中央政府。几日之内，石头城里，开始了惨烈的杀戮。

江汉关前，出现了成千上万的军队。广西军、广东军、湖南军、湖北军，唱着抗战的歌，一队队地走过。

"你看，那些广西军还穿着单裤呢！"萧红看见，那些兵在冷风中走，一片瑟瑟。

"他妈的,我们穿着棉衣还冷呢。靠着这种装备,中国能赢吗?"萧军的眉头上,拧着忧国忧民的大疙瘩。

武汉的街巷里,前些天还在嘲笑着外省人的逃难。现在,武汉人也慌乱无序,风吹草动,都使人停住脚,扬着脸去眺望。人们比望着手腕上的表还频繁地望着天空。日本人的飞机,会不会突然地成为天空上可怕的点缀。

危机,像巨大水母的触须,闪电一样抽过中国的大片疆土。

萧军挤到一个小食摊上。他看到别人手里的报纸:"南京也丢啦!这么大个中国,就睁着眼睛,让它亡了吗?"

萧红拖着萧军,离开了小食摊那热气蒸腾的案几。她说:"我们只是单个的人,一个人有什么办法呢?有枪有炮的,都没抵挡住。"

"一个人?国难,可是每一个人都有份儿的呵!"

萧红抓住他的胳膊,用力地摇:"你是刀枪不入的吗?你的命上了战场,比一个军人更强壮吗?你别走,你看着我。你要答应我,不要胡思乱想,枪子儿是不认人的。"她不顾闹市上擦肩而过的人,紧紧抓住他。

她是在哀求。

长江上,血红的太阳半沉下去。悲哀的、凄凉的太阳,出着血的太阳。

心事重重的作家们,一起登上了黄鹤楼,目送着夕阳。现在的黄鹤楼,片石片瓦都渗着红,这是出血的黄鹤楼。

有人主张,召开一个会议,讨论大敌当前的时候,中国的作家要做什么。并且说,二萧要参加。他们的发言有代表性。二萧是最早从东北沦陷区逃亡出来的作家。

萧军望着滔滔如烟的长江说:"没什么可开会的,这个时候,还开什么会！"

"但是，我们也需要舆论，造成一种气势，起码中国的作家们也是有态度的。"他们说。

"态度、气势有什么用？人家用机关枪发言了，开会还有什么用！你们要开会，你们开吧。我有病，我事先请假。"

萧红一个人在黄鹤楼的一角。她看见太阳的下坠，只是几秒钟里的事情，那么仓促，又无声无息。

在日本人强占着中国人疆土的时候，她有着双重痛苦。她被夹在被感情的利斧劈出来的裂缝里。

**很多很多的大事情，我写，或者我不写。它们都要发生。这是命定的。**

**一个人正经历着的小事情，最折磨人。**

**我是一个女人，天生就离小事情很近。**

**这一生里，日本鬼子是我最恨的。**

**是他们把我的命拿走了，像一颗青苹果，还不止日本人……我这一生被人冷落，被感情折腾。最后，一点自尊也被当成皮球，被人踩。**

**活着，真就是服毒的人生。**

被战火烧烤的作家们，在一九三八年一月由胡风主持的讨论会上，几乎一致地主张作家要到前线去。再留在城市里，就会严重地脱离群众和生活。只有萧红提出了相反的意见。她说："我们永远不可能和生活隔离，比如躲日本人飞机的警报，这也是战时的生活呀。假如我们上了前线，有了打仗的生活，但是被打死了，那就什么生活也没有了，人都没了，那还能写出什么生活？！"

"因为她是女人吧？女人都是胆小惜命，又善于言辞诡辩。"散了会，有作家这样说。

她是听见了的。她默不作声地走开。

生命没有两个。不比树，能复苏，不比冻土，能融化。

抗日，像圣战一样，武装着、启动着人们，每一个中国人都为之动容。

抗日战争，对中国人，是一场精神里的圣战呀。

一九三八年一月底，萧红、萧军、端木蕻良、聂绀弩、田间，应山西临汾民族革命大学校长李公朴之邀，前去任教。那里有一千多名热血青年。当时，它被形容为中国抗日战争的黄埔军校。

萧红和萧军随作家们到了临汾以后，担任了大学里的文艺指导。

## 三

我知道，到了我抉择的时候。

我，站在命的门槛上。

萧军的为人，我最了解。他们老家的民风就是，崇尚绿林好汉。他的骨子里流淌的，是骑马扛枪的血。在哈尔滨，他就想上盘石打游击。到上海，他又想拿上大洋去投军。中国，已经到了日本人打进家里，掀了炕席的程度。他是早晚要走的。

对于女人，他说撂下就能撂下。

让他先抛下我，还是我先抛下他？在临汾，我天天在想：我要主动。我要马上下这个决心！

临汾又干又黄。

太阳落在黄土里，只有半圆的一片荒凉的光，还残留在西天。黄土坡上，一个女人拖着五个孩子。所有的孩子都在哭。

萧红问女人："你的男人呢？"

女人的嘴唇上面挂着白亮的鼻涕："打小鬼子去了。"

"打到哪个地界了？"

"谁知道，也没个讯儿来。他也不会写个字。死和活都不知道。"

女人说着说着，又开始哭。她的鼻涕立刻溜过了下巴，滚在棉袄油亮的前襟上。她的哭像一个信号，所有的孩子都放开了大嘴号啕。哭天抹泪，叫成一片。山坳里本来卧着一些半睡着的白羊，它们被这么响的哭声惊起，向着坡的顶上散去。

白白的一片，向山顶运动。连羊也知道避苦趋乐，它们要卧到远离悲苦的地方去。

萧红把口袋里的一些铜板，放在那女人的手上。那怎么能称为手？那是长满了黑漆的钩耙！女人看见了铜板，扑通趴在了黄土上，孩子们也随着跪成了一排。

北中国的冷风，把脸上的眼泪们都变得湿冷。日暮西垂的时候，是人最容易哭泣自怜的时候，特别是赶上了烽火连天的年代。

西边只剩下残光。丁玲派公务员来找萧红回去吃饭。丁玲和她的西北战地服务团驻扎在这里，已经几个月了。

丁玲披着肮脏的长大衣，两步当成一步走。这使她更像一个男子或士兵。丁玲的头上还戴着一顶八角的帽子。萧红和丁玲站在一起，别人马上会说，丁主任像抗日军队里的男人。

"我像什么呢？"萧红笑着问。

丁玲的团员们都不说。

"我替他们说吧，"丁玲把头上的帽子抓在手上，"他们看你像个太太！对不对？"

"那我就十天不洗脸，十天不梳头，再借上你这件军大衣，我就是他们的萧主任了！对不对？"最后一句，她也学着丁玲的口气。

学员们笑着说，那还得把"胆儿"也换一下。

"萧军怎么没有来吃饭？"傍晚，丁玲和萧红一起来到餐桌旁，中间是一只摇摆不定的油灯，丁玲问萧红。

"谁知道他。他这些天就想着打仗，成天和那些学员泡在一起。"她不想提萧军，提起来，脸上便出现了一些复杂的表情。

"唱歌吧！"丁玲说，"这么黑，唱起歌来好听。"

夜全黑了以后，她们两个人就躺在炕上唱歌，是吹了灯唱的。吹了灯，声音果然走得又远又长。

唱歌也挥不掉的，是心里头的阴影。

现在，有两个男人在萧红的眼睛里。

一个，是在热血学生中，血液才奔跑得更加畅快的萧军，这是她的丈夫。他们一起走过了五年多。在患难的时候，他们都是一起走过来的。

如果萧红和丁玲坐在井台边的石头上，如果萧军从山上走下来，他会说，丁玲，你要管管她，让她少抽几支烟。黑了，就早点休息，别号号地唱。

另外一个男人，是端木蕻良。她对萧红的创作表达了最直露的赞扬。只有当萧红独自一个人的时候，他才走下山坡。这种时候，他的声音是柔细动听的。他会问，你是不是该吃药了？他有一只青松白鹤的杯子。如果萧红还没有吃药，他会立即去寻找开水。

当一个女人在心里左右衡量着两个男人的时候，她会顿时变得幼稚、犹豫、全无头绪。那是她距离人生罗盘最远、最迷乱的时候。

一九三八年的雁还没有回来。日本人的飞机就来到了临汾的上空。岂止三个月，日本人的那种盛气，好像灭了中国不过是几个时辰的事。

飞机飞过去，小城里，留下了发烫的弹坑和久久不灭的火光。

萧红披了一件又沉又旧的大衣，穿过暴土翻扬的出操场。一个挨了炮弹的柴火垛燃烧着，半边天空都被映红了。

民族革命大学要撤离临汾。丁玲的战地服务团要转移。而萧军说他要去打游击。

萧红面临着抉择。

"我找萧军。"她对战地服务团的队员说。

萧军从男人房的棉门帘里慢慢地走出来。

"打游击!到什么地方打游击?"她站着不动,等待着萧军。

"这时候,不打游击,去哪里。"萧军一动也不动地说。

"我们一起撤!"萧红的话更坚硬。

萧军把话题一转:"万一我死不了,能有重逢的那一天,你……"萧军停了一下,"到那时候,你没有别人,我也没有别人,我们能合则合。"说完话,转过身,进了屋,门在他之后冷漠地关上了!

"死也死在一起,活也活在一起……"萧红紧跟着撞开了门,一下子变得失声痛哭,"一起走吧,留你一个人在这里,我不放心……"她的天空完全混乱,倾斜,突然失去了支点。

萧军冷静的话出现在空中:"我送你回屋去,你不是有管睡觉的药片吗。"话没说完,萧军已经在走了。萧红还停在原地。

萧军回来拉她。

在女人们住的房间门口,萧红又不走了。

她开始默默地哭,哭得很厉害。哭泣和咳嗽,使她不停地气喘。她还是劝萧军和她一起撤回去。

拴在木桩上的骡马惊栗着,蹬踏着一层干的尘土,土在夜里无声地飞扬。

萧军在地上来回走:"我们……先各走各的路吧。我在上海,你在日本,在北平,我们不也是乐意在一起就在一起,不乐意就分开。我死了,是我一个人死。我们,先各走各的路……"

没有余地了。在那个黄沙滚滚的院子里。我心里一清二楚。

脚,已经站到了悬崖边儿。让他的一只手推我,还不如干脆自己往下跳。死了，也占个主动。

眼睛还是望着我的，但是人已经走了很远。我们之间，已经隔了许多山许多河。

"先各走各的路……"他这话，就是给了我一刀。在哈尔滨，他对我讲过，他离开家乡前，对他的结发妻子，就是这么说的。

我是女人，他是男人。

我是棉花，他是铁石。

火车停在临汾这个小站。像冒着烟、受了重伤的黑蟒，喘着粗气。

撤退的人，丁玲和她的团员们、萧红和端木蕻良，都上了火车。在月台上，来送行的萧军嘱咐聂绀弩，让他照顾萧红。萧军说："她在处事方面，什么也不懂。很容易吃亏上当。"他说这些的时候，一直背着车厢。

车厢里，人们乱糟糟地安放东西。端木蕻良的身子，在肮脏的车窗后面闪动。萧红的脸朝向外面，她一直望着萧军的方向。

萧军好像决定了，不去直接和萧红告别。他非常平静地对聂绀弩说："她单纯，淳厚，倔强，有才能。我爱她，但她不是妻子，尤其不是我的。"

聂绀弩感到突然。几年以来，提起左翼作家，人人都把萧红与萧军连在一起。

"别大惊小怪，我说过，我爱她。就是说我可以迁就她，不过，这是痛苦的。她也会痛苦。但是，她不先和我分手，我们永远是夫妻。我绝不先抛弃她。那个话，我一辈子不先说！"

萧红靠在火车窄小肮脏的窗口上。她的衣服蹭着车窗上的尘土。她的眼睛一直也没有离开过在月台上徘徊的萧军。刚刚到车站的时候，她故意抢在众人前面，先上了车。她好像是避开和他在一起。但是，她又多么希望萧军能走到她面前，把他的手搭上窗口。他的笑是好

263

看的。

天快黑了。火车拉响了汽笛。萧军并没有回头。他跳过了站台上的栅栏，一个人走进了全黑的城里。

火车开始移动。

当时，我看见，他和老聂一直在讲话。

他明明是要抛下我，一个人走，却还要把我交代给另外一个人。我不是旧式的小媳妇，任由丈夫去赶考，去云游，去求官问道，十年八年全没消息。我不想那么活着。

萧军这个人，我就是死了一万年，也认识他。

火车的铁轮，在钢轨上发出可怕的摩擦声，萧红假装和衣睡了。她把两个最简单的字，反反复复地在心里掂量：

分手？

分手！

分手？

火车南下，到了潼关。不久，萧红又随撤退的人们到了西安。

除了和端木蕻良在一起，萧红总找大个子聂绀弩聊天。

在路边的小饭馆里，她为聂绀弩要了小菜和酒。自己坐在桌边看着他一个人慢慢地享用完了。

几天几夜，反复地想，她还是下不了和萧军分手的决心。

"老聂，我是个女性。女性的天空是低的。羽翼是稀薄的，而身边的累赘，又是笨重的。这些天，我免不了总是想，我算什么呢？屈辱算什么呢？灾难算什么呢？甚至死算什么呢？我不明白，我是一个人呢，还两个人？是这样想的是呢，还是另外想的是？不错，我要飞……但同时觉得，我会掉下来。

"我爱萧军，始终都爱。他是个优秀的小说家。在思想上是同志，又是一起从患难中挣扎过来的。但是,做他的妻子,太痛苦了。我不知道你们男人怎么那么大的脾气。为什么要拿妻子做出气包?为什么要对妻子不忠实……忍受屈辱,已经太久了!"

她的旧棉袍下摆,在冷风里飘着。

她用一根小竹棍儿,不断地敲打马路边电线杆的朽木和还没有复苏的树。为了减低心里的痛苦,她几乎是神经质地抽着竹棍儿。在前方空无一物的时候,就去抽打空气,使空气也疼痛,呻吟。


聂绀弩找不准劝解萧红的话。他感到,说话苍白无力。他只是陪着她,默默地走过没有生气的夜晚。日本人已经占领了临汾,现在离西安不足百里。人人的心都慌张无着。

萧红抬起头,她对聂绀弩说:"你能帮我个忙吗?这个小竹棍儿,你看好玩吗?是我在杭州买的,带在身边已经一两年了。今天……端木蕻良要求我送给他。"

她说到端木蕻良的时候,好像遇到了什么困难,好像在内心经受了门槛一样的阻碍:"他要求我送,我说明天再说。明天,我要把小竹棍藏到箱子里。他问我要,我就说送给你了。你能帮我这个忙吗?如果他问起来,你就承认有这回事儿。"

第二天的天亮了,是一个阴阳不明的日子。有太阳,却没有热力。太阳是稀薄的。

萧红在傍晚时找到了聂绀弩,说请他喝酒:"要是我有事情对不住你,你能原谅我吗?"她那大而亮的眼睛,只是望着老聂襟前的扣子。

"那个小竹棍儿……我刚才……送给他了。"

"送给他?给了端木蕻良?你不是说送给我了吗?"

"他不信。他知道我撒谎。"

萧红望着桌子角。还是那家路边的小饭馆,聂绀弩喝了酒,萧红也喝了酒!

聂绀弩劝她："不过，你也别太在意了。那只是一根小竹棍儿。它不象征着别的什么吧？"

但是，在这种时候，她菲薄的心里，装满了象征。一只小虫的出洞，一片树叶的坠落，都可以突变成象征。一个犹豫不决、站在感情崖尖儿上的女人，可以把象征赋予一切。女人是天下最善于领悟象征的。

聂绀弩只能在心里急着。他感到萧红已经把木刻成了舟！她正吃力地推着新舟下水。哪怕是沼泽，哪怕是危海，她已经很难回头。


端木蕻良的影子，从早上，就在窗口，一遍遍地经过。那个影子，在某些地方，使她心动。那是一个和萧军不同的人。跟一块石头在一起久了，也许想换一只软木塞？

"你想去公园散步吗？不远的。"端木蕻良问她。

"不去了，我今天头疼。"

"要吃药吗？"

"吃过了，我想睡一会儿。"萧红把门关紧，窗帘也拉严。

在西安，萧红夜夜都睡不着。

端木蕻良不动声色，他善于小心翼翼。像一把刻满刻度的尺子，绝不混乱。

抉择，如同巨大的磨盘，压在她一个人身上。

萧军已经留在了北面的临汾。也许已经不在临汾，他可能已经走到更远。而端木蕻良正站在不远不近的窗外，和蔼地微笑，手上准备着开水或者维他命。

她该怎么办？

早上，丁玲来问萧红："我们服务团要去延安了，老聂也去。你也一起走吧！"

聂绀弩急急地进了门，望着萧红。他希望萧红能从他的眼神里明白什么:"一起去吧,听说萧军也在延安!"

萧红坐在床上。脸是浮肿和黯淡的。她说:"我不愿意去。"

她单独和端木蕻良留在了寒冷的西安。


两个星期以后,在西安的战地服务团临时住地,萧红和端木蕻良两个人一起在房间里。

突然,她听见院子里有人说:"丁主任回来了!"

透过玻璃窗,萧红看见丁玲戴着八角帽,正走进院门儿。和她在一起的有聂绀弩。

还有萧军!

也许是因为这么快地又见到了萧军,把她向端木蕻良推近了最后的一步!

端木蕻良也看见了。他问:"我们是要出去吧?"

端木蕻良出了门,直奔过去,和满身尘土的萧军拥抱。人们看见,端木蕻良在拥抱萧军的神情里,带着畏惧和惭愧。而萧军拥抱的动作做出来了,但是,相当勉强,不像拥抱,像造型,像摔跤。

萧红站在门口,她没有说话,也没有动。

端木蕻良紧跟着聂绀弩,走进屋子。他顺手拿起窗台上的猪鬃刷子,给聂绀弩刷着身上的尘土。他连连说:"辛苦了,辛苦了!"

聂绀弩看出了他惊恐的神态。端木没有说出的话是:"如果闹出什么事儿来,老聂,你要帮帮我的忙……"

萧军走向另一个房间。

萧红来到门口。她的声音很低,但是像石头铁器一般坚决:"你要是还尊重我,你对他也要尊重。只有这一句话。别的不要谈了!"

萧军不说话,出了门,去打洗脸的水。萧红仍旧站在门口。打回了水,萧红仍站在门口。

萧军的头,悬在脸盆的上空。接着,屋里就响起了五年多以来萧

267

红听惯了的洗脸声。

萧红说:"我们永远分开吧。"

萧军直起身子,脸上淌着水。他也许预想到了会有这么一天:"好哇。但是我有话说。"

萧红的手,已经在寻找着门:"我不听,你要说,我就走!"

他放下手巾。他仍然想说,但是萧红推开了门,一直走过空荡荡的院子。

从他们互相看见的那一刻,院子里就有丁玲的团员们,望着这一切。

晚上的风,更加紧迫地吹过古城西安。尘土张扬在空中。萧军找到萧红。他的脸扬着,目光直射着她:"我们去散步吧。"

"不能两个人,要端木蕻良在场!"她说。

我这一生,是服过了毒的一生。我是有毒的。受了害的动物,更加倍地带了毒性……

他心里早就什么都想了,就是不先提出来。慢慢死,还不如痛痛快快地死!

当时,我很坚决。我想得非常简单:先下手的,为强者……

## 第六章 夭逝 掉下来了，我不甘心

黄河，它滔滔的黄水，在流经了中国西北部那些苍凉的省份之后，进入了山西。在山西的风陵渡，黄河突然甩了头。本来是向着南的水，风陵渡使它一下子迷途知返，扭转向东。

现在，黄河是一幅天幕。

# 一

从西安出来,我像什么呢?像一个游魂。脚不沾地的游魂,掐断了根儿的游魂。

没有对和错,迈出去的脚,就不能收回来。

黄河,它滔滔的黄水,在流经了中国西北部那些苍凉的省份之后,进入了山西。在山西的风陵渡,黄河突然甩了头。本来是向着南的水,风陵渡使它一下子迷途知返,扭转向东。

现在,黄河是一幅天幕。

它绞扭着,翻卷着无数条水的绳索。绳索中是蓝的、灰的、千疮百孔的帆,黄河像卷着银黄鳞片的一条巨鱼。

面对着黄河,萧红坐在箱子上。她的两条腿,再也走不动了。用手抹一下脸,手上是黄的沙尘。

她从随身的行李里拿出地图,不用沿着黄河找"风陵渡"这三个字。几个月前,萧军在这个黄河急转弯的地点上,画了一个粗大的圆圈,画得纸都凹下去。

这就是风陵渡了!她望着黄河上的风帆们说。

惊心动魄的黄河来到这个地方,转的这个急弯儿,是提醒人:走不过去的时候,就顿然折返吗?

黄风,在土街上掀起一层层黄烟。萧红看见端木蕻良从风陵渡火车站的方向，很显眼地走过来了。

满大街都是人、马和驴车，驴马的叫声和人的吆喝声充盈着。

每一辆车都急急地奔，怕给战事耽误了。车老板喊："也不看看，这是运啥的，是上前线的军需品！让道，让道！"

端木蕻良从两辆驴车之间蹭过来："歇一会儿吧。火车没有准点，不知什么时候有车。可能要等到天黑，躲过日本人的轰炸。你不是有地图吗？我看看从这里到武汉，还有多远？"

她的心情，仿佛因为提到了地图而突然变坏："看有什么用呢？就是五里八里，总停在这儿，也是寸步没动。我饿了，吃饭去吧。"

他们拨着身边的马尾、驴头，在混乱一团的街上向前走。

她不想把那本地图拿出来。

风陵渡火车站前的小街，是战时的动脉血管。粮食、军队换季的衣裳，都扎捆成包，鼓在车上。半数以上的人手里都拿着鞭子。

街边小食店的席棚，一个挨着一个。棚里的火炉上蹿着火苗，铁勺子叨了油，又叨了盐，敲着铁锅当当响。

战时的人也是要吃了饭，再赶路，再赴死的。

小食店里一笼包子，正热气蒸腾地出锅。把笼屉掀开来，白胖胖的包子，像一圈刚落地的白胖小子。女厨子叉在板门外，大声地吆喝：

包子热，包子香，

吃了包子打东洋！

包子大，包子香，

吃了包子上战场！

萧红坐在条凳上。她看见，黄河边的风，卷得席棚轰轰地鼓，像半个饱胀的球，凹进又凸出，好像也给抗击日本人的情绪感染着。

吃了烫嘴的稀粥和羊杂碎炒豆腐，浑身上下有了力气。有了力气之后，再看那些人和河，都更加是活的、充沛的、鼓噪和生动的。唯一不好的，是吃饱了，抽过一袋烟的人，也要走向战争，谁也不能懈怠。

日本人！不让中国人有安生的日子。

有人说："快喝粥吧，过两天连粥也没有了。听说小日本儿，要来夺风陵渡了。"

"小日本儿，没那么快吧？"

"你还怕慢吗，听说小日本儿离这儿只有二三百里地了。二三百里！飞机轰的一下，说过来就过来。"

"那咱们中国就没有好局面了。"

"屁话，中国的地场儿，中国的祖宗，没中国的好局面，全是小日本儿的好局面？！"

风还鼓着席棚。萧红的心里压着一重重的云彩。她站起来，向着火车站的方向望，只是望见了黄河边上火和土混成的黄烟。

吃饭的人，都不由自主地向着火车站望。

有人说："上武汉也不光彩。熊蛋！跑小日本儿吗。不就是怕吗！你说，这他妈的还算个中国人吗？"

说完了，就提起包袱，向着火车站走。

装粥的粗瓷大碗还半满着，萧红再也不想吃了。

**明明是一个弱人，就不要逞强说硬话。我就是跑小鬼子的。那年四月，我身上一败涂地，难受。我是不是服了毒呢？**

火车在天擦黑以后，进了风陵渡。他们俩再一次挤进人群中。端木蕻良喘着粗气，放下两只箱子。它们翻倒着，几乎要给冲撞拼挤的人群卷走了。萧红弯下腰，按着箱子。她的脸上流着黄的汗。人群挤着她走。

端木蕻良说："有个下人就好了。我们到了武汉先雇一个下人。"

"什么下人上人的，你快按住你那只箱子！"

她抑制不住地又想到，如果萧军在……

为什么想那没边儿的东西呢？还想有一只轿子来抬你吗？现在是逃难，逃难的时候，什么都可能发生。

歇了一会儿，再随着人群跑。跑上那条喷着白雾的火车。这个时候，火车神圣无比，好像它能把人送上天堂。

人还没坐稳，烟草气已经满了车厢。端木蕻良不停地擦汗。他说："我想看看地图。"

"什么地图不地图的！"说完了，连她自己都奇怪，她的脾气为什么变得这么坏，"看了地图就能到站吗？"

地图是从上海带来的。在"八一三"以后失眠的晚上，他们看过了东北富源图以后，萧军在辽河边上画了一匹小毛驴儿。本想再画一个萧红的，但是怕画不好，就在毛驴身上写了"媳妇"两个字，表示那是有媳妇骑在毛驴上。在呼兰河的边儿上，他又画了两匹四扬着蹄子的小马。没有人，人也许下了马，进了高粱地。

萧红不想把那本地图拿出来。

火车猛地向后"坐"了两下，开始向前移动。车厢里，快没有气喘的人们，顿时安静平和。

"这火车不是走了吗？还哭什么闹什么？"一个女人按下孩子的头。

"听，好像是飞机声，是不是小日本儿的飞机？"

所有的车窗，都有几只头探出去。

萧红感到浑身骨头疼，胃向上翻，想呕吐。她的血里好像注进了毒蛇的绿汁儿。她阻止不了那绿汁儿，只有由着它慢慢渗透。

日本人，疯狂的日本人。他们应该停下来，不要去打武汉。让萧红歇过这段浸了毒的日子，让她有力气写完她心里的作品，让她刚疯跑了一阵的灵魂有几天安宁。

她看见一盆迎春花开着，开在武汉的天空下。

端木蕻良借来的留声机从早到晚都在唱。他们在武汉，很快结了婚。这个时候，武汉也走进了春天。

可是春天和短暂的安定，都掩盖不了她身上的难受。

在走廊上，她手里有一只杯，杯里有咖啡。另外她还拿着药片。有一个熟人，走过来。那个人说："你离开萧军可以，朋友们可以原谅你。但是你为什么要马上和另外一个人呢？你不能一个人吗？"

萧红直视着对方，仿佛站在一个更加强硬有理的角度：

"我为什么要独自一个人？为什么？就因为我是女人吗！"

夜里，在她新的住处，对面的巷子中，沿着青石铺成的街面，传来了胡琴声。

听起来，那是一张苍老的蟒皮。

两根苍老的丝弦。

一缕苍老的黑马尾。

一双苍老如钩的手。

他拉的是什么曲儿呢？那么悲，那么阴凉透骨？

端木蕻良不在的晚上，萧红就关了留声机，听着那胡琴声。她甚至觉得那不是曲儿，是祖父念着唐诗的声音。

"拉的是什么呀？"端木蕻良走进来说。

自从他回来，那琴声就只入耳，不入心。什么好音乐也给他搅乱了。

现在，她的老朋友张梅林来了。他就坐在她的对面。张梅林的北平话，还是那么差。

"你讲不好北平话了，你的南蛮子侉调儿，定性了！"萧红好像故意这么说。她好像怕紧张、尴尬的气氛降临。

"是呵，我的舌头是在广东长出来的，说不好了。"张梅林还像当年在青岛破烂市望着萧红卖桌椅板凳一样，收着肩，安静地坐着。

喝一口茶，然后望着各人杯子里转着弯儿的茶叶。再后来，就静着场。两个人都听见了老胡琴声。

张梅林问萧红是不是还吃着药，说她的脸色不好。

萧红似乎没听他说什么。她非常突然地抬起头来问："你说，这一切都是我自己造成的吗？是我处理得不好吗？"

梅林知道她指的是什么。

但是张梅林不是一个犀利的人。他有南方人的温和、圆钝："你指的什么呢？"

"你明明知道的，梅林。"

"这是你自己个人的事情。"

"但是，你为什么用那种眼色看我呢？"

"什么眼色？"

"我懂得你那眼色，一进门我就知道。我看得透的。"

张梅林不想伤到她。这次回到武汉，她像枯败的花，实在太憔悴。

"我不愿意往回想，往回想，浑身都是伤疤……现在，我最痛苦的，是我的病。"她把眼睛低下来。

胡琴声不间断，像新发的柳树枝条，撩着水的表皮，好像安抚着水，不要再起什么波浪。

一个问题，**牵肠挂肚**地结束，又一个问题就开始了。是我自己造成的，我必须忍受。

在武汉的街上，萧红看见过去的朋友。她是准备说话的，她的眼睛已经在闪亮，嘴角已经在笑。

但是！他们跟遇上一棵树那样，目不斜视地过去。

他们都是萧军的朋友。冷淡，像空气中含着的一把把暗刀！

另有一把刀，正从她自己的体内，向她刺来……

275

萧红感到身体越来越怪。呕吐和头疼，一天频繁过一天。药也不能抑制。

夜里，萧红感到胃里被什么东西顶撞着。她猛地起来，跑到走廊去呕吐，一个人的腹部都能装什么呢？她把所有的脏器都快吐出来了。

在镜子里，她被自己吓了一跳。

整个人突然定住了：几年前在北平的小旅馆，不也是这样的呕吐吗？背后冷坐着的是汪家的少爷！那个旅馆的伙计，手上端着蓝花大瓷碗。他当时说的是什么？

"有喜了吧？太太您。"

我和萧军在一起五年多，没有孩子。只有遭难……命运是拿人当一团黄泥捏的。为什么现在突然有了，为什么偏偏在这个时候？

和萧军分手两个月后才发觉。我怎么那么笨？

天亮的时候，她直截了当，把怀孕的事情告诉了端木蕻良。

这么多年，什么白眼我没看过。到了这种地步，说不定哪一天给日本人的炸弹炸死。没有什么可瞒的，已经到了这一步，我要光光彩彩地做人。

端木蕻良没有说话。他的眼神很恍惚，惊奇过一下，很简短。很快又变成了恍惚。

他站起来，睡衣的带子还拖在床上，他就一直走到外面去。

外面有一个女人正恶声地骂。

**直起腰来！公平地做一个人。**

我为什么一直没有这个命。我恨我自己，托生成一个女人。我这一生，都是被女人给毁啦。

武汉，像长江水边儿上的三颗小石子。在一九三八年，日本人已经瞄准了它的三镇。日本在中国战场上磨利了的爪，想抓它，容易得像翻过一只手掌。

聚拢在武汉的文化人，都策划着到四川去，蜀道天险，也许能挡住疯狂的日本人。

逃！逃！逃！

日本人像追一群受伤的鸭子一样，在后面不停地追赶着，忘形着。

几天后，端木蕻良心神不定地对萧红说："日本人可能很快就要打武汉了。现在正有一个到前线当战地记者的机会，我要争取！"说完了这句简短的话。他就去收拾他散在桌上的小说稿。

看着他那孜孜以求的神态，萧红心里不快。

上前线，端木只是通知了她，并不是询问她的意见？

当战地记者的兴奋，激动着端木蕻良。他白天去奔跑谋求，晚上就在地上试着打松懈的包裹。把搪瓷缸和背包这么放又那么放。

后来，他又钉了一些厚厚的本子，在封面上画着激烈的火苗。

萧红守着端木蕻良的忙乱，默默地坐着。看着端木兴奋地出了门。

她随后也出了门。

药铺里的掌柜正在上门板，一块对紧了另一块："抓药的？"掌柜用武汉人那猜不透的眼神，看看萧红，"不知道要打仗了吗，没有什么货进了，要什么药？"

她说是一般的胃药。

"涨价了呀！"掌柜说。

要了一碗凉开水，萧红站在药铺的门口，把药吃了下去。走回家的路上，嘴里还完全是苦的。

突然，她必须停下来！腹部在一阵滚动。不是水，是实实在在的物体在滚动。顶住了她的胃和心。她知道，这是胎动。

天呐！它在动呢。

277

一群拿着箱子包裹的人迎面走过来，石板被踩得扑扑地响。他们一直朝着萧红过来了。她顿时感到，巷子太细窄。下意识地，她要保护腹内的东西。

背向着街道，她把身子贴近土墙。

电没有了，全武汉都是黑的。只有长江闪着鬼一样的波光。

端木蕻良说，明天是决定他命运的一天，特派战地记者，就要确定人选。

"如果他们不让我去，我就质问他们，怎么能让我这个热血青年坐以待毙。"

"你走了，我怎么办？"

这句话就在心里，这是一句懦弱的话，可憎可恶的话！以前自己对萧军说的，不就是这样一句话吗？

她不说。

萧红用手剥着蜡烛的火捻儿，蜡油烫着她的手。她沉默着。她感觉她和端木蕻良已经是一只摔在地上的瓜，它们正在开裂，沿着同一条裂口，各自裂向各自的一方。

"没想到小鬼子这么猖狂！"现在的端木蕻良，超常地关心着战事。

事情办得真是好！萧红在心里冷笑着。

这是他合情合理，又果断地离开自己的最好办法。萧红想。

也好。他走了，她将切断痛苦。

一切，都是她自己选择的。

从一就到了二。

从刀就到了血！

谁也不抱怨。

"你这些天，一直是不高兴的……"

端木的话被萧红打断："你能走就走吧，我们每一个人都应该是自由的。"

　　端木蕻良不说了。他一早就出门，去碰他的好运气。

　　萧红想吃药的时候，水也断了。

　　战乱、疾病，已经没有父亲的婴儿，即将被弃的感觉……萧红插死了门窗，像呕吐一样——

　　她大声地哭起来。

　　晚上，端木蕻良消沉地回来，他那战地记者的希望破灭了。

　　大撤退的风，席卷到了武汉。全城的人都小跑着，购白米的，拉运行李的，出入当铺的，都小跑着，仿佛日本人的刺刀就顶在后腰上。女人们追着在大街上贪玩的孩子："快走，快走，再不走，日本人进城了，进城后先杀小孩子。"孩子们马上放下手里的树枝土块，紧跟着大人跑。再小一点的孩子，一听见日本人，就扑到女人们的热怀里哭。

　　阴雨不断的天，萧红在从武昌去汉口的轮渡上，见到了张梅林。萧红披着宽大的斗篷。可能只有这件斗篷，能勉强遮盖住相当显眼的身体。

　　"你一个人吗？"张梅林问她。

　　"一个人不能过江吗？"

　　萧红的话里，带着刺。

　　张梅林不会反驳她的。他只是换了个话题。他说，日本人一天天逼近，他和几个人想撤退到四川重庆去。

　　"是真的吗，我们一起走好吗？"她的嗓音提高了许多。

　　"你一个人吗？"张梅林又是这么问。

　　"我到哪里不是一个人呢？"

　　藏在话里的刺已经消失，只剩下了哀怜。

"这要和端木蕻良商量吧。"

"为什么！"对张梅林的话，她比听到防空警报还敏感。她抬起微微浮肿的脸，问："为什么要和他商量呢？"

船快靠码头，人们纷纷挤上船舷，向岸上抬着脚。张梅林想帮她挡住一条摇摆晃动的竹扁担。萧红非常小声地说了一句："是萧军的孩子……我能怎么办呢？"

张梅林想劝慰她。但是萧红已经一个人向前走了："别忘了，叫上我，一起去四川哪！"她吃力地回过头来喊。

很快，朋友们都去了重庆。张梅林走了。端木蕻良也一起走了。他们让萧红坐另一条船，据说可以更安全一些。

身体变化的速度在加剧。一天比一天地沉重、笨拙、丑陋。两只脚只有向外撇着八字，才能站得牢靠。

日本人的飞机，向武汉三镇扔下了钢铁的炸弹。被轰炸的武汉，像一个哭泣着、身上着了火的疯人。死，向每一个人逼近。

和一年前上海的天空一样，飞机叫着，出现在头顶。机翼在空中划出尖尖的叫声。她站不住了，扶住墙，墙在晃动。扶住床，床在下陷。

连城都在摇撼的时候，什么也扶不住。

整日整夜地坐着。她现在好像一个专门等待飞机的人，等日本人的飞机黑压压地出现在空中。炸弹顺着一条斜线，冰雹一样落在城市里。四处都响的时候，她也是坐着，像失掉了眼睛的惊弓之鸟，四处辨别着炸弹落地开花的方向。

在等船票的那些天，萧红从武昌搬到了汉口。朋友们说要赶快搬过来，不知道船什么时候出发。

这里早已经住进了一些作家。她去得晚，只有搭一个地铺，在靠着小楼梯的墙角。

一个行动不便的孕妇，住在很多人出出进进的楼梯旁。

在没有飞机临头的时候，她反而相当平静。

她坐在她的铺上，手里还拿着一杯热咖啡，或者点燃着一支刀牌香烟，向着枕头边儿的小罐头盒里磕着烟灰。

逃难，谁都是没办法的。她挪动着完全肿胀的腿。想要站起来，必须扶着楼梯斜斜的木扶手。

**明天怎么办？明天，后天，大后天。我不能往前想，也不能往后想。**
**活在白天，就只想白天。**
**活在晚上，就只想晚上。**

萧红甚至和朋友们说，将来到了重庆，办一个小的咖啡馆，给作家提供一个可以交流聚会的地方。她说着话，就常常忽然停下来。

她感到了孩子在内部的跳！

这个孩子跟上一个是不相同的。他跳得狠。她已经知道，哪一蹬是脚，哪一鼓是拳头。她想，这肯定是一个男孩。

**要生，就生一个男孩！别像我这一辈子。**
**这么想了，好像肚子里的就已经是男孩了。反而盼着早一点看见他。**

萧红坐在地铺上，把两件褂子改成肥大的一件。

她站起来去吃药，衣襟上的针，闪闪地发着亮光。

日本飞机过去之后，武汉的天空显得很凄凉，空荡荡的，有白的云彩。大家出去买冰淇淋。她吃力地从衣服的口袋里拿出一块钱来："我来付钱。"

朋友们都是男人，他们挡住了萧红的手。

"为什么你们付？"萧红再把钱向前推。

"你是女的嘛，我们也做一做骑士。"朋友们都知道她与端木的事，但是谁也不提起。

"越这么说,我越要付。我是女骑士!"萧红嘴硬着。

卖冰淇淋的问:"有零钱吗?"

她把口袋里的钱全部拿出来了:五块钱。

这就是她当时全部的家产。

吃过了冰淇淋,萧红又回她的地铺上。垫着浮肿麻木的腿,她写了小说《汾河的圆月》。她写了一个又老又瞎的女人,儿子战死,媳妇逃了,只有她和一个小孙女,守着汾河边的圆月。老人不怕枪炮,不怕飞机,不怕炸弹,老人已经疯了。疯得很厉害。

## 二

这是宜昌。

萧红从武汉搭了船出来,是两个人同行,她和冯乃超的夫人一起。但是到了宜昌,就又是她一个人了。冯夫人因为生病,拖延在半路上。她要一个人赶去重庆的船。

夏天的凌晨,天完全黑着。

她向着长江的边儿上走。开船的时间是说不准的,她想早一点等在码头上。

长江,是颤抖不停的一幅黑绸。水在突然凸起的那些地方晶亮着。灯火没有,渔火没有,月牙儿也没有。天知道,那水反映着什么遥远地方的奇光。

江边,没有一个人影。她下意识地把左手护在腹前。那是她的孩子。她的右手拿着一只包裹。她感觉视力渐渐模糊,后来目光完全给剥夺了。江水抖得人发晕。长江不只是流着,而且是疲惫地打着漩儿,下坠着,像一个深渊。江面上虽然也有一点点的光,但那是黑的鬼魅的光。

突然，她跌倒了！

她非常凄厉地喊出声来。那是她喊出来的吗？没有听过比这更凄惨的声音了……

天地都是一样的黑。上和下都相同。世界一下子就扑倒，好像它没有生脚跟。自己拖不住自己，就倒下了？

她伸出手摸索着，摸到了一些纠缠着的绳索。肯定是绳子，在地上的。她找到了地！

她想支撑着站起来。这时候，她又看见了天。

天上，其实是有一些非常暗的星星的。但是她的手臂在哪儿？好像已经消失了，截断了，全身都瘫软疼痛。

……晕眩一点点过去。小的时候，躲在窗户扇儿下面睡醒了，不是也这样，一张开眼睛，就看见南天上的星星了吗……

现在，江边有什么声音，可能有什么人在走过。她向黑暗里看，也许眼前马上就有一个警察，拎着棍子走过。或者那棍子是手电筒，警察把手电筒的光打在她的脸上：是一个要饭的吗？警察一叫，就会有人围上来，里里外外地看热闹，他们说，一个女人，还是有孕的，一个逃难的。

……

她想赶快坐起来，但是她找不到力气。

怎么咬着牙支撑，也起不来。她已经不是一些骨肉，只是最糟最囊的一团死棉花。

可能再也站不起来了？

死，也是很容易的。摔个跟头就死了。没吃着苦，也没遭到罪，没被日本人的炸弹炸得身首分家，已经很好。生命是个大包袱，翻翻看看，它有什么可留恋的！

就这么死了吧。在江边上，这么多的绳索、石头，要想站起来，是不可能的了。管他什么警察、围观的人、日本人的飞机炸弹，一闭

283

眼,什么都没有。

江边,有人走过来。已经到了近旁。萧红睁开眼,看见两只卷得很高的裤脚。两条精壮精黑的细腿,是为出苦力而生的。

有声音说:"这好像是一个人吧,饿昏了的吧?"船工的手臂像一条杠子,带着强烈的咸汗味儿。

他把萧红扶起来。

重庆的朝天门码头,端木蕻良没有再戴麂皮手套。衫子还是雪白的。他走过来。

如果能有另外一个能亲近的人,她不想端木蕻良来码头的。她的身子笨重到了极限。端木蕻良接过萧红手上的包袱,眼睛却一直望着她以外的什么地方。

"现在,重庆也是人心惶惶的……我一直都住在男宿舍里……你的住处,我帮你找好了。你住在白朗那儿吧,你们在哈尔滨不是好朋友吗?"

"我好办。"萧红非常简短地说。

码头上发生过的事情,挤船、跌倒、恐慌,她都不提起来。这些都是她自己的事,和端木蕻良没有关系。她脸上的神情甚至是高贵的。

高贵,是从哪儿生出来的?

草叶儿从地上冒出来。孩子从母亲那里生出来。烟从炉灶里飘出来。只有高贵,来自说不清出处的地方。

在重庆,是可以每天见到山的。山上的炊烟,一层层浮起的时候,萧红坐在窗口抽烟。

她的老朋友白朗总是在心里想,萧红在窗口那儿是在等着什么吗?

"莉,"萧红叫着白朗,"你帮我买一包烟吧,刀牌的。"

"什么刀不刀的，你一宿都在咳嗽，又抽烟，我不给你买！"

"我自己也可以买，就是坐着月子，我也能出去买烟。"说完了，萧红就下地。她的脚是浮肿的，过去的鞋子都不再能穿，她拖着一双剪掉了后跟儿的男式大鞋。

白朗紧追在萧红的后面："乃莹，你怎么变得这么任性？"

张梅林来看她，正是傍晚。

她从厨房里出来。张梅林在心里惊讶：一个怀孕的女人会变化这么大。萧红的脸和身躯，都走了形。她的手里拿了一只酒盅。

"喝酒吗？"

"不喝酒，太辣，我是吃过饭的。"

"那我一个人喝了。你们南蛮人是不敢喝烈酒的，不敢喝烈酒，做不成大事儿。"

但是喝了一盅闷酒以后，她就变成了另外一个人。她望着手里边的酒盅说："我为什么总是一个人走路呢？过去，在哈尔滨。后来，在日本，这回在重庆。我好像是命里注定要一个人走路的。世界上那么多的人啊。逃难的时候，你看看，成千上万的，跑警报的时候，几十万上百万的。到了重要的时候，就是一个人。只能是一个人。这是为什么，你能回答吗？"

她又去拿酒的时候，张梅林想劝阻她，说怀孕的人是不应该喝酒的。

"你挡不住我的。我想了的事情就要去做。"

她又把手伸向那只墨绿的玻璃酒瓶。

"你太自作主张了，你不应该再喝。"张梅林说。

"不对，我是太没主张了！你们男人都怕女人有主张。你们都想，女人就像羊羔儿一样等着男人去主宰。"

最好的感觉，是喝了酒的感觉。喝了酒，人就不是站在地上了。

285

升在半空中，肚子也不沉，脚也不肿，生孩子也不害怕。过去的事儿，将来的事儿，都忘了。虽然是说，一个女人，自己栽下的苦树，怎么能不尝它的果实呢。可是，喝了酒，就都忘了。

"乃莹，我买了一块花布，稀软稀软的。给你吧。"白朗把印满细花儿的布，铺在萧红的床头。

"我要花布干什么？我不要。"萧红的脸全部沉在枕头里，她的脸色像青绿的生杏。

"就是看着软，才给你买的。将来，小孩子用得着花布。"

身子太沉重了，要拉着床头才能起身。潮湿的雨天，连火柴都是湿的，接连划了几根，才看见跳出来的火头儿。

她整天看着那块花布。做孩子的小衣服，还要剩余。缝一条小棉被，在冬天里用？不知道重庆的冬天，是不是像上海那么冷。一个时辰一个时辰地看，把单的花瓣都看成了双的。

她不想到白朗那儿去借剪刀。她很怕任何人提起那即将出生的小孩。它，像一个人人皆知的谎言。

这会是一个勇武的儿子吗？如果他一下子长大，比母亲还高，他的性格会像谁呢？

萧红一直没有裁那块花布。她白天不断地抽烟，晚上喝着烈酒。她整个人被向上顶着。她脸色极坏，步履艰难。所有的衣服都不能穿了。她只坐在窗口看着绿色的重庆，层层叠叠的重庆。在山间石路上，有背着背篓的农人在奔走。她看见他们活得那么简单轻松。

我不知道孩子在哪一天出生，在上海的时候，我吃过一些乌鸡白凤丸……我内里的一切都是混乱的……我说不出一个准日子。

在哈尔滨，我已经丢了一个孩子。那么乱的年月，那女孩可能早不在了。这个孩子，我要把他留住，绝不再给任何人。我要自己带大……

病态。我承认那时候我有点病态。很多话都不想说。对别人没价值。说了，也没人听……脸上是安慰，谁知道人家心里想什么？还不都是你萧红一个人造成的，苦果你一个人尝。不和萧军分手，一切不都是正常吗？！他上前线，你守在家里……我知道，他们都这么想。

恍恍惚惚里，我感觉我的命里没有孩子。根本没有，我就是一个人。

现在，山间又有炊烟飘起来了，远远看着是美丽淡蓝的。

萧红经过门槛时，还什么事情也没有。

突然，她看见那些炊烟破了！

一切被撕裂开！

她被一条红烙铁一样的疼痛打倒在地上！天和地，顿时散乱、混淆。

"莉！我们上医院去！快，快……"她一声接一声地喊。

白朗从里间跑出来，听见了人间最可怕的叫声。

医生和护士都在她的脚下走，穿梭一样走，非常快地讲着重庆话。她听不懂那是些什么话，拖赘了她几个月的另外一个生命，离开了。

她轻松得像一只纸人儿那么薄。

最轻的风，也能掀得动她。她是一张苍白失血的纸。

小护士的眼球瞪得极大，口罩都快掉下去了。

"孩子，是死的。"医生说。

"什么！"

"婴儿已经死了。"

"不对，他是能动的！前些天还动！不对，不对……"

萧红看见那些白色的人，一层层陷进了黑染缸。她要抓住其中一个，她要她的孩子！

但是，她抓住的，只是产床上的粗布和血。她自己也沉进了染缸。世界变成了全黑。

从医院回到白朗的家，萧红更加沉默。她向白朗借剪子用。

"要剪子铰什么呢？我帮你铰。"

"不，铰指甲盖儿。"

拿到了剪刀，她就偷着把那块量了无数次的花布剪成碎条儿。

她还是坐在窗口，看着一层层绵延的山路上进城的农民。他们篓里的菜，油绿的。有的背篓里，颠着孩子。

"那儿风大呀，你不能受风的，进来吧！"白朗说。

"受风怕什么？我什么也不怕！"

"乃莹，你怎么变得跟小孩子似的。"

"我现在不是小孩，是老婆子，又老又丑的老婆子。"她的脾气越来越古怪。

我是不能培育生命的。但是，我可以写！写，我就是在培育着另一种生命。她想。

端木蕻良拿了一枝花。那是什么花？

那叫花吗？紫不紫，红不红，传出刺鼻子的香粉味儿。

"我快死了。"她说。

端木蕻良的脸上涌现出忧虑。他把花插在一只空醋瓶子里，连水也忘了装。

"我在这儿住够了，我要走。"萧红说。

"你要去哪儿呢？"

"不管去哪儿，我反正要走。"

我什么都没有了，只剩下了写作。只有纸和笔还没抛弃我。我想好了,如果我还能活下去,命还能给我喘气儿,我就不停地写。

留不下孩子,我能留下书。孩子可以死,书灭不了。

命是一根长绳子。我的那根,只剩了一段绳头,后面什么也没有了。再不写,我就没有时间了。

不久,她的日本朋友池田幸子到了重庆,在歌乐山住下了。萧红马上搬去和幸子一起住。她尽量使自己变得快乐。

在她的长篇小说准备动笔的夜里,萧红常常失眠。幸子劝她吃安眠药。拿着白色的小药片。她看了再看:"不吃了,明天还要起来写作。我最怕早晨起来头昏脑涨。"

早晨,她含了水,喷着衣裳。然后,用装了开水的杯子,把它熨平,整整齐齐地穿上。她坐到桌前,仿佛写作是隆重和神圣的。

她还向幸子借了脂粉盒,在脸上扑了薄薄的白粉。

## 三

身体一天天复原。

好像绿色又染到了草上,好像甜味又回到了果实。

端木蕻良拿着花,站在门口。是一九三九年春天才开的花。新鲜、清香。端木蕻良看见门是敞开着的。叫了,屋子里却是静的,没有人应。

萧红坐在屋后的院子里,她看见端木了。

她看见端木蕻良穿的是平整洁净的制服,像一个学生。他小心地轻推着屋门。头发在风里掀动,手上的花,背后的暖光,和他成为一体。

在那一刻,他是动人的。

她只要站起来,就可以接近他。也许这世界上有许许多多更优秀、更体贴的男人,但是她,没有时间和机会。要走近一个人是相当阻碍的。

她迎着端木蕻良,脸上是积年不见的笑容。

"你的脸色从来没有这么好过!"他说。

"你是说我恢复了?"

"比我认识你的时候,还要好。"

"你不是奉承我吧?"在明亮的光之中,萧红接过了那些鲜花。

不久,萧红和端木蕻良租了旅馆,很快又迁到了复旦大学校址附近的教师住房。他们再次生活在一起。

**我说不清,一个人一生中有很多事情都说不清。一转眼的念头,就可能改变了整个未来,谁说得清?**

天总是从晴变到了阴,由阴又变回了晴。

男人就是她所要的吗?她不知道,她只知道她要一个心平气和的桌面,可以马上开始写作。

《回忆鲁迅先生》,写风陵渡船工和过河赶部队的士兵的《黄河》,还有她的短篇《逃难》,她的《呼兰河传》初稿,都是在新家的小桌上完成。她写作的速度,超过了在日本东京时期的每天十页。

桌子是狭窄的,端木蕻良也在同一个桌上,写他的长篇《大江》。她常常放下手里的文章,帮他誊写原稿。

端木蕻良看了看天空,他说:"这么大的太阳!"他在墙角取了一把伞,然后自言自语:

"不带伞太炎热,带了伞又像个女人。到底带不带呢?"他在门口犹豫。

"你出一下门,也要犹豫吗?"萧红问他,"你到哪儿去开什么会?这么费劲儿!"

端木蕻良撑开伞出去了。他在甬道里说:"你问什么呢?说了你也不知道。"

　　如果是从前,她会追过去,问个清楚。但是她已经学会了不认真。只有把自己的文章写出来,才是值得认真的。写出来的字是诋毁不了的,永远抹不掉的。

　　**人和人,不应该经常在一起。在一起久了,谁看着谁都烦。**

　　中午,门在背后打开。带着热风,端木蕻良的同事靳以来了。他看见萧红还伏在小桌上:"太勤奋了,这么热的天,还在写吗?"

　　她点头,让靳以坐,又示意端木蕻良正在午睡。

　　"写什么呢?"靳以低着声问她。

　　"是写鲁迅的。"

　　端木蕻良在竹榻上翻起身。他原来并没有睡成:"又是鲁迅,还有什么可写呢,早都给人写过了。我看看,你又写些什么!"

　　他下了床,掀开萧红手下的稿纸,用一种怪的腔调读出来:"先生走路很轻捷,先生笑声很明朗,抓起帽子,往头上一扣,左腿伸出去了……就这个也值得写吗?还有什么好写的呢?"

　　他笑。

　　他睡衣上的竖条花纹也跟着笑得抖,和风吹动一片柳条子差不多。

　　萧红很明显地压着气,双手都按在被端木蕻良翻乱的稿纸上:"你管我干什么。你写得好,你写你的。我也没碍你的事儿,你何苦这么笑呢!你还是去睡觉吧。"

　　靳以悄悄对萧红说:"你比他写得好……"

　　端木蕻良跳回到竹榻上,吱吱嘎嘎地翻了几个身,很快就睡着了。他的头枕着她的羽绒枕头,那枕头跟了她好几年了。从东京到上海,又到武汉,到西安,到重庆,那是一些沉默无声的羽毛。

　　写到疲倦的时候,她就经过甬道,到天井里去。

那里有几只半人高的陶泥花盆，里面栽着扭曲的盆景。萧红把盆景叫"病树"。一个瘦小的四川女用人，拿一把剪刀，每天晚上，在人们乘凉的时候，就修剪"病树"的某些新枝。许多的人，为什么不喜欢树的自然生长，要不断地修剪、弯曲它。

端木蕻良把脸贴在玻璃窗上，他最讨厌几个教授家粗声大嗓的女用人："她们一个个都跟黑缸似的。"

女用人们总是踢踢踏踏地走过甬道。端木蕻良就放下笔，等在窗口，训斥她们，要她们轻声点。

"别这样，下人就是可以随便被你训斥的吗？"萧红制止他。

恰好这个时候，一个女用人风一样经过，顺手在端木蕻良面前的窗台上放了一只茶壶。端木蕻良一挥手，就把它推了下去，瓷壶顿时四碎。女用人哇哇地折返身，推开门吵闹。两只手臂舞蹈一样舞扎着。端木蕻良气了，伸手去推那女用人，她顺势倒在砖地上，高声哭号，长卧不起。

惹了麻烦的端木蕻良看见不好收拾，关上里间的门，躲进去，绝不再出来。

女用人自然而然地像消防车的警笛一样叫着，朝向萧红号哭不停。萧红拉着女用人死挺的身体，门，已经给看热闹的用人们、教授们的夫人们，围了几层。

拖着号哭者去了村公所，又验了伤，又计较了补偿费。终于，把天空也折腾得漆黑了。

"倒像是我打了人，你还算是个男人。你甩了手，什么也不管。"萧红敲着里间的门。

端木蕻良在里间的小沙发上睡过了一觉，带着懒怠的睡意，讪讪地出来了。

每到这种时候，总是想到过去……刮过去的风，你能把它叫回来吗？

哪怕你知道他的名字，你和他很熟。他的身世里就有你的身世。他对你有着千般百样的好处和坏处。风过去了，就再也刮不回来。

是什么声音？

像远天深处的闷鼓，翻滚着，碾动着，一直来到了头顶，一切声音都静止了！那是什么声音。她不可能忘掉的声音。

日本人的飞机，又来到了重庆的上空！

炸弹落地的声响，把防空警报也压下去。每个人都用他的七窍在尖叫。重庆这个山城，全城都在奔跑狂乱。喘着粗气，颠簸着，发出火光。没有炸弹落地的地方，奔跑的灰尘也像硝烟一样腾起。

浑身恨不能都是腿脚的世界。恨不能所有胳膊都夹着女人和孩子的世界。

附近的一幢房子起了火，浓烟噗的一声，升到空中，房瓦在裂响。一个房角已经塌下来。

萧红又一次经历着重庆！经历着武汉！经历着上海！经历着东北……她又回到了怕！

她右手按着心，左手按住颤抖的右手，什么都在狂跳，恐惧，也是能夺走一个人的性命的。

人们都像她这样吗？她仿佛永远能听见警报声，永远能在空中看见恶鬼一样的飞机。飞机上永远有恐惧的炸弹落下来……

**我自己已经变成了一只过度紧张的警报器。**

**日本鬼子！我恨！！**

她去倒一杯水，但是玻璃杯从手上滑下去，碎在地上。她感觉，它也会在砖地上炸出一个焦黑冒烟的弹坑来。

端木蕻良慌张地进了门。他站在门口就脱长衫。他把长衫按在盆里：

293

"快帮我洗洗!"

萧红把更多的水加进脸盆里。蓝的长衫,却有红的水泛出来:"那是什么?"

"是血,一个半大的孩子,炸掉了腿的,正好在我旁边。"端木蕻良的内衣也抖作一团。

又一批飞机掠过头顶,萧红感觉到她的神经的弦,绷成了一张最紧的弓,马上就会撕裂。

虽然拿了钱,请天井里的女用人给洗了长衫。但它一直晾在天井里。人人在它的下面弯着腰钻过去。它已经是一张褪尽了颜色的旗子,没人去把它钩下来。


"我害怕。我怕明天。也许一早晨,就有飞机来炸重庆了,那种轰轰声,我一听见就怕。我想,我是被飞机吓破了胆啦。"

萧红在黑暗里对端木说。

端木蕻良本来已经睡下去,现在,他又坐起来:"不知道重庆是不是也跟上海、西安、武汉一样,快沦陷了。香港有人请我去做事,起码,现在香港还是安全的。"

几个很熟的朋友,都劝他们不要匆忙地去香港。白朗说:"朋友都在重庆。到香港那种地方,听说语言都不通,连一个说话的人也没有。我们一起在重庆,到实在守不住的时候,朋友们一起撤。"

但是,萧红坚持离开:"飞机票已经买好了……我恨不得一下子离开。我怕这种炮声。贫穷,又担惊受怕的生活我已经厌倦了。我已经快三十岁。以后,我将尽量地追求享乐,我为什么要继续受苦呢?"

"逃到香港,如果也不行呢?日本人打红了眼,再追过去……"

"总有地方是日本鬼子到不了的吧?"

曹靖华听说他们要走,也到他们的小屋里来坐。他犹豫着。在心里,曹靖华也想劝阻他们。但是他没有说,他也不知道留在重庆的前

294

景是什么，也许几天以后，谁的尸首就横列在街头。

再在重庆待一分钟，我就快没命了。我害怕！日本鬼子是紧追着，来要我的命的。

# 四

香港是香的。

从一月到十二月，花瓣是香的。各种叶子是香的，树皮树枝也是香的。

这香气从哪儿来？萧红总是想要问。但是，她去问谁？这么大的香港，他们只认识几个东北同乡。

在桌边写一会儿，她就跑到外面，四处去闻。

她说："是空气香啊！"

好像终于寻找到了香气的根源，心落了地。她才回到书桌前。

可惜，香，不可以作为朋友。不能填补寂寞。端木蕻良去主编《时代文学》的时候，萧红除了写作，就不断地给重庆的朋友写信。她说，她想回去。

她已经委托重庆的张梅林先帮她找房子了。

一个人在家，萧红找出陪伴了她几年的中国行政区图。一支红笔，把她走过的城市连接起来。这是大半个中国呵！在每一站，都是痛苦。

从十八岁开始，我这一生，走的是一条弯弯曲曲逃亡的路。灾难催着命，我是注定要逃难。

她告诉端木蕻良，她要写一个女人。在逃难逃鬼子的时候，魂飞胆战、得过且过地生活。

端木蕻良斟着茶，他不是很赞成："抗日是现在的主流，你写人胆小、逃难，怕不合适吧？"

"我能写什么呢，我也就是写我自己吧。"

"一个女人，不典型。"端木蕻良说。

"女人为什么不典型呢？"

"女人逃婚是典型的。现在的中国，逃难，逃的是国难，正是男人的事儿。写一个胆小怕事、时时怕炸弹炸在脑袋上的男人才典型，才讽刺，算一篇现实的批判作品。"

"我不相信女人就不典型，我不知道男人心里想的都是什么？"

"写作总是有意义的吧？写了《生死场》的抗日作家萧红，又写给鬼子撵得四处逃难的女人，怎么会有人同情你呢。别人会怎么说！"

萧红在犹豫不决中，动了笔。她写她这一生最长的小说《马伯乐》。马伯乐就是那逃难的人物，一个男人。

**我的作品中，写得最差的，就是《马伯乐》。我自己翻着看，都觉得不像我写的，我自己没体会的事情，编不好。**

在写《马伯乐》的同时，萧红在抓紧修改她的另一部长篇《呼兰河传》。那里边都是她童年的人，童年的事。

不间断地写，残旧的红木桌子上，压着她的两沓手稿。腿已经坐得麻木，没了知觉。

连绵不断的雨，是潮湿的，纸也快能挤出水来。早晨的镜面上，鼓出了密麻麻的水泡。

三月的香港，正是最潮湿的季节。

端木蕻良起来，看见萧红正对着镜子发呆："你照什么呢？"

"我看这个镜子也快淌眼泪了，这是什么气候呢？我想，等我写完了《马伯乐》，我们就回重庆吧。"

她用手摸着那些水珠。

和端木蕻良在一起，萧红几乎没在他面前流过眼泪。串眼泪的线，已经扯断了。眼睛那口井，是枯死的干井。在萧军面前，萧红是永远的雨季。现在，换了端木蕻良，它却自动转换成了太阳。

清明的那一天，半山坡上，出现了很多的女人。在萧红听来，她们讲的粤语，几乎是外国话。她们是上山祭祖的。拿着扫把，漫天扬着纸钱。空气里弥漫着香火的气味儿。

萧红从外面带了一包香和几只小柑橘回来。

端木蕻良问她要做什么？

"祭祖先呵。"

她拿了碗，盛上米，香插在米里。柑橘摆在桌上。她又拿了小酒盅，倒上烧酒。火柴划过，就有蓝汪汪的火苗跳跃在白瓷酒盅里。

这些，她都见祖母做过。只是祖母摆的不是柑橘，是猪头和放了红枣的饽饽。

"一个左翼作家还迷信吗？"

"一个人总有念想的吧。"

开始，端木蕻良还想阻止她。后来，他也帮萧红摆上了两根红蜡烛。

他说："好像还可以许什么愿吧？"

许什么呢？她的脑子里全是空白。她只是想呼兰河她的家，离开家已经十年，她从来没有这么想过那个矮土墙围成的院子。

保佑身上没病。

保佑写作顺利。

保佑以后的生命平安、宁静。

保佑从此再也没有日本鬼子！

夏天，他们又在讨论回内地的事情。

端木蕻良主张去云南："云彩的南边，听起来，多浪漫。云贵都是高原，天然屏障，日本人打不进去。"

萧红取出很少拿出的"中国行政区图"。她用一张白纸描出了中国的边儿。萧红在上面标出了香港。在香港旁边的太平洋上，她画了一个小人儿。是女人，剪了短发，因为现在她是剪了短发的。女人手上有一只箱子，箱子上面画了几个方格，格子里分别写了"马伯乐""呼兰河传"。那是她在香港要赶写完的作品。而在云贵之间的山巅，短头发的女人，坐在一片云彩上，犹豫不决，还没有跳下云端的决心。在纸上面，在北方，她写了一个"呼兰河"。河边画了一个小女孩。纸太小了，她还想画。围了小女孩的，应该是她印象里家乡的各种瓜果。小女孩应该是睡着了的，睡在满是果树瓜蔓的园子里。

不知道是不是水土不服，萧红到了香港没几天，身体又向她发出警报：失眠、头疼、胃疼，所有的老毛病，又都回到了身上。

七月，香港文协的领导人冯亦代，请萧红写一部严肃的纪念鲁迅先生一生奋斗史的哑剧。萧红在那部取名《民族魂》的剧本里，写进了鲁迅作品中的孔乙己、阿Q、祥林嫂等人物。他们在剧本里，全部以鬼魂的形象出现。

夏天，萧红又见到了茅盾。自从在上海见到过他之后，就再没见到。萧红说，如果内地战乱不断，她想去新加坡。

茅盾和蔼地劝解她："怕什么呢，日本打不到这儿来。人在香港还是安全的。"

萧红不说什么了。她低着头，弄着身上的扣子。

茅盾说："你还是调养身体吧。"

但是，她总是梦到鬼魂，梦到死去的人们。也许日本人要打进香港？

萧红的夜晚，是最不好受的夜晚。躺下，咳得睡不了。她便披着衣裳，坐着，咳着。端木蕻良怕了。他看见萧红的眼睛好像已经走出了这个晚上。

"你是睡不着吗？"

"睡不着……我看见日本人，就在天上盯着我们。龇着金牙，他们在笑，笑我们四处地逃窜。在日本人以上，就是鬼待的那重天。鬼也在笑，像我这种活着就是大败的人，也值得他们追和笑吗？"

"你胡想些什么，人！"

"我们为什么要来香港呢？明天就收拾收拾，我们回内地。"说着，她就拉开蚊帐，点了小桌上的灯。她说要给内地写信。

等到第二天早晨，端木蕻良起床的时候，看见许许多多撕碎的纸片，给风掀满了屋子。

白天来了，许多想法变得实在。白天是不幻想的。她还是不能回去，她要把手里的作品写完。

在香港，端木蕻良要忙着编书，写书。一切家务照样要落在萧红的身上。

当萧红断了气般咳着的时候，隔壁的女人，怀里包得蛤蟆一样的孩子，探过头，朝她的家里看。看了，就跑到屋后的茅草丛里，对另外几个采草药的女人说："那个人是痨病吧？痨病是染人的！"女人们好像是赶鸡赶鸭，忙着把自家的孩子都拢到房里去。

黄昏的光，降临在黑瓦和长满霉斑的屋檐上。那是最古老最古老的光，落在什么物件上，就染了金。萧红坐在厅房里，等着端木蕻良回来吃饭。她的头上围着凉手巾。

她想，明天要去买一支温度表，好像身上是发着烧的。

阴沉低雨的一天，美国人史沫特莱费了很多周折，才找到了萧红的住处。史沫特莱没有想到，当年在上海显赫一时的抗日作家，会住在这么潮湿低矮的房子里。

"萧红在家吗？"她问。

史沫特莱在上海经过鲁迅的介绍，见过萧红："你怎么变化这么大？"

萧红只有让史沫特莱坐在堆满蚊帐的床边儿上。在她家唯一的木凳上，有一盆正在洗着的衣裳。萧红的手，还是湿的。桌上，被报纸半掩盖着的，是两碟陈旧的咸菜。

"这怎么能行呢？你又写作又做家务，身体还这么差……这间房子太闷了，空气不能流通，连鸽子都不想飞进来，不行！这种情况必须改变！"

史沫特莱刚坐了几分钟，就坐不住了。她让萧红现在就锁上门跟她走："我们马上去旅馆，换衣服，再去吃一顿像样的饭。不行！你不能这么生活。我要帮你改变。"

史沫特莱拉起萧红，就向门外的雾气里走。

"不行，端木蕻良还没回来。"萧红说。

"你留个纸条给他。"

史沫特莱是从中国内地出来，准备经香港回美国的，飞机票已经订好了。在离港前的最后几天，史沫特莱给萧红介绍了香港的主教，又去香港玛丽医院谈好了给萧红检查治病的折扣。最后她还送了萧红几套衣服。她说，她回到美国，要为萧红的病，奔走，筹款。

"你要重新考虑自己的生活，你现在太亏待自己了。"临走，史沫特莱还在对萧红说。

过了轮渡，萧红要去玛丽医院检查身体。她想起来，还没告诉端木蕻良，就打电话说："端木，我过海了。海上有风，不知道一会儿我从港岛回九龙，风会不会再加大。"

端木蕻良问她："你去医院要多久？"

"估计一小时,一个多小时以后,我到你们时代书店找你。"

她绝没有想到,她被留在医院里。

虽然天气是初夏的好天气,许多鹰都在山间有力地飞翔。虽然她进玛丽医院大门的时候,还跳过了清洁工的拖把。

进了诊室的门,她感到了浑身的无力,马上就像个病人了。打过了最先进的空气针,她就再也没有起身。她被推到了白色的病房里。

病,就是这么容易加重的吗?

她的头,垂在死硬的白枕头上。她拿着笔的手,没有力气,写不出端木的电话号码。她看见纸,看见笔,看见手,但是什么也写不下来。只有急促地喘气,身上已经发起了烧。

# 五

有五只苹果,都是半红的,向着太阳的一面全红,反面青黄,它们都长得相当匀称。萧红把它们摆在香港玛丽医院病房的窗台上,好像一个家庭中五个已经成年的兄弟姐妹。

护士进来通知萧红,要移动床铺了。

"移到哪儿去?"

"到外面,阳台上。"

"能到外面去吗?"

"医生说,你现在需要阳光和新鲜空气。"

萧红已经在病床上躺了几个月,躺到了香港的夏天。现在,热的天气已经来了。

天花板在走。地在颤。

她在床上,只是看见护士的白口罩在她的上面。

在阳台上,可以看到海,更可以看到天。

云彩向着东北奔跑,山间的每个树叶上都沾着雨珠。她不知道刚刚是下过了雨的。四年前,她心情烦乱,自己跑到北平的时候,萧军曾经写信给她,说让她多看看天空,说一个女人经常看天空会美丽起来。

这不是天下最大的谎言吗?看天空就能救一个人?

现在,通向阳台的玻璃门被打开,又有一张病床被推到阳台上。那是一个年轻的女孩子,消瘦,和信笺一样白的手和脸。

护士捂着被风掀起来的护士帽,在问女孩什么药片吃了没有。萧红听见女孩讲的是北平话。

"你是说北平话的吗?"她问那女孩子。

"是呵,会讲。"

"那是太好了。我在香港差不多就没听过北平话。一年多了,没听过!有你做个伴儿真好,"她下了地,去病房里取了两只苹果和水果刀,"过去我那间病房是向着阴面的。只能看见窗外一块长青苔的大黑石头。憋了我几个月了……"

"你是什么病?"女孩子问萧红。

"是肺病吧?"

女孩很忧伤地说:"我也是肺病……"

"管它什么病,我们吃苹果吧。"

"不了。"女孩子从木枕头下面拿出一本书。

"那是什么书?"

"一个出院的病友留下来的闲书。"

萧红的心情一下子好了起来。她告诉女孩:"我也是一个写书的呀,我的名字叫萧红。你平常看报纸吗?我的文章有在报上刊登呵。"

"是什么报纸呢?"

"《星岛日报》,你看吗?"

"那报纸我很少看。"

萧红还是细心地削着两只苹果。她问女孩,有没有人来照顾。女孩说没有，她是一个孤儿。

"那我们一定要一起吃苹果！你记着，我们都是这世上孤单无助的人。我们要互相帮手，你不吃会后悔的。你记住，有一年，你和一个叫萧红的人，在玛丽医院一起对着蓝天大海，迎着太阳，吃过红的苹果。"

一个下午，她们就成了好朋友。萧红给女孩子讲了她家乡出产的水果：山梨、海棠和香瓜。萧红拿着纸和笔，把每种水果的形状都画出来，还画了油麻花和大豆年糕。

住在玛丽医院是孤独的，哪怕有一个人朝你笑一下，也是好的。医院的院规又那么多，她不喜欢住医院。端木又不常来，他要做事。

**我已经知道了他是什么样的人。人到了自顾不暇的时候，就不要再强求别人。我们不一定会遇上十全十美的好人，美和全是根本没有的……**

萧红和端木蕻良说过很多次，她想回家去养病。端木蕻良劝她，现在住院的钱，还是朋友凑的，还是住吧，也许能好得快一点儿。

"白党来了！"女孩子揭开被子，跳上她自己的床。
白党，是她们给护士起的外号。
白党并没进来。她们在阳台后面的走廊里说着粤语。
"她们说的是什么？"
"她们说我们还有说有笑呢。"
萧红有点不满意："难道我们整天哭吗？"
"算啦，我们是三等病房的病人，又不是头等病房。她们全都是看着这个的。"
夜里，她们就在阳台上睡。病房，被她们弃在了后面。白盒子一样的屋子，装满了一股死人味儿。晚上的阳台没有灯，灯的座儿是有的，但是护士不给配灯泡。

萧红在一个本子上写作，一到天黑就被迫停下来。她用晚上的漫长时间来想。

她还是要写很多小说！她的庞大的计划，够她再写十年了。

但是她的病情在加重。咳嗽像恶鬼，摧撼推搡着她，使她不能再安静地写作。

整天躺着，昼和夜颠倒了。昼和夜都是咳。

当时已经是秋天，她因为在阳台上睡着，受了风寒，病情突然加重，她被搬回了病房。

白天，《时代批评》的编辑来看望萧红。那家刊物正连载着她的长篇小说《马伯乐》。他对萧红说："《马伯乐》的稿子快登完了。"

萧红掩着脸，咳过了一阵。她对那个编辑说："你看，咳得这样，一日比一日加重……我实在是不能写了。你就在刊物上说我有病吧。算了吧，我不能让那个忧伤的马伯乐有一个光明的交代。"

一日比一日加重的咳嗽，让萧红焦躁不安。夜里，甚至不能安宁无事地睡过两个小时。

揭开被子，她走到黑暗的走廊里。镶在墙角里的几盏白炽灯，发着暗黄的光，照着她赤裸的脚。

她找到值班的医生："我需要打止咳针，我已经几天都咳得不能睡了。"

医生的脸上，还是保持着慈善。但是，萧红看见，他的手在匆忙中急急地抓过一只雪白的口罩，把口罩戴在脸上，他才同萧红讲话。

"三等病房里的病人，药都是由医生开出来的，不是由病人点的。我不能给你打止咳针。"

"医生难道不看病人的情况吗？"

"情况，不就是咳吗？我这个科里的病人，哪个不咳？肺子的病，能不咳吗？你在这儿住院，就是要听医生的。"

在白口罩的边缘上，医生的眼珠咕噜着。他把双手都插进白罩衣的口袋里，做出了绝不能听从病人指挥的姿态。

又是踩着焦黄的暗灯光，走回到病室里。现在，不仅是睡不着，她还气愤着。她看见全世界上，每一个人都活得挺好。每一个人都在难为她。

她再次爬起来，请求一个好心的值班护士，帮她打一个电话。她想明天端木蕻良能来，能接她回家。

回了家，一切都能变好，可以自由写作，自由吃药，自由地活着，不会再受医院的束缚。

早晨，端木蕻良和周先生一起赶到玛丽医院看望萧红。周先生是一直在香港搞东北民主运动的同乡。他们进门的时候，萧红正在病房里走来走去，显得焦躁不安。她颠三倒四地说，天没亮就准备好了随身的东西。她要出院！

周先生望着萧红黄瘦的面容，劝解她，再住下去。下半年的医药费，由他再去筹。

"不！我不住了！我要回家。我不能又用着朋友的钱，又受这种洋气。"

这个时候的端木蕻良是没有表情的。他站在床尾，面目跟商店里的石膏人那样，固定不变。

"端木！你怎么不说话！"

萧红问他。

"医生都说过了，哪个得肺病的人都咳嗽，你急什么呢？急也治不好病。"端木蕻良的声音里没有起伏。

"再住下去，也治不好病。这个医院。快把人关疯了！"萧红大着声音喊。

305

端木蕻良和周先生，都到走廊里去了。他们低声商量着。后来，医生也凑过去。萧红看他们的嘴，一张一合地，他们都是一伙，共同对付着她的。

他们又回到病房里，平和地等着萧红，等着一阵剧烈的咳嗽过去。仿佛是等待一个人剔牙、挖耳洞、梳辫子。他们商量的结果，还是要萧红住下去。

深夜里，萧红悄悄下了床。

她把早已经准备好的小包袱拿起来。她不靠任何人，她要自己决定自己的命运。趁着黑夜，在人鬼都不察觉的时候，她也能自己回家！

突然，护士从走廊的另外一侧跑过来。白白的一条胳膊，拦住了萧红和包袱。

"你要去哪儿？大门是上了锁的，这么晚了，你要去哪儿？"

"我要走！"

萧红听见，她的声音在医院走廊里震响，是黑色有力的声音，惊人地大。

值班的医生和护士们都来了。迎面站成了一堵墙壁。

"你要干什么！医院里还没见过你这种病人。"

"我要离开。我不住了！我要离开你们医院，让开路！"

"医生不给签字，你不能出院。这是规矩。"护士尖声尖气地说。

"我不管！我不管什么医生，我反正要出院！"

萧红一直向前走，她想冲过去。这会儿，她是没有理性的。

"你发疯了吗？你不管，我们要管，明天，你丈夫来了，跟我们要人。我们怎么办，我们知道你去了哪儿？"医生说。

"你不要管我去哪儿！也没人跟你们要人。"

萧红的手，被另外一个温和点儿的护士拉住："等到明天好吗？你也不差这么几个小时。先回病房去睡，明天通知了你丈夫，来签了字，我们马上让你回家。"

像囚徒一样，她被两个护士挟持着，又躺回到那张散布着死味的病床上。


端木蕻良会来吗？

他只会端着肩，只会向那些医生点着头，甚至微笑。他只会说谢谢。虽然，端木蕻良没有戴口罩，手没插在白罩衣的口袋里。但是，他们是一伙的人，都是一伙的。他们都不知道夜夜咳嗽，咳得全身酸疼的感觉。胸是疼的，腹是疼的，胳膊和腿都不舒服。被咳嗽牵动的所有部位，都是疼的。健康的人怎么会知道？

昏沉中，她想到萧军……

如果萧军在四川，我打一个电报给他，让他接我出去，他一定会来接我的！

萧军不会怕那些白党。他问也不问，就会站在她这一边。现在萧军在哪儿，也许在哪一片草窠子里，手上还倒拎着枪。他一定投了军。

没有能救她的手。所有的手，都腾不出来。能腾出来的，也绝不会伸给她。

第二天，萧红没有找端木蕻良。她打电话，给另外一个东北同乡，香港东北救亡协会的负责人于先生。很快，于先生把萧红接出了医院，还答应帮她出版《马伯乐》。


**我快疯了，在玛丽医院。**

对于别人来说，可能什么都不是。对于我，就是伤口，是永远也愈合不了的创面。被谁最轻微地碰一下，都受不了。

**我是太敏感，太细弱啦。**

离开几个月的家，已经陌生。小桌上没有稿纸，堆了肮脏的碗筷。

厨房的锅里长满青霉。墙上没有画框，没有乐器，没有长剑。

可是，回到了家，萧红自己的感觉很好。她看见香港的晴天，蓝得发黑发紫的天空。

端木蕻良听从了萧红的话，每天几次把她的睡床跟着太阳光的转移，挪动着位置。

她说："我想看见太阳，有了阳光，我很快就会好的。"

阳光可以找，但写作的力气却找不到。望着在香港的秋天里开放的花，萧红想，等那些花败了，我肯定能养好，肯定能再写。

在桌上的废纸堆里，萧红找到了春天刚来的时候，她写的《北中国》的初稿：

在北部的中国，有一个老人耿大先生。他的长子，几年前离开了家，先听说去了上海，后来又听说当了八路。最后听说被中国人打死了。老先生不相信他的儿子会死。他写了许多信皮儿。信皮儿上有三行字：大中华民国抗日英雄——耿占华吾儿——父字。老先生没有等到儿子，得了疯病，最后被自己家的炭烟熏死。

小说初稿，跟散了的线一样蓬乱。但是萧红重新读了它，眼泪不断流到纸上。半年前写作它的时候，是想纪念"皖南事变"中遇难的军人。今天再看，那老人不是很像她分离了十年的父亲吗？

端木蕻良带了一个老先生来看望萧红，那就是柳亚子先生。不多的谈话，使她和柳亚子成了很好的朋友。

一束新菊花，花瓣翻卷开的那一种。

萧红从昏沉中醒来，正好看见了它们。然后，她看见了柳亚子。她马上在背后垫了枕头，半坐起来："你来了，我都不知道。不过我的门从来都不上锁，谁都能进来，小偷也都能进来。你想，小偷到了我这儿，能偷着什么呢？"

柳亚子笑着，去桌上找插花的瓶子。

"先生，我想闻闻新菊花的香味儿。"

"这花，可是不香的。"柳亚子说。

"就是叶子也香啊。"

花插在尖脚瓶子里，满满的一团。柳亚子坐下来，他们聊着稀稀淡淡的事情。本来是轻松的，后来萧红向老先生讲述她的家乡。她说，她还有很多的写作计划，怕都不能完成了。

天色将晚，萧红说："我这些天没有事儿，几个小时几个小时地想，这天空怎么总是蓝的？而不是红的，出血一样的红，火燎一样的红。"

柳亚子说："这是人病得太久的缘故。"

萧红的眼睛里突然涌出了眼泪："我回不去了……我回不了北方啦……八千里路云和月呀……"

萧红起身，在枕头下面拿出一个小本子，那上面有她写的一些小诗。她在本子上写下了"天涯孤女有人怜"七个字。

空气沉默着。

她猛然蒙住了脸，大声痛哭。

茅盾说错了，香港也没逃过日本人的爪子。一九四一年十二月八号，日本人的飞机开始轰炸九龙。

飞机的轰响还在云层以上，还相当微弱。萧红突然从梦中惊起。她喊端木蕻良，但是家里没有人。她翻起棉被、枕头、衣裳、书报，一切能抓到的，都抓起来。

她用它们紧紧地捂住了耳朵！

她似乎不是怕日本人的飞机，也不是怕那些带着烟火的炮弹。她是恐惧追踪了她几年的鬼的声音！比起她写过的马伯乐，她都不如。她虚弱得已经不能下地，连逃难都不能。

端木蕻良赶回到了家。他说全九龙都混乱了。许多木屋冒着火焰和黑烟，在维多利亚港湾里弥漫不散。

309

"我想找柳亚子先生,我怕!"她高叫着端木蕻良,头还是扎在棉被枕头里。无论怎么解释,说天上已经没有飞机,她还是不肯从枕头下面出来。

柳亚子赶到了她的家,萧红才坐起来吃药。

"先生,日本人的飞机是来炸我的。我知道。他们放不过我!"

端着她的药,端木蕻良在床头久久站着:"不是的,日本人的飞机都是混飞、混炸的。我看见天上起云彩了。起了云,飞机就不会再来。来了也得撞山。"他在极力劝解她。

萧红连连摇着头:"不对,不对,端木你别说,他们是朝我来的,先生,我害怕。"

柳亚子说:"这么多的人都不怕,你看我,端木蕻良,不都是好好的。人是不应该怕什么的?"

"我知道,我要死了!"

"在这种时候,谁敢说谁能活下去呢?这是战争。"说着,柳亚子就叫了端木蕻良一起出去。他们在商量,能不能把萧红转移到安全一点的地方。

房间里还剩下一个朋友。是新近才认识的文学青年,吉林人骆宾基。萧红抓住了骆宾基的手:"我很累了,我想睡一会儿,你别松开手,我睡着了你也别松开,你得答应我。"

她的手是凉的,受尽了惊吓的凉。

"飞机呢!"

十几分钟,萧红猛醒过来,她向着窗外看:"日本人的飞机呢?"

"走了,再也不来了。"骆宾基握住她的手,宽慰她。

"柳亚子和端木,端木蕻良!他们在哪儿?"

"找房子去了。"

"找什么房子!我知道,他们丢下我不管了。他们都跑了,你是不是也要跑的？"

"怎么会呢？"

"我听见了，外面不都是在跑吗，人人都在跑，炸弹来了，谁不跑？除了我这种不能动的人……他们把我扔下了。我早知道有这一天……日本鬼子的飞机，是从东北追着，来炸我的。"

萧红昏昏沉沉地又睡过去，手却一直抓紧了骆宾基。

## 六

她看见，天空有节奏地一高一低，天和地都在走。

帆布担架使她感觉是躺在一层浮腾虚幻的土地上。那是不是日本炸弹炸出来的一个弹坑，冒着热的烟。她伸出手，摸到了经纬结实的帆布。她是在担架上。

天和地，还在走。

这是太平洋战争爆发的第二天：一九四一年十二月九日。

她闭上眼睛，听见一个孩子在哭，好像跟着她的担架紧追不舍。

"是不是有孩子跟着我们。他的妈死了吗？你们问问他，是不是死了母亲的孩子？"

后来，哭声就断了。也许孩子还有母亲，被母亲夹在腰上走掉了。

香港开战的第二天，萧红被端木蕻良和朋友们，用担架转移到了香港岛的思豪酒店，住进了张学良将军的弟弟张学明长期包租的房间。

一躺在床上，萧红就去找窗口。她看见天空是洁净的，响晴的天。

但是，轰炸很快又开始。

听到飞机声，萧红马上抬起头。像困在囚牢中触到了火的小动物，仓皇地四处看望。

她是在满房间找人。

她要知道，她是不是被人抛下不管了。

每次端木蕻良或者是骆宾基拿了药来，给她吃。她都要问："你不走吧？"

现在，萧红看见房子里只有骆宾基。他站在窗口，望着外面。
"你也要走吗？"她问。
"……我，"骆宾基有点吞吐不清，"我还有小说稿，留在了九龙，我想过海去取。"
萧红的脸色阴暗着："我听他们说，码头已经不能通行了，码头也是戒严了的。"
骆宾基还是望着窗外："那我偷渡，游过海去。"
"游海？游海是好玩的吗？"她几乎是绝望地说，"我知道，你是想扔下我走掉。现在这种时候，谁还想陪一个卧床不起的废人呢？你看，这屋子里都走光了，没有人会甘心留下的。"
骆宾基说："我取了稿子就马上回来。"
"我问你，你的朋友生命要紧，还是你的小说草稿要紧？"
骆宾基说："我朋友的生命，等于我自己的生命。但是我的小说稿，比我的生命还重要。"
"那么，你就去取比你生命还重要的东西吧。"
她的头歪到枕头下面去，好像泥土已经埋到了脖颈的待死者。
骆宾基坐到床边儿上。他不能再说什么，也实在不好拔腿而走。他垂着头，守着无声的萧红，呆坐着。
又有飞机声，但是，没有投掷炸弹，只呼啸着，空飞过去。

她被扑扑上楼的脚步声惊醒。
"是什么声音！是不是日本子在上楼！"
头搭在床边儿上睡着了的骆宾基，慌张地跳起来。门外，什么声音也没有。

疯狂的战争，使她一直在假寐。

"我想，我要回家去。"她对骆宾基说。

"回哪儿，回重庆吗？"

"不是，我要回呼兰河。等我好一点，你负责把我送到上海，送到许广平那儿。你的责任就尽到了。我不会忘了你的……许广平一定能把我送回东北，送回呼兰河。其实，我早就想过回家……在山西和萧军分手的时候，就想过。现在，我要在我父亲面前投降了，惨败了，丢盔卸甲了，我要回家去……认错也行，磕头也行，求情也行，只要回家。躺在我们家的火炕上……没想过，我被自己的身体打垮了。我想不到，我会有今天……"

骆宾基无声地望着床上的萧红，他的眼睛有些湿涩。

"这个社会，萧军、端木，还有日本人的飞机炸弹，不管是谁……都是我的命运不好。我为什么生下来就是一个女人呢……我败就败在是个女人上。"

想说几句安慰话，骆宾基却不知道能插上什么。对于一个病人，一个有过相当名气的作家，他只能默默地听着。

"我为什么要向另外的人说这些呢？一点用处也没有。你看生活中的人……都一样，把苦的东西，丑的东西，用手盖起来。一个人，不想让别人看见他是可怜的。其实，人是最可怜的。但是，你看看满街上走的人。要是没有日本打过来，哪一个不是硬撑着的……美化了的人，现在面具都扯下去了。人人都是可怜的……"

傍晚的时候，骆宾基又到窗前去，不远的山坡上起了一团火。他又在想他海峡那边的小说稿。

"骆宾基！"萧红叫着他，"我听到端木说，他要走了，他和我，连告别的话都说了。他要回内地去，连小箱子都收拾了。你不能走，你要陪我到上海……"

端木蕻良进门的时候，这间客房里充满了死寂的空气。萧红沉睡着,抓着骆宾基的手。那被抓住了手的人,眼睛望着渐黑的、不会悲愁的晚天。

端木蕻良的手上,拿了两只大的红苹果。

她醒了,望见了苹果的大红颜色。

"你从云南回来了吗?"萧红直望着端木蕻良。

"我什么时候去了云南。我们现在还都在香港呀。"

"我只知道我自己在香港。你拿的是苹果吗?那两个苹果都是给我的吗?"

她抚摸着浑圆纯正的红色:"是谁!把它们从树上打下来的?"

**临死前的两个月,我是极端神经质的。我害怕得要死。**

**我怕被所有的人抛弃在一个烟城火城里。**

香港,在基督耶稣诞生之日,十二月二十五日,平安夜刚刚转亮的时候,沦陷了。

这时候,旅居香港的内地文化人,都在有组织地撤离。一月,柳亚子陪同何香凝撤出香港。香港东北救亡协会的于毅夫,已经为萧红制订了撤离计划,留下车船费用,安排了专人守候,等她一旦能够走路,也马上撤回内地。但是,她的病情,在一九四二年一月恶化,呼吸困难。

一月十二日,萧红被送进跑马地养和医院。医生李树培诊断:她得了喉瘤。确认要开刀手术。

"什么?要开刀吗?"她惊慌地张大眼睛。她的眼睛看着每一个人,包括每一个病人,看着每一个探视病人的家属。在她看来,现在,每一个人都比她强大和英明。

"为什么不是离开香港,反倒要留下来开刀?"

"开刀就是为了治病,断了病根。治好了病,我们马上回内地。"

端木蕻良对她说。

手术刀,只是一小条儿钢片。接上刀柄之前,完全跟一片柳树叶儿那样。

她看见那把刀,正躺在白搪瓷盘子里。

她想,这刀不是要拿走我的命吧。也许,麻醉过去就再也醒不过来了吧。她望着医生,她想说,不要给她打太多的麻醉针。她必须再醒过来。喉咙呼呼噜噜地说不出声音。痰,完全阻止了她的话。

手术结果是:喉咙里,根本没有什么瘤子。切开的刀口渗着血珠和气泡,又重新缝合上。

再一次睁开眼睛,她感觉过去的她没有存在过。她的手和脚,都像风里的纸飘带。她是一个只有头颅和飘带般四肢的怪物。她是两截的。没有什么把她连接成一个完整的人。颈部,没有知觉。她想伸手摸一摸那段僵死的部分。

护士大叫:"你不要碰!"

她终于全部醒过来。她是动过了手术的。用最低的声音,她问:"有瘤子吗?"

人影是有几个,但是都沉闷着,耷拉着头。

端木蕻良告诉她:"没有取出瘤子来。"

不仅没有瘤子,手术后的伤口一直没有愈合。

**我知道,我是真的要死了,带着三十年的内伤和最新的刀口。**

又是金色的黄昏。窗玻璃,都辉煌耀眼。临破灭前的太阳,让这间病房像宫殿一样遍布了黄红的光。

萧红靠在躺椅上。她非常轻微但坚定地说话:"端木,你还在吧?我知道,我快死了。我说这些话,是给你听的。如果你今后……在街上看见了一个孤苦无靠的要饭人,你的口袋里要是还有多余的铜板……就扔给他两个。不要想,给他又有什么用,想那个干什么。他也是一个人,也是父母所生,爹妈所养。他向你伸手了……你就给他,有用没用,不是你管的。凡事对自己没多大的损失,对别人还有点好处……就应该去做。我们活在这个世界上,没什么获得,我们不想得到这个世界上的好处。我们,只做一个给予者就够了……"

端木蕻良端了一只水杯,站在床头。那杯,那水,也是金色的。拿杯子的手,也是金色的。

她看见,端木蕻良的脸上是眼泪。一直守在床边的骆宾基也背向着她。

"这么好的晚上,再也没有了。看不见了……阴间,是没有光的。"

她又说:"你们难过什么呢……你们看,日本人都占了香港。天也不难过,地也不难过,花草树木也不难过,只有人难过。害怕,吓破了胆……想开了,有什么难过呢?人有不死的道理吗?你们……都能活到八十岁吗?生活已经是这个样子啦……又加上病到了这个地步……死,还算什么?!"

两个男人的脸,因为悲伤流泪而变形。萧红平静地合上了眼睛。

后来,金色消退了。病房里黑起来。

她低声说:"这样死……我不甘心……"

五天之后,一九四二年一月十八号中午,养和医院的红十字急救车,拉着病情再度恶化的萧红,再次开进了玛丽医院。端木蕻良和骆宾基陪同她一起转院。

又经过了手术,在她的喉咙上安装了一根铜管。她只有借助铜管才能呼吸,而且不再能讲话。

萧红指给骆宾基,让他把床头木柜上一面破旧镜子背转过去。那镜子,不知道是哪个病人遗落下来的。

她不想看见自己。

萧红病床下面的"诊病记录"上写着：肺结核。恶性气管扩张。

她像新月的光那样，平和地躺着。光是没有心情的。所以，现在她的心空荡无物。她只是躺着，好像等待着死。

端木蕻良和骆宾基无数次走过来，想试试她还有没有脉动。走到床前，看见她闪着亮的大眼睛。他们连忙在脸上做出笑容。

一月十九日的凌晨，萧红看见，伏在床边打瞌睡的骆宾基醒了。她微笑着，从枕头下面拿出一沓订好的纸。她向骆宾基要笔。在纸上写了一行字："我将与蓝天碧水永处，留得那半部红楼，给别人写了。"

骆宾基慌忙说："你不要这么想，为什么这么想呢？"

萧红挥挥手，不让他打断自己，接下去，她又写：

"半生尽遭白眼冷遇，……身先死，心不甘，不甘。"

然后，她放下笔，还是微笑着。

一月十九日，天没亮的那段时间，长得超过了我的一生。

其实，如果在那个时候死，还是好的，平静的。

一个人已经准备赴死，就不要再让她活下去。看那些不该她看的事变。经历她不该经历的恐怖。

就在那一天死，不是挺好吗，还等什么呢！

她的手，还能灵巧地转动。她拿起一只苹果。

她想，为什么今年有这么多这么红的苹果？苹果，是在北方长大的，要经过车马和铁路，才能运到这几千里外的地方。这么战乱的时候，真是为难了这些好苹果！它们都是最坚强最善良的果实呵。

天渐渐明亮。她吃下了半只苹果。

在纸上，她又给骆宾基写了一行字：

"这是你最后和我吃的一只苹果了。"

一月二十日的早晨，萧红的脸色是红润的。

慢慢地，她自己吃了半盒牛肉罐头。因为痰堵塞了铜管，她就能小声讲话了。

生的愿望，又点燃起来。

她半坐着，握了握自己的右手。手也露出了红润和力气。

"我完全好了。从来没吃过这么多。我要好了！"

她向周围望着："我们坐下来抽一支烟吧，你不是有火吗？"她朝着骆宾基。

骆宾基和端木蕻良都站起来，晨光照亮他们的上半截身体。也许，萧红很快就能恢复。

但是，骆宾基也没有能点烟的火。

萧红去按床头上的电铃。

电铃惊人地响。但是，没有护士来。

骆宾基知道，全医院里几乎是空的。他刚刚还出去找过火。整个玛丽医院，没有见到几个人，也没有找到火。

"护士都走了。我去医院外面找火吧。"骆宾基出了门。

一个病人，生命悬于一线，突然提出要抽一支烟。那么，她的病就有可能好转。不然，怎么会想到烟呢？香烟，不是人的痛痒感官。人，只有离开了死的门，才可能向烟靠拢。

"我一定是要好了。端木。"她说。

端木蕻良点着头，不知道他信不信她的话。他垂着头，手上拿着给萧红喂药的水杯。

"火，还没来吗？"她问。时间是中午一点。

"火，还没来吗？他不会出什么事儿吧？"她又问。时间是下午三点。

"火不能来了，他是走啦。"萧红望着天。天有些黑暗了。

318

端木蕻良在病房门口来来回回地走，他说："快回来了，可能已经上楼了。"

"你骗我吧。他不会回来了。"

"你既然快好了，就不该再抽烟。肺病，是怕抽烟的。"

萧红异常平静："道理，都是跟着活人走的。活人说出来的话就都对？我不相信。我愿意抽烟就抽烟，你挡我干什么呢……他走了，你也快走了。这医院里的人都逃光了，全香港都空了，抽根儿烟算什么？"

夜里，九点钟，端木蕻良站在窗前。

"你……看什么呢？"萧红微弱地问。

"看马路上的灯。"

其实，端木蕻良看见了两辆卡车。卡车上站满了带刺刀的日本兵。刺刀上含着绿光！

端木蕻良离开窗口，惊慌失措，把病房里的板凳也绊倒了。

立刻，楼梯口响起一片脚步声。沉重的脚，带着大铁钉的皮鞋。

她听见这人间的最后一句话，是日本话：そこ！そこ！

"是日本鬼子！"这是她这一生中，能说的最后一句话！

她还能看见，端木蕻良在向后退，端木蕻良的手被人拉住，向后拖倒。她看见戴钢盔的日本人。

她看见天空最后一次跌宕移动。

她看见人间最后的一截截肮脏的楼梯扶手。

她看见天是黑的。风在天上一块紧接着一块走。

她看见日本兵胳膊上戴着红箍儿。

她看见世界，痛苦地永远进入了晚上。

一月二十一日夜里，香港玛丽医院的最后一批患者，被日本军人强行转移到了设立在一所空荡学校里的圣提士氏临时医院。

清早,当骆宾基费尽周折取到了他的小说手稿,又赶回了玛丽医院的时候,玛丽医院的门口,已经挂上了"大日本陆军战地医院"的木牌。有日本军人举着刺刀守卫。

二十二日凌晨,萧红已经昏迷。

萧红躺在学校教室的一张污浊的木板上。端木蕻良和骆宾基守在旁边。

上午九点,她的头发还有光,牙齿还有光,嘴唇还有红的颜色。

后来,嘴唇渐渐转黄,脸色渐渐灰暗。

喉咙处的伤口,涌出泡沫。

中午十一点,她的心脏,停了。


她的肺已结疤,验痰无菌。

一月二十四日的香港,尸横遍地。萧红的骨灰,在跑马地背后的香港日本火葬场单独火化,装进圆形的黑釉瓦罐,埋在香港浅水湾。

端木蕻良写了一块墓牌:萧红之墓。

**没有更好的结尾。**

**人生下来,都说应该善始善终。**

**但是,活着,是需要很大力气的。我的力气天生不够。**

**天空上飞满鸟。我掉下来。**


**我死了。**

1994 年 11 月—1995 年 3 月深圳

# 附　录

## 萧红年表及其他史实

**萧红年表**

萧红：原名张乃莹，原籍山东莘县。

| | |
|---|---|
| 诞生 | 1911年端午节，出生在黑龙江省呼兰县城，乳名荣子。父张廷举，做过小学教员、校长、县教育署长、督学。<br>母姜玉兰，生四个子女。除萧红与其弟张秀珂外，余二子夭亡。 |
| 八岁 | 1919年，母亲去世，父亲续弦。 |
| 十岁 | 1921年，入龙王庙小学读书，后升劝学高等小学读书。 |
| 十五岁 | 1926年，15岁，在家闲居半年。 |
| 十六岁 | 1927年，考入哈尔滨东省特别区区立第一女子中学读书。 |
| 十九岁 | 1930年夏，得知父亲将她许配给呼兰汪家，萧红逃婚，出走哈尔滨。<br>同年秋，去北平读书。<br>同年冬，父亲宣布开除萧红祖籍，断绝父女关系。 |
| 二十岁 | 1931年春，萧红回到哈尔滨，居无定所。后被汪家少爷找到，并与其同居。 |
| 二十一岁 | 1932年春，只身逃往北平，不久被汪少爷追回哈尔滨，发觉已怀孕。 |

同年夏，遭汪遗弃。萧红被扣留在哈尔滨东兴顺旅馆。

同年夏，在困境中结识萧军。借松花江大水，逃出旅馆。

9月，生一女，寄存在妇产医院。

出院后，与萧军同居。

年底，在赤贫生活中，开始小说创作。

| 二十二岁 | 1933年，与萧军合著的小说散文集《跋涉》自费出版。因内含反满情绪，很快被查封销毁。 |
| --- | --- |
| 二十三岁 | 1934年春，日本加紧了对东北三省的控制。<br>在恐怖中，与萧军离开哈尔滨，开始流亡生活。 |
| 二十三岁 | 1934年春，经大连到达青岛，并开始创作长篇小说《生死场》。<br>10月，慕名将《生死场》原稿寄给当时居于上海的鲁迅求教。<br>10月底，报社变故。从青岛乘船到上海。<br>11月底，与鲁迅在上海内山书店见面。 |
| 二十四岁 | 1935年春，开始在上海文学期刊上发表小说。<br>11月底，应鲁迅之邀，到鲁迅家中做客。<br>12月，《生死场》作为"奴隶丛书"之三，由上海容光书局出版。 |
| 二十五岁 | 1936年7月，因感情上的失落，只身去日本。 |
| 二十六岁 | 1937年1月，由日本回上海。<br>4月，再次因为感情上的原因，独自去北平。<br>8月，上海抗战爆发。<br>9月，由上海撤退到武汉。 |
| 二十七岁 | 1938年1月，去山西临汾任教于民族革命大学。 |

|  |  |
|---|---|
|  | 2月，撤退到西安，不久与萧军正式分手。<br>4月，与端木蕻良在武汉结婚。不久，发现早已怀孕。<br>9月中旬，由武汉流亡重庆。不久，生一子，夭亡。 |
| 二十八岁 | 1939年3月，与端木蕻良同居，埋头写作。后重庆遭日军轰炸，创作受阻。 |
| 二十九岁 | 1940年春，与端木蕻良一起飞抵香港，集中精力创作《马伯乐》《呼兰河传》等长篇小说。 |
| 三十岁 | 1941年4月，因病入玛丽医院。<br>11月，回家休养。<br>12月25日，日军攻占香港。萧红病情加重。 |
| 三十一岁 | 1942年1月13日，病重，被送入跑马地养和医院。<br>1月18日，转入玛丽医院。<br>1月21日黎明，玛丽医院为日军占领，萧红被赶往红十字会设立的圣提士氏临时医院。<br>22日，死于疾病与惊恐中。 |

**其他史实**

| | |
|---|---|
| 1946年 | 4月，萧红之父张廷举，以开明绅士的身份，参加东北人民代表大会，有人向他转告萧红已病逝于香港的消息，张廷举面无表情。 |
| 1947年 | 萧红之弟张秀珂随新四军先遣部队在东北与萧军见面，他对萧红的身份提出疑问：其一，张廷举似并非萧红的生父。其二，他与萧红的生父，可能是一个贫雇农，被张廷举谋害，与萧红生母结婚。据回忆，当时张秀珂神情恍惚，不久即于北平自杀身亡。 |
| 1947年 | 秋，柳亚子、茅伯赞等人去香港浅水湾，寻找萧红墓地，未果。十数日后，柳亚子夫妇、周鲸文等人， |

|  |  |
|---|---|
|  | 又一次去浅水湾,在一株红影树下,找到了盛萧红骨灰的黑釉瓦罐。 |
| 1958 年 | 7 月底,香港市政局派人挖出装有萧红骨灰的瓦罐。整理骨灰时,找到一小块似未烧化的牙床骨,另有一小块似布灰。 |
| 1958 年 | 8 月 3 日,萧红骨灰由香港作家送至深圳罗湖桥,由广州作家接至广州,并迁入广州银河公墓。 |
| 1982 年 | 经有关萧红研究者走访 92 岁的萧红三姨姜玉凤证实:张廷举与姜玉兰是原配夫妻,萧红是张廷举亲生女儿。 |

# 后 记

## 我为什么写萧红

1994年9月9号的晚上,我接到《作家》主编宗仁发从长春打来的电话。他说要编一套"中国女作家传记丛书"。问我能不能写一本?

我说,要是写萧红,我就写。

他说行,就萧红了!

电话里的对话,是一句顶着一句的。电话挂在墙角。墙角没有开灯,也没有座位。站在黑暗里接电话,有什么时间去考虑呢?

我想也没想就答应了。

我是诗人,是面对自我的那种诗人。转过身去,写一部传记作品,去看别人,没想过;

我对萧红认识不多。只是在上大学的时候,看过《生死场》,后来翻过《呼兰河传》,知道她是东北人,命运流离又夭亡。是一个有天分的作家。其他的,都不清楚;

一本传记,要查阅大量的资料,远不是我所长;

在深圳,很难找到有关萧红的书。出版社用快件帮我寄了两本评传、一些散的文摘复印件,还有萧红的几本作品。资料非常有限。

欧文·斯通写《渴望生活》,对凡·高生活过的地方,逐城、逐地进行了考查和专访。那样写萧红,很多因素都不允许。

我面对的这些,全是难度。

放下自己的创作,来写这本传,简直没有一点理由。

但是,我为什么想也不想就接受了。

1.真正的作家,是稀有的。在本世纪,萧红算一个。

2. 我能为一切悲惨和不幸动心。

3. 我和萧红同样是东北人。

所以，我愿意写。

如果萧红活到今天，是84岁。现在，世界上84岁的老人不是很多吗。但是她，却在31岁的时候，死在离家那么远的香港。

我在心里，曾经为她的死庆幸。几个月前，我看到一篇文章，记录了萧红当年的朋友聂绀弩七十年代在牢狱里的生活。

如果活着，还能再有什么辉煌吗？

最快、最简短地结束苦难，不是更好吗！

怎么写这本书，很自然地我就想，我决不写一本干巴巴的由史料堆砌的传。我要找到她的心理线索，而不是列举一个人的档案。

我要写的，是一本小说。

在大的事件上，我依据史料。其余的，我要创造细节、画面和动作。我要让人们看见她，她是正走着的。让人们听见她，她是会出来说话的。

写完了，我想把书名叫《你妄想飞吗？》。人们都反对，说不像一个书名。

但是生活，不正在以这种口吻对我们说话吗？

缺了谁，活着的人都挺好。挺好的人最后也都要死。

是什么东西能动人？

站在半个世纪以后看，比萧红更悲惨的人和事，时刻都在发生。悲剧，才是精神的顶峰。

1995.4.18 深圳

# 再版后记

## 她的写作和生活就在我们中间

这本关于萧红的书在1995年的春天完成,当时动笔写它的初衷是试图去接近和还原这位才31岁就过早离世的北方作家。二十几年过去,如果换到今天,我可能会放弃这个尝试,人和人的接近,更多的时候是愿望或者奢望,嫌隙和误解很可能更真实,我们能去贴近和感受一个作家留给世间的作品,就应该满足了。

就在不久前,我和家人在东北的中部开车旅行,高速公路上迎面一闪而过的指示牌上显示前方距离哈尔滨还有200多公里,听说城市的外延已经把萧红的故乡呼兰县变成了哈尔滨市辖内的一个区,她的故居周围竖起了楼房。连最容易被保留下来的山形水势这些原始地貌都很难再去复原,一个敏感写作者的内心皱褶和波澜怎么可能被后人准确地揣测和描述。

在北方旷野上漫无目的地走哪儿算哪的这些天,常常被大片大片一直平铺到天边的北方沃野给感动,虽然,插队时候的记忆还在,眼见的农作物都认识,玉米,水稻,矮棵高粱,谷子,豆子,白苏,每一片都珍贵可爱,大地内里的底力真是不可抗拒。看起来过于随意的地名把这些油绿动人的沃野串联得天衣无缝:夹皮沟,西乱泥,三个顶子,火药库,偏脸子,后自然。

在这些地方的小饭馆里坐下,背后一桌围着一群男人都光着上身,握着啤酒瓶呼号喊叫,隔着玻璃的街道对面有个女人拐着走近,是个正着急赶路的罗圈腿,这些声音人影多像萧红的《生死场》,眼前来来往往的我们,和萧红本人,和萧红关于故乡的故事之间一定存在某种最近最自然的承袭，所以，不要把她理解成一个过去时代的作家，她的写作和生活就在我们中间。

《人鸟低飞》在2012年出第二版的时候收有四篇后记，这次第三版，保留了1995年最初的一篇《我什么写萧红》，加入了刚写的这篇短文，前后两篇之间感觉隔着特别漫长的24年。

2019.9.6

图书在版编目（CIP）数据

萧红：人鸟低飞 / 王小妮著 . — 北京：北京联合出版公司，2020.3
ISBN 978-7-5596-3879-3

Ⅰ . ①萧… Ⅱ . ①王… Ⅲ . ①萧红（1911-1942）—传记 Ⅳ . ① K825.6

中国版本图书馆 CIP 数据核字（2020）第 012317 号

### 萧红：人鸟低飞

总 策 划：苏　元
责任编辑：昝亚会　夏应鹏
策划编辑：刘红霞
特约编辑：黄珊珊
封面设计：古涧千溪

---

北京联合出版公司出版
（北京市西城区德外大街 83 号楼 9 层 100088）
北京联合天畅发行公司发行
天津旭丰源印刷有限公司印刷　新华书店经销
字数 250 千字　880mm×1230mm　1/32　10.5 印张
2020 年 3 月第 1 版　2020 年 3 月第 1 次印刷
ISBN 978-7-5596-3879-3
定价：46.80 元

---

未经许可，不得以任何方式复制或抄袭本书部分或全部内容。
版权所有，侵权必究。
本书若有质量问题，请与本公司图书销售中心联系调换。
电话：(010) 64243832